개정판 장애인복지론

개정판

장애인복지론

김용환 · 공영미 · 박선태 · 양정안 · 오승환 · 이보선 · 한현지 공저

동문사

머리말

장애인복지의 궁극적인 목적은 장애를 지닌 사람들의 인간다운 생활보장과 행복지수(gross nation happiness) 증진에 있다. 이를 위해서 장애인복지가 추구하는 기본 이념은 정상화 · 가치 있는 사회적 역할강화 · 탈시설화 · 사회통합이다. 이 중에서 가장 중요한 가치 기반은 '정상화 이념'인데, 정상화의 이념이란 장애를 지닌 사람들이 주류사회에서 정상적인 리듬에 따라 살 수 있는 집과 활동할 수 있는 일터가 주어져야 하고, 배움의 기회가 제공될 수 있는 학교와 사회 교류가 일어나는 장이 필요하며, 비장애인이 경험하는 생애주기와 동일하게 다양한 경험을 할 수 있어야 한다. 이러한 장애인의 정상화와 사회통합을 달성하기 위해서 사회복지사는 장애를 지닌 사람들을 사회복지의 대상자로 바라보는 시각에서 벗어나, 파트너십을 가지고 사회적 가치를 증진시키는 일에 열정을 쏟아야 한다.

인간은 신체 · 지적 능력 · 성격특성 · 사회경제적 상황 · 종교와 영성 측면에서 다양성을 지니고 있다. 그러나 인간은 차이점보다는 동질적인 면이 더 많다. 따라서 장애를 지니지 않은 사람과 장애를 지닌 사람 간의 관계는 어떠한 형태로든지 차별과 분리적인 관점이 아니라 일치와 통합의 관점에서 바라보아야 한다. 그러기 위해서는 인식의 전환이 필요하다. 그것은 더불어 산다는 것이 어떤 것이고 또 그것이 경제성장 못지않게 소중하고 가치 있다는 사실을 배워나가는 데서부터 시작된다. 장애인은 특별하거나 별스러운 존재이거나 어떠한 장애 분류명을 붙여서 바라볼 대상이 아니라 우리와 별반 차이가 없는 하나의 인간일 뿐이다.

우리 사회에서도 장애를 지닌 사람들이 일상적으로 사회문화 전반에 중책을 맡아 기여할 수 있는 날이 오기를 바란다. 예를 들면, 1995년 미국에서 청각장애를 지닌 화이트 스톤이 Miss America에 뽑힌 사례나 스페인에서 시각장애를 지닌 누리아 델 사스가 안달루시아 지역 TV방송국 뉴스 진행자 공채에 합격해서 앵커를 맡은 사례, 영국에서 시각장애를 지닌 데이빗 블런켓(David Blunkett)이 교육부장관에 임명되었던 것처럼 말이다. 블런켓을 장관으로 임명한 토니 블레어 수상의 장애를 차별하지 않는 태도는 아름답지만, 그보다 먼저 능력을 인정해서 하원의원으로 정계에 진출시킨 시민들의 편견 없는 태도와 그것을 시비 삼지 않은 영국 언론과 국민들의 수준 높은 의식을 우리나라에서도 자연스럽게 체험할 수 있는 날이 오기를 바란다.

이 책의 집필 기준은 다음과 같다. 한국사회복지교육협의회가 '사회복지학 교과목지침서'에서 제시한 장애인복지론 교과목 개요를 살펴보면, "장애 개념과 장애유형 및 장애인 현황, 장애인복지의 개념과 이념, 가치, 장애인의 정체성과 장애인에 대한 사회(비장애인)의 태도, 장애에 관한 이론적 접근, 생애주기 접근, 장애유형별 서비스, 장애인복지 관련 법 · 정책 · 행정과 전달체계 및 서비스, 가족 · 고령화 · 성 · 여가 등 장애인복지의 핵심 이슈와 과제, 장애인복지 실천방법과 기술, 한국 장애인복지의 실천과제 등에 대한 이해로 구성되어야 한다"고 되어 있다.

저자들은 위의 내용을 충실하게 반영하되, 자율성을 지니고 집필하였다. 이 책이 장애인복지실천 현장에서 활동하는 데 필요한 지식과 가치 · 이론을 학습하여 전문성 향상에 기여할 수 있기를 소망해 본다.

이 책의 구성은 다음과 같다. 제1부는 장애인복지에 관한 총론적 이해를 위해서 1장에서는 장애와 장애인복지의 개념 및 장애 범주, 장애유형별 개념 및 특징, 장애인복지의 이념을 다루었다. 2장은 장애에 대한 개괄적인 이해를 위해서 한국 장애인 실태의 현황 분석, 장애인에 대한 사회적 태도, 장애 이해와 편견의 해소 방안을 다루었다. 3장은 서구와 한국 장애인복지의 역사적 발전과정을 다루었다. 4장은 장애를 설명하는 이론인 정상화와 사회적 역할강화 · 사회통합 · 개인적 모델과 사회적 모델 · 재활모델과 자립생활모델 · 권리옹호와 차별금지에 대해서 살펴보았다. 5장은 장애인복지실천의 접근 방법인 강점 관점 · 임파워먼트 관점 ·

탄력성모델 · 사례관리모델을 살펴보았다.

제2부에서는 장애인복지실천과 정책에 대한 이해를 위해서 6장은 장애에 대한 생애주기 접근 개념과 생애주기별 특성과 주요 서비스, 장애인가족과 생애주기를 다루었다. 7장은 장애인복지의 특성과 장애인복지 서비스를 살펴보았다. 8장은 장애인복지실천 방법과 기술을 이해하기 위하여 장애의 사정과 도구, 개인과 집단 및 지역사회 차원의 장애인복지실천을 다루었다. 9장은 장애인복지행정과 전달체계의 유형 및 문제점과 개선과제를 살펴보았다. 10장은 장애인복지정책과 관련 법을 이해하기 위하여 장애인복지정책을 살펴보고, 각 영역별로 나눠서 빈곤과 소득보장 · 고용 · 교육 · 의료 · 주거 · 활동지원 · 접근권을 다루었다. 11장은 장애인복지시설의 개념 및 필요성과 유형, 장애인복지시설의 개선방안을 살펴보았다.

제3부에서는 장애인복지의 핵심 이슈와 과제를 이해하기 위하여 12장은 장애와 고령화 · 장애와 가족 · 장애와 여성문제를 살펴보았다. 13장은 접근권과 이동권, 소비자주의 · 당사자주의 · 전문가주의, 보조공학기술과 보편적 디자인, 장애와 여가, 차별금지와 인권옹호, 공공성년후견제도를 다루었다. 14장은 장애인운동의 개념, 국제 장애인운동 및 우리나라 장애인운동의 동향, 장애인운동의 현실과 과제를 다루었다. 15장은 장애인복지실천현장의 패러다임의 변화, 정책의 장애인지적 관점 도입, 장애 관점의 변화와 대응에 대해서 살펴보았다.

이 책에서 드러나는 부족한 부분에 대해서 독자 여러분들이 조언과 비판을 주신다면 바로 잡아나가기 위해서 지속적으로 수정하고 보완할 것을 약속드린다. 끝으로 이 책이 출판될 수 있도록 도움을 주신 동문사 사장님과 유재영 상무님, 출판사 관계자 분들에게 감사를 드린다.

2025년 8월
저자 일동

차 례

PART Ⅱ 장애인복지실천과 정책

Social Welfare For The Person With Disabilities

PART I

장애인복지에 관한 총론적 이해

CONTENTS

CHAPTER 01

장애와 장애인복지의 개념

우리나라 「장애인복지법」과 국제연합 및 미국의 장애인법, 국제노동기구에서 제시한 장애인복지의 개념 그리고 장애 범주를 알아보고 현재 「장애인복지법」상 16가지 장애 범주에 해당하는 장애유형별 개념과 장애인복지의 이념을 살펴보고자 한다.

제 1 절 장애의 개념

1. 장애의 개념

장애인의 개념은 국가마다 이념적 성향과 경제·사회·문화적 여건 및 수준에 따라 다양하게 정의된다. 이는 장애를 바라보는 관점과 조건의 차이에 따라 다르게 정의될 수 있음을 의미한다. 장애인구와 출현율도 이러한 장애 및 장애인의 개념에 따라 변화하므로 장애인 개념을 명확히 정의하기 어렵고 장애인에 대한 절대적 개념이 아닌 상대 개념으로 이해해야 한다. 장애를 규정하는 개념은 첫째, 해부학·신체구조학적·지능 및 심리적 이상성(異常性)이나 상실의 개념, 둘째, 신체구조적 또는 심리적 과정에서 야기되는 만성적인 질환으로서의 개념, 셋째, 기능적인 개념, 넷째, 행동규범의 개념으로 나눌 수 있다.

국제연합(UN) 총회가 결의한 '장애인 권리선언 제1조(1975년)'는 장애인을 선천적이든 후천적이든 신체·정신적 능력 결함으로 일상의 개인적·사회적 생활의 필요를 확보하는 데 스스로는 완전히 또는 부분적으로 행할 수 없는 사람을 의미한다고 보았다. 국제연합 총회(1980년)는 '세계장애인의 해(1981년)'에 행동계획을 결의하면서 개인적 특질인 손상(impairment), 손상으로 인한 기능적 제한인 능력장애(disability), 장애의 사회적 결과인 불리(handicap) 간에 구별이 있음을 인식시켜야 한다고 선언하고 있다.

「장애인복지법」(1981년 제정, 1999년 개정)은 제2조(장애인의 정의)에서 장애인은 신체적·정신적 장애로 인하여 장기간에 걸쳐 일상생활 또는 사회생활에 상당한 제약을 받는 자를 말하며, 신체적 장애는 주요 외부 신체기능의 장애, 내부기관의 장애 등을 말하며, 정신장애는 지적장애 또는 정신적 질환으로 발생하는 장애라고 정의하고 있다. 그리고 미국의 장애인법(American with Disabilities Act, ADA, 1990년)에서는 ① 신체적·정신적 손상으로 개인의 일상 활동에서 하나 또는 그 이상에서 심각한 제약을 받고, ② 개인이 이러한 손상이 있다는 기록이 있으며, ③ 개인이 이러한 손상이 있다고 일반적으로 받아들여질 때를 말한다. 세 가지 가운데 어느 하나에 해당되면 미국장애인법의 적용 자격을 얻게 된다. 국제노동기구(International Labour Organization, ILO)는 신체장애인의 직업복귀에 관한 권고 99조에서 장애인은 신체적 또는 정신적 결함의 결과로 적당한 직업을 확보·유지해 나갈 전망이 없는 상당히 손상을 받은 사람이라고 규정하고 있다.

2. 장애의 개념 변화

세계보건기구(WHO)가 제시한 장애에 대한 가장 일반적인 분류모델(장애 개념)을 살펴보면 다음과 같다.

1) 국제장애분류(ICIDH)의 장애 개념

세계보건기구는 1980년 국제장애분류(International Classification of Impairment, Disabilities and Handicaps, ICIDH)를 발표하면서 ICD(International Classification of Disabilities)를 근간으로 장애를 개인적 특성인 심신의 손상(impairment), 손상으로 인한 기능적 제한인 능력장애(disability), 사회적 결과인 불리(handicap)의 세 가지 차원의 장애 개념으로 분류하였다(그림 1-1 참조).

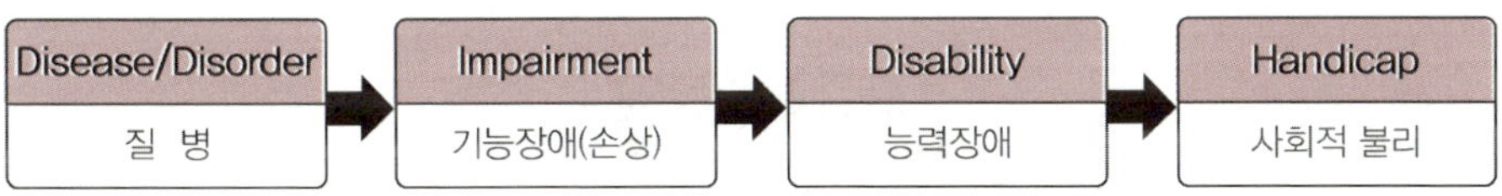

• 그림 1-1 • ICIDH(1980)

세계보건기구의 장애 개념은 각 차원의 장애들 사이에 인과관계·시간적 연속관계가 있는 것으로 보아 질병으로 인한 심리·생리·해부학적 구조나 기능 손실 또는 비정상으로 기능장애가 발생, 이로 인해서 개인적 차원에서 일상생활 활동 수행능력의 제약이나 결여를 뜻하는 능력장애가 발생한다. 이로 인해서 사회 활동에 연령·성·사회문화적 요인에 따른 정상 역할수행을 제약·방해하는 개인에 대한 불이익을 경험할 때 사회적 불리라고 한다. ICIDH의 장애인 개념은 의학 차원에서 손상을 체계화했기에 기능장애로 정의하고 있지만 장애 원인이 해명되지 않은 정의이며, 의학 차원에서 무능력을 체계화했으므로 능력장애의 구성요소인 인간 주체성과 사회적 장애가 빠져서 현실적으로 사회적 불리가 성립되기 어렵다.

2) ICIDH – 2 개념

1997년 세계보건기구는 ICIDH(1980년)에 나타난 세 가지 차원의 문제를 수정 · 보완, 환경과 개인이라는 상황요인을 포함한 장애 개념을 채택하였으며, 개인이 접하게 되는 장애를 손상(impairment), 활동(activities), 참여(participation)로 구분하고, 새로운 장애 개념과 분류기준을 제시하였다(그림 1-2 참조). 즉, 개인의 문제는 없으나 의도적 따돌림 및 사회적 낙인(stigma)으로 적절한 사회관계나 활동제한을 받을 경우(환경요인 포함), 불이익이 발생하므로 장애를 포괄적이며 사회환경 맥락을 중요하게 보았다. 개정안은 기존의 분류가 장애인을 부정적 존재로 인식시켜 사회적 차별과 분리를 심화시키는 부작용 개선에 도움을 주며, 장애와 비장애의 선을 구분하는 것 자체가 무의미하며 장애는 환경과 관계에서 규정 · 이해할 것을 강조한다.

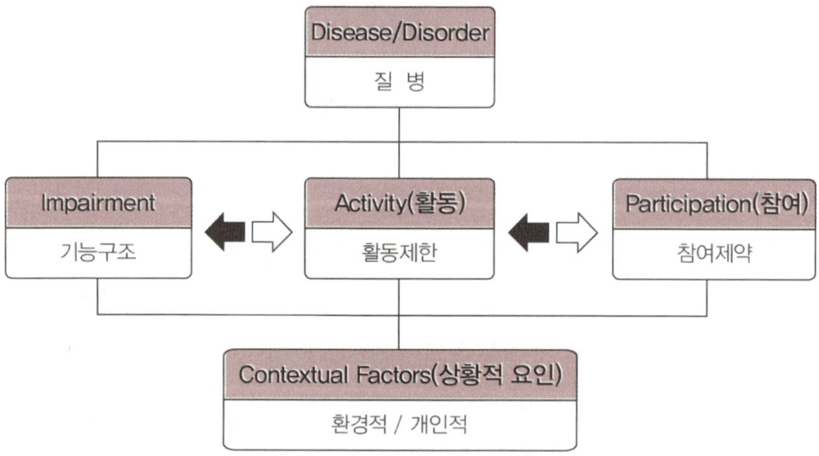

• 그림 1-2 • ICIDH - 2(1997)

3) 국제기능장애 건강분류 개념

세계보건기구는 국제기능장애 건강분류(ICF)를 2001년 5월 총회에서 승인하였다. ICF는 ICIDH – 2와 큰 맥락은 동일하면서 장애의 개인적 특성과 사회환경적 특성을 통합한 것으로 보며, 이는 국제질병분류체계(ICD-10)와 상호보완적으로 사용하도록 되어 있다(표 1-1 참조). ICF의 기본 목적은 건강 또는 건강과 관련된 상태를 표현하는 체계와 통일된 표준분류를 제시하는 것으로 건강의 요소들과 안녕상태의 건강관련 요소들(교육·노동)을 정의하고 있다. ICF는 건강 및 건강관련 분류이지만, 보험·사회복지·노동·교육·경제·사회정책과 법령개발, 환경개발 분야에도 이용된다. UN 사회적 분류기준 중 하나로 인정되며, ICF에는 장애인의 기회균등에 관한 기본규칙이 구체화되어 있다. ICD-10은 질병진단에 초점을 맞추고 있고, ICF는 기능에 대한 풍부한 정보를 제공하고 있다. 장애 개념의 새로운 변화는 장애당사자의 자기결정권을 강조하며, 장애 개념이 단순모델에서 복합모델로 전환하고 있고, 장애에서 환경요인들을 강조하는 추세이며, 긍정적 용어사용을 강조하고 있다(김용득 외, 2007).

• 표 1-1 • 국제기능장애 건강분류(ICF)의 장애 개념

구분	영역 1: 생활기능과 장애		영역 2: 상황적 요소들	
구성요소	신체기능 및 구조	활동과 참여	환경적 요인들	개인적 요인들
영역	신체기능·신체구조	생활·인생영역 (과제·행위)	생활기능과 장애의 외적 영향	생활기능과 장애의 내적 영향
구성 개념	신체기능 변화 (생리적), 신체구조 변화 (해부학적)	• 능력: 표준적 환경에서 과제수행 • 실행 상황: 현재의 환경에서 과제수행	물리적·사회적 환경·사람들의 사회적 태도에 의해 형성된 환경적 특징을 가진 촉진적 혹은 저해적 영향력	개인적 특징의 영향력
긍정적 측면	기능적·구조적 통합성	활동·참여	촉진 요인	해당 없음
	생활기능			
부정적 측면	기능장애 (구조적 장애 포함)	활동 및 참여 제한	저해 요인	해당 없음
	장애			

주: **배경요인**: 개인의 생활, 인생에 관한 배경 전체를 구성하는 요인을 말함. 특히 ICF 분류 시 건강상태의 배경을 나타낸다.
환경요소: 사람이 만든 물적 세계, 다양한 관계와 역할·태도·가치관을 가진 사람들, 사회적 서비스·정책·규칙 법률을 포함하고 있다.
개인요소: 연령·성별, 사회적 상황, 인생체험 등의 개인과 관련된 배경요인이다.

출처: WHO(2001). ICF: International Classification of Functioning Disability and Health.

제2절 장애 범주

1. 우리나라의 장애 범주

우리나라도 선진국 장애 개념을 수용하는 방향으로 장애인정책이 전환되고 있고, 「장애인복지법」에서 장애 개념과 범주도 선진국과 유사한 형태로 바뀌고 있는데, 장애분류 및 범주는 표 1-2와 같다.

• 표 1-2 • 장애인복지법에 따른 장애유형 분류

대분류	중분류	소분류	세분류
신체적 장애	외부 신체 기능의 장애	지체장애	절단장애, 관절장애, 지체기능장애, 척추장애, 변형 등의 장애
		뇌병변장애	뇌의 손상으로 인한 복합적인 장애
		시각장애	시력장애, 시야결손장애, 겹보임(복시)
		청각장애	청력장애, 평형기능장애
		언어장애	언어장애, 음성장애, 구어장애
		안면장애	안면부의 추상, 함몰, 비후 등 변형으로 인한 장애
	내부 기관의 장애	신장장애	투석치료 중이거나 신장을 이식받은 경우
		심장장애	일상생활이 현저히 제한되는 심장기능 이상
		간장애	일상생활이 현저히 제한되는 만성·중증 간기능 이상
		호흡기장애	일상생활이 현저히 제한되는 만성·중증의 호흡기기능 이상
		장루·요루장애	일상생활이 현저히 제한되는 장루·요루
		뇌전증장애	일상생활이 현저히 제한되는 만성·중증의 뇌전증
정신적 장애	발달장애	지적장애	지능지수가 70 이하인 경우
		자폐성장애	소아청소년자폐 등 자폐성장애
	정신장애	정신장애	조현병, 조현정동장애, 양극성정동장애, 재발성우울장애, 뇌의 신경학적 손상으로 인한 기질성 정신장애, 강박장애, 투렛장애(Tourette's disorder), 기면증

출처: 보건복지부(2023). 2023년 장애인복지 사업안내 1권.

2. 외국의 장애 범주

우리나라의 장애 범주는 신체장애와 일부 정신장애 등 장애의 개인적 속성에 초점이 맞추어져 있어 협소하지만, 유럽·미국 등 서구 선진국은 장애인의 범위가 매우 포괄적이다(표 1-3 참조).

• 표 1-3 • 각국의 장애 범주

국가	장애인구 비율(연도)	장애인 범주
한국	5.1%(2024년 기준) 장애인구 2,631,000명	• 신체장애(외부신체장애: 지체장애, 뇌병변장애, 시각장애, 청각장애, 언어장애, 안면장애 / 내부(기관)장애: 신장장애, 심장장애, 간장애, 호흡기장애, 장루·요루장애, 간질장애) • 정신적 장애: 발달장애(지적, 자폐성 포함), 정신장애
일본	•신체: 393만 명(2011) •지적: 74만 명(2011) •정신(알츠하이머 포함) 320만 명(2011)	• 지체장애, 시각장애, 청각장애, 언어장애 • 지적장애, 정신장애 • 내부장애: 심장, 호흡기, 신장, 방광 및 직장, 소장기능장애
미국	12.6%(2015) 장애인구 39,906,328명	• 신체장애(지체, 시각, 청각, 언어), 외형적 추형, 신경계, 근골격계, 감각기관 장애 • 정신장애, 발달장애, 정서장애, 학습장애, 알코올중독 • 내부장애: 생식기, 소화기, 비뇨기, 피부 혈액·내분비계, 암, AIDS
스웨덴	16.1(2011) 장애인구 983만 명	• 신체장애(지체, 시각, 청각, 언어) • 지적장애, 학습장애, 정신장애, 정서장애, 약물·알코올중독 • 내부장애: 폐질환, 심장질환, 알레르기, 당뇨 • 사회적 장애: 의사소통이 어려운 외국인 이민자, 타인의존자
독일	중증장애인 983만 명(2013)	• 신체장애(지체, 시각, 청각, 언어, 추형) • 지적장애, 정신질환, 정서장애 • 내부장애: 호흡기, 심장, 순환기, 소화기, 비뇨기, 신장, 생식기, 신진대사, 혈관, 피부

출처: 1) 미국: U.S. Census Bureau(2015). American Community Survey(2016).
2) 일본: 내각부 2013 장애인백서(2013). 노동부·한국장애인고용공단 2016년 장애인통계 재인용.
3) 독일: 연방통계청(2014). 중증장애인 통계. 노동부·한국장애인고용공단 2016년 장애인통계 재인용.
4) 스웨덴: 2011 Eu Labor Force Survey, 2015.12.
5) 보건복지부. 2015년도 등록장애인 현황.
6) 보건복지부 보도자료. 2025.4.18 장애인 통계.

선진국의 경우에는 신체나 정신의 기능적 장애 외에도 특정한 일을 어느 정도 수행할 수 있는지의 여부에 의한 노동능력 측면에서의 장애, 개인적 측면과 함께 환경요인에 따른 불이익을 받는 조건 등 사회적 의미의 장애 등을 포괄하여 장애 범주를 폭넓게 정하고 있다. 특히 일부 국가에서는 암, AIDS와 같은 난치병 질환자를 장애로 인정하며, 의사소통이 어려운 외국 이민자나 타인 의존자 등을 장애로 인정하는 추세이다.

제3절 장애유형별 개념 및 특징

1. 신체적 장애

1) 외부 신체기능의 장애

(1) 지체장애

지체장애는 지체부자유 상태, 즉 신체의 골격·근육·신경 중 어느 부분에 질병이나 외상으로 기능장애가 영구적으로 남아 있는 경우를 말한다. 주로 운동기능장애, 감각장애 상태로 증상이 나타난다. 선천적 원인은 장애가 출산 전인 태아 때 발생한 것을 말한다. 대표적으로 유전·염색체 이상·심한 대사장애·임신 중 흡연·약물복용·방사선 조사·매독이나 풍진·감염·조산 및 난산·혈액형 부조화·고령 임신이 있다. 후천적 원인은 사회 활동 중에 발생한다. 유형은 척수손상·마비·근디스트로피·관절 경직·절단장애가 있다.

(2) 뇌병변장애

뇌병변장애는 중추신경계의 손상으로 인한 복합적인 장애로 뇌성마비·외상성 뇌손상·뇌졸중 등의 기질적 병변으로 인해 보행 또는 일상생활 동작에 제한을 받는 것을 의미한다.

(3) 시각장애

시각장애는 중심시력, 시야, 색 지각 또는 양안기능에 영향을 주는 시감각에 해부학적·기능적 이상이 있는 것을 말한다. 의학적으로 시각장애에서의 실명 또는 맹(盲)은 눈앞의 광선을 전혀 못 느끼는 절대맹과 심하지 않으나, 사회 활동이 불가능할 정도로 감소된 사회맹 또는 법적 맹으로 구분한다.

(4) 청각장애

청각장애는 언어정보를 이해하고 처리하는 능력에 기초하여 정의한다. 청각장애란 기질적 혹은 기능적 장애가 원인이 되어 듣는 기능이 일시적 또는 영구적으로 저하되거나 결여된 상태를 의미한다. 청각장애인은 농인과 난청인으로 구분하는데, 농인은 보청기를 착용하거나 착용하지 않은 상태에서 청력으로 언어적 정보의 성공적 소통과정이 불가능한 자를 말하며, 난청인은 청각을 통한 언어적 정보의 소통과정이 충분히 가능한 잔존청력을 보유하고, 보청기를 사용하는 자를 말한다. 장애부위에 따라 전도성·감각신경성·혼합성 청각장애 유형으로 나뉘는데, 장애가 외이와 중이에 있으면 전도성 청각장애, 내이와 청신경에 있으면 감각신경성 청각장애, 귀의 전 영역에 있으면 혼합성 청각장애라고 한다.

(5) 언어장애

언어장애란 말이 다른 사람의 말과 달라서 말 자체에 주의를 끌게 하거나 의사소통을 방해하거나 화자나 청자를 괴롭히는 원인이 될 때를 말한다. 이 정의는 세 개의 형용사로 압축되는데, 말이 두드러지거나 불명확, 불쾌할 때 말에 장애가 야기된다. '두드러진'의 의미는 비정상 언어가 타인의 주의를 끌기에 충분할 정도로 상이한 점을 말한다. '불명확한'은

명료도를 말하는데, 말을 하는 기본 목적은 메시지를 전달하는 것인데, 언어차이가 의사소통을 방해해 메시지가 왜곡된다면 언어장애가 된다. '불쾌한'의 의미는 언어의 편차로 화자 혹은 청자에게 일어나는 고통을 말한다. 언어장애에는 언어발달지체 · 조음장애 · 음성장애 · 유창성장애가 있다.

(6) 안면장애

안면장애란 안면 부위의 변형 및 기형으로 사회생활에 상당한 제한을 받는 상태를 말하며, 면상반흔 · 색소침착 · 모발결손 · 조직의 비후나 함몰 · 결손이 포함된다. '함몰이나 비후'란 연부조직, 골조직 등의 함몰이나 비후, 위축을 말한다.

2) 내부기관의 장애

(1) 신장장애

신장장애는 만성신부전을 말하며 신장의 기능단위인 네프론의 계속적인 손실에 의해 지속적으로 신장기능장애가 초래되어 사구체 여과율이 비가역적으로 감소되는 것으로 정의한다. 인체의 불순물을 제거, 체내의 수준을 균형 있게 유지해 주는 정상적 신장과 달리 만성신부전으로 신장 이상이 발생하면 신장이 정상기능을 못 한다.

(2) 심장장애

심장은 혈액순환의 원동력 기관으로 심장의 좌우면은 폐면이라고 한다. 수축과 확장을 반복하고, 혈액을 신체 구석구석까지 보내는 펌프역할을 한다. 심장장애란 심장기능의 장애가 지속되며, 심부전증 또는 협심증 증상으로 일상생활이 현저히 제한되는 심장기능 이상이 있는 것을 말하며, 부정맥 · 허혈성심질환 · 협심증 · 심근경색 · 심근증 · 선천성심질환 · 심부전이 있다.

(3) 간장애

간의 만성적인 기능부전과 그에 따른 합병증 등으로 인한 간기능의 장애로 인해 일상생활을 하는 데 상당한 제한을 받는 것으로 정의된다. 간장애의 유형에는 간경변증 · 간세포종양이 있다.

(4) 호흡기장애

폐나 기관지 등 호흡기관의 만성적 기능부전에 의한 호흡기능의 장애로 인하여 일상생활을 하는 데 상당한 제한을 받는 것으로 정의된다. 호흡기장애의 유형에는 기관지염 · 만성폐쇄성 폐질환 · 폐기종 · 기관지천식이 있다.

(5) 장루 · 요루장애

배변 또는 배뇨기능의 장애로 인하여 장루 또는 요루를 시술하여 일상생활을 하는 데 상당한 제한을 받는 상태를 말한다. 장루 · 요루장애의 유형에는 결장루(結腸瘻) · 회장루(回腸瘻) · 요루(尿瘻)가 있다.

(6) 뇌전증(간질)장애

뇌전증에 의한 뇌세포신경의 장애로 일상생활 또는 사회 활동을 하는 데 상당한 제한을 받는 것으로 정의된다. 뇌전증의 유형에는 부분발작 · 전신발작 · 미분류발작이 있다.

2. 정신적 장애

1) 지적장애

지적장애는 '지적 기능에서 실질적인 장애가 동반된 상태'를 의미한다. 지적장애는 표준화된 지능검사 소견에서 유의하게 표준 이하의 지적 기능과 동시에 그와 연관된 적응성·제한성이 두 가지 혹은 그 이상 실제 적응기술 영역들, 즉 의사소통·자기관리·가정생활·사회성 기술·지역사회 활동·건강과 안전·기능적 학습효과·여가·직업기술 영역에서 존재하는 것이 특징이다. 발병 연령은 18세 이전이며 이때 정신질환이나 신체질환의 공존여부는 진단과정상 고려하지 않는다.

2) 자폐성장애

자폐성이란 아동이 출생 후 정상적 발달지연 또는 지체를 말한다. 자폐성장애는 전반적 발달장애 및 자폐성장애, 유사자폐, 자폐성 언어장애 및 학습장애 등의 특수 발달장애를 포함한다. 우리나라에서 발달장애란 전반적 발달장애 및 자폐성장애(전형적 자폐증, 자폐증과 유사한 증상을 지닌 유사자폐증 포함)를 포함한 전반적 발달장애를 일컫는다.

자폐성장애는 미국의 '발달장애지원 및 권리장전법(1976년)'에서 처음 언급되었는데, '18세 이전 발생하는 지적장애·뇌성마비·간질 또는 자폐증에 기인한 지속적이고 본질적인 장애'로 '무기한 지속되며 세 가지 이상 생활 활동 영역(신변처리·언어·학습·이동성·자기관리·독립생활·경제자립)에서 실질적인 기능상 한계를 초래하는 것으로 22세 이전 출현하는 정신적·신체적 혹은 그 모두에 기인하는 중증이며 만성적인 장애'라고 정의하였다.

3) 정신장애

정신장애는 생물학적·심리적 병변으로 정신기능 영역인 지능·지각·

사고·기억·의식·정동·성격 등에서 병리학적 현상이 진행되는 것을 말한다. 「장애인복지법」은 "지속적인 양극성 정동장애(여러 현실 상황에서 부적절한 정서 반응을 보이는 장애), 조현병, 조현정동장애 및 재발성 우울장애에 따른 감정조절·행동·사고 기능 및 능력의 장애로 일상생활이나 사회생활에 상당한 제약을 받아 다른 사람의 도움이 필요한 상태"로 정의하고 있다. 정신장애의 유형은 다음과 같다.

(1) 조현병

조현병은 사고·정서·행동을 현실로부터 분리시키는 격심한 정신기능들의 분절로 규정된다. 발병의 가장 빈번한 연령은 청소년기와 초기성인기이며, 발병 연령은 후기 아동기에서 후기 중년기까지 가능하다. 환자는 낮은 자기존중감과 주위 사람들에 의해 거부된다는 강한 정서를 가진다. 환자는 타인과 정서적 관계나 의사소통에서 자기를 방어하며 정서의 장애들(기분 및 정서표현)이 정신분열증의 특징이다. 부적절한 정서와 주의력 문제들 및 기괴한 행동을 야기하는 자기통제력 상실, 망상과 환각, 죄악감, 무가치감이 나타난다.

(2) 정동장애

정동장애집단은 조증이든 울증이든 주요한 정서장애로 특징되며, 활동과 사고과정들의 증감을 야기한다. 정동장애유형은 조증과 울증증후가 나타나는 양극성정동장애, 단극성정동장애인 조증증후가 나타나는 조증장애, 울증증후가 나타나는 울증장애이다. 정동장애는 기분이 너무 좋거나 우울이 증상이다. 우울하거나 들뜬 기분의 장애로 단독으로 오거나 두 가지 상반된 기분이 번갈아 오기도 한다. 한 가지 형태만 오는 단극성장애와 번갈아 오는 양극성장애가 있다.

(3) 우울장애

우울증은 우울하고 저조된 정서상태가 주축이 되어 일어나는데, 조증과 교대로 나타나는 경우도 있다. 우울상태 초기에는 모든 체험과 생활에서 신선한 정서표현이 없어지고, 기분이 좋지 않으며, 일상적 일에 관심이 없어진다. 심해지면 무능력감 · 열등의식 · 절망감 · 허무감이 생기며, 삶의 의미를 상실, 자살의욕과 자살기도가 생긴다. 건강염려증 · 신체망상 · 피해망상이 동반되는 경우도 많다.

제4절 장애인복지의 이념

1. 인간의 존엄성 확보

인간은 다양한 개성을 지니지만, 모두 인간 존엄성을 인정받아야 하는 존재로 어떤 상황에서나 귀한 생명과 인격을 가진 존재라는 이해에서 출발한다. 이런 가치는 인권사상에 기초하며 인권은 어떤 자격과 조건을 필요로 하지 않는다. 「헌법」 제10조는 “모든 국민은 인간으로서의 존엄과 가치를 가지며, 행복을 추구할 권리를 갖는다”고 선언하고 있다. 장애인복지는 인간 존엄성과 인권존중에서 비롯되며, 불평등과 차별에 대항해서 인간 존엄과 평등사회 달성을 위한 원리이며 가치라고 할 수 있다.

2. 인간다운 생활의 보장

「헌법」 제34조에서 “모든 국민은 인간다운 생활을 할 권리를 갖는다”고 규정하고 있다. 인간다운 생활이란, 인간의 존엄성에 대응하는 ‘건강하고 문화적인 생활'을 할 권리를 말한다. 인권에는 소유권 · 참정권 · 자유권 · 사회권(인간다운 생활권)이 있다. 건강하고 문화적인 생활, 즉 인간다운 생활은 인간의 육체 · 정신 · 사회적 곤란을 치료 · 예방하며 건전성을 육성하는 다양한 시책으로서 창조적이고 인간의 행복을 파괴하지 않는 교양 있는 생활양식을 추구하는 것을 말한다.

3. 자립생활 이념

자립생활은 타인을 의존하지 않고 스스로 자신의 삶을 선택 · 결정하며, 생활 전반에 통제력을 갖는 것을 중시한다. 즉, 장애인 자신이 어디에서, 누구와 함께 살 것인지, 어떤 생활방식을 선택할 것인지, 시간과 경제상황을 어떻게 활용 · 소비할지를 결정하는 것이다. 전문가의 선택 · 결정에 따르는 수동적 피교육자, 수혜자 입장을 벗어나 능동적 · 주체적 삶을 살도록 지지하며, 선택 · 결정에 대한 책임을 장애인 스스로 가진다는 가정을 전제로 하는 이념으로 '장애'보다 '장애'를 일으키는 불리한 사회환경 해결 및 장애 당사자의 욕구와 선택을 중요시하는 이념이다.

4. 정상화 이념

정상화의 개념은 모든 사람은 정상적인 생활을 할 권리를 가지고 있다는 것이다. 장애인이 지역사회를 기반으로 타인과 함께 살아갈 수 있게 하는 것이 인간다운 사회로서의 참모습이라 할 수 있다. 따라서 사회복지는 일반 국민이 지닌 장애인에 대한 편견과 차별을 감소시켜 정상화의 이념을 사회에 정착시키는 데 목적이 있다.

5. 사회통합 이념

장애인복지의 최대 목표는 모든 장애인이 기존 사회에서 평등한 인간으로서 완전한 참여를 이루는 사회적 통합에 있다. 장애인의 사회통합은 장애인이 평등의 기초 위에서 사회의 부분이 되어 자신이 속한 사회·문화적 활동에 참여하는 것을 의미한다. 장애인들이 지역사회의 한 구성원으로 책임과 의무를 실천할 능력이 있는 평범한 인간으로 인식될 때, 비로소 장애인이 사회에 완전히 통합되었다고 할 수 있다.

6. 사회 및 국가 책임의 이념

장애인복지의 역사적 발전과정을 살펴볼 때, 초기의 복지실천은 개인적 측면이나 종교적인 온정주의 차원에서 시작되었다. 즉, 양심이나 개인적인 이타심과 같은 지극히 개인적인 측면과 자선을 중시하는 종교적 차원에서 시작된 사회복지실천은 이후 산업화 과정, 현대화 과정을 거치면서 국가(사회)가 사회복지의 주체로 대두되었다.

개인적인 관심과 국가나 사회의 온정적 복지실천으로는 현대사회에서 제기되는 문제들을 해결할 수 없기 때문에 국가가 주도적으로 개입하게 되었는데, 이는 산업화와 현대화 과정을 거치면서 사회에서 발생하는 문제들이 임금 노동(실업 · 해고 등)에 관련되고, 이것이 또다시 교육의 부재, 제한된 고용기회, 부적절한 제반 환경들과 더불어 문제의 양상을 증폭시키는 결과를 가져왔다. 특히, 교육과 취업 등에서 제한을 가질 수밖에 없었던 장애인들에게 이러한 문제양상이 더욱 심각하게 나타났고, 결국은 인간의 존엄성과 생존권, 생명이 위협받기에 이르렀다. 결과적으로 이러한 문제를 해결 또는 극복하기 위해서는 개인 또는 자선에 의한 서비스 접근과 더불어 국가 및 사회가 이러한 문제를 해결하기 위하여 주도적으로 개입해야 한다는 국가 책임의 이념이 제기되었다(정무성 외, 2015).

CHAPTER 02

장애인에 대한 이해

장애인복지정책을 수립하고 추진하기 위해서는 정책 대상인 장애인의 특성, 생활 전반에 걸친 다양한 영역의 생활실태, 복지욕구에 대한 기초조사를 실시해야 하는데, 보건복지부는 3년마다 장애인 실태조사를 실시하고 있다. 이 장에서는 '제10차 장애인 실태조사(2023)' 결과에 근거하여 장애인 실태의 현황을 살펴보고 장애인에 대한 사회적 태도 및 편견해소 방안을 찾아보고자 한다.

제 1 절 한국 장애인 실태의 현황 분석

1. 장애인구 및 출현율

제10차 장애인 실태조사(보건복지부 · 한국보건사회연구원, 2023)에 따르면 전국의 장애인은 2,657,397명으로 추정되며, 재가장애인은 2,630,374명이며, 시설거주장애인은 27,352명으로 나타났다(표 2-1 참조).

• 표 2-1 • 2023년 전국 장애인 추정수 (단위: 명, %)

구분		재가장애인	시설장애인	전체
2023년	장애인 수	2,630,374	27,352	2.657,397
	출현율	5.1%	-	5.1%
2020년	장애인 수	2,622,950	29,086	2,623,201
	출현율	5.21%	-	5.1%

출처: 보건복지부(2023). 2023년도 등록장애인 현황 통계

장애인 출현율(인구 100명당 장애인 수)은 5.1%로 나타났다. 2023년 장애인 수와 장애 출현율을 2020년 장애인 실태조사와 비교한 결과, 장애인 수와 장애인 출현율은 비슷한 것으로 나타났다.

1) 일반현황

(1) 성비 및 연령

장애인의 성별 분포는 남자 57.8%, 여자 42.2%로 남자가 여자에 비해 15.6%p 높게 나타났다. 전체적으로 장애 출현율은 연령이 높아짐에 따라 증가하고 있고 60대부터 증가폭이 커진다. 특히, 65세 이상 인구가 54.3%로 2020년 49.9%에 비해 증가했는데 이는 우리사회가 고령화사회로 진입하면서 장애인 중 고령자 비율이 지속적으로 증가하고 있음을 보여준다.

(2) 장애 원인과 치료

장애 원인은 88.0%가 후천적 질환이나 사고로 인하여 발생하였으며, 특히 후천적 원인 중 질환(58.1%)이 사고(29.9%)보다 더 높았다. 인구고령화에 따른 질환의 후유증으로 장애발생 비율이 높게 나타나고 있다. 이러한 사실은 어느 정도 장애예방이 가능하다는 것을 보여주는 것으로, 건강

증진과 사고예방을 위한 정책적 관심이 높아져야 함을 시사하고 있다.

2. 장애인생활실태

1) 일상생활 지원

장애인의 기본적 일상생활동작(ADL) 수행에서 필요한 지원 수준을 살펴보면, 상당한 혹은 전적인 주위의 지원이 필요한 정도가 높은 일상생활 수행 내용은 '이동하기', '목욕하기', '보행', '옷 갈아입기', '구강 청결'인 것으로 나타났다. 수단적 일상생활수행능력(IADL)을 살펴보면, '상당한 혹은 전적인 지원 필요'의 비율이 높은 활동은 '대중교통수단 이용하기', '빨래하기', '청소하기', '식사준비', '물건사기'인 것으로 나타났다.

장애인의 일상생활 수행 시 도움 필요 정도는 장애인의 45.4%가 거의 모든 일상생활을 타인의 도움 없이 혼자 수행할 수 있다고 하였으며, 12.3%는 대부분 혹은 거의 타인의 도움을 전적으로 필요로 하였다. 특히 자폐성장애인(51.6%), 뇌병변장애인(37.3%), 시적장애인(32.5%)의 경우는 일상생활에서 타인의 도움 필요 정도가 높게 나타났다.

일상생활 수행 시 타인의 도움이 필요한 장애인 중 실제로 도와주는 사람이 있는 장애인은 87.3%이며, 도와줄 사람이 없는 경우는 12.7%로 나타났는데, 일상생활을 도와주는 사람은 배우자 37.8%, 부모 21.2%, 자녀 18.5%의 순으로 많은 것으로 나타나, 도움 제공자가 대부분 가족 구성원(82.1%)이었으며, 공적 돌봄 제공자로는 활동보조인 3.4%, 가정봉사원 0.7%, 요양보호사 9.7%로 매우 적었고, 비용부담이 큰 간병인서비스를 이용하는 경우는 1.6%로 나타났다.

2) 장애인보조기기 필요 · 소지 · 사용현황

건강보험(의료급여)의 급여 품목에 포함되어 있는 전동휠체어와 전동스쿠터의 경우, 전동휠체어나 전동스쿠터를 필요로 하는 비율은 8.1%이며, 소지율은 5.5%로 전동휠체어를 소지하고 있는 경우가 전동스쿠터에 비해 많았다. 장애인보조기기가 필요한데 구입하지 않은 주된 이유는 경제적 비용 부담 때문인 경우가 44.2%로 나타났으며, '사용해도 별 효과가 없을 것 같아서'(4.9%), '사용이 불편할 것 같아서'(3.4%), '적합한 장애인보조기기가 무엇인지 몰라서'(28.7%), '적합한 보조기기가 없어서'(1.9%) 등의 순으로 나타나 경제적 비용 부담 때문인 경우가 여전히 가장 높게 나타났다.

3) 정보통신기기 사용률

장애인의 정보통신기기 사용률은 스마트폰 혹은 휴대폰을 이용하는 경우가 90.5%이고, 컴퓨터 29.6%, 인터넷 47.7%로 나타나 2020년 조사결과와 비교할 때 스마트폰 혹은 휴대폰 이용률은 증가하고 컴퓨터 사용률은 감소하는 경향을 보였다.

3. 사회적 특성

1) 결혼생활 · 여성장애인

만 18세 이상 장애인의 결혼상태는 유배우 비율이 51.8%로 가장 많았고, 사별 20.7%, 미혼 17.0%, 이혼 9.7%, 별거 0.8%의 순이었다. 장애인의 83.0%는 결혼한 경험이 있었고 17.0%는 미혼으로 남자의 경우 미혼 비율이 21.4%로 여자 미혼율 11.1%에 비해 높았다.

장애인이 결혼하지 않는 주된 이유로는 '건강 및 장애문제 때문에'(46.1%), '결혼할 생각이 없어서'(12.6%), '아직 결혼하기 이른 나이여서'(19.6%), '집 장만, 결혼비용 등 경제적인 이유로'(12.6%), '이성을 만날 기회가 없어서'(10.4%) 순으로 나타났다. 장애유형별로 살펴보면, 안면장애 · 정신장애 · 언어장애 · 신장장애 · 뇌병변장애 · 지적장애는 결혼하지 못한 이유가 '건강과 장애로 인해서'(대략 50~70% 이상)였다. 이들의 건강문제는 결혼을 하지 않는 점에 그치지 않고, 가족을 구성하지 못함으로써 인적 · 물적 자원이 빈약하게 되며, 이로 인해 사회적 고립현상을 가질 가능성이 있으므로 이에 대한 대책 마련이 요구된다.

장애인의 결혼 당시 배우자에게 장애가 있는 경우는 2.6%였지만 97.4%의 장애인은 결혼 당시 장애가 없었다. 우리 사회에서 장애인은 장애인들과 결혼하는 비율이 높을 것이라는 선입관이 있지만 조사결과 장애인끼리 혼인하는 경우는 매우 드문 일로 파악되었다.

임신경험이 있는 만 49세 이하 여성장애인이 임신 기간 중 힘들었던 점은 '자녀가 장애를 가질까 봐 두려워서'(15.1%), '본인의 건강 악화'(3.7%), '자녀 양육을 잘 할 수 있을지 두려워서'(14.6%), '출산 과정에 대한 두려움'(7.4%), '병원비 등 돈이 많이 들어서'(4.9%) 등으로 나타났다.

출산경험이 있는 여성장애인 중 출산 전 · 후 산후조리의 충분도는 '충분하다' 50.4%, '부족하다' 26.8%, '매우 충분하다' 8.3%, '매우 부족하다' 14.5%의 순으로 나타나 산후조리에 만족하는 경우가 58.7%라면 불만족하는 경우가 41.3% 수준임을 알 수 있다. 따라서 여성장애인의 임신 · 출산과정에서 의료서비스 및 가사도우미 지원, 재정지원 확충과 함께 부모형제나 이웃의 격려와 지지가 필요하다.

여성장애인이 필요로 하는 서비스는 장애인 활동지원사 지원(24.1%), 자녀양육지원 서비스(18.4%), 임신 · 출산 관련 교육 및 정보제공(6.0%), 출산비용 지원(4.7%), 건강관리 프로그램(3.6%), 장애를 고려한 여성용품 정보제공(2.3%) 순으로 나타났다.

2) 사회 및 여가 활동

장애인의 사회생활과 관련하여 장애인의 42.1%는 집 밖 활동 시 불편하다고 하였으며, 이 중 12.2%는 매우 불편한 정도였다. 불편하지 않다는 비율은 57.9%였는데, 특히 뇌병변장애(78.6%), 자폐성장애(72.6%), 호흡기장애(53.8%), 장루 · 요루장애(51.8%)의 집 밖 활동 시 불편하다는 비율이 높게 나타났다. 장애인의 집 밖 활동 시 불편한 이유로는 '장애인 관련 편의시설 부족'이 52.3%로 가장 많았고, 이외에 '외출 시 동반자가 없어서'(22.1%), '의사소통의 어려움이 있어서'(14.7%), '주위 사람들의 시선 때문에'(10.3%)의 순으로 나타났다.

장애인들이 문화 및 여가활동에 만족하는 비율은 44.2%였으며, 불만족스럽게 생각하는 비율은 45.8%로 나타났다.

장애인들의 문화 및 여가활동의 만족도를 높이기 위해서는 경제적 부담의 해결과 문화여가에 대한 정보, 프로그램 등 문화적인 환경이 장애인 친화적으로 개선되어야 하며 이동편의 제공과 문화시설 등에 장애인의 접근이 가능하도록 편의시설 개선과 확대가 요구된다.

3) 사회적 차별 경험

장애로 인하여 사회적 차별을 경험한 영역을 보면 '학교생활에서 또래 학생으로부터 차별 경험' 53.3%, '초등학교 입학 · 전학' 34.3%, '중학교 입학 · 전학 시' 31.6%로 나타났다.

'보험제도상(계약 시)' 차별 31.7%, '취업 시 차별 경험' 21.5%, '결혼 시' 15.7%, '직장생활 중 동료와의 관계에서 차별 경험' 15.2%, '직장생활에서 소득(임금)' 14.5%로 나타났다.

4) 경제적 특성

(1) 경제상태

장애인가구의 월평균 소득은 309.8만 원으로 전국 월평균 가구소득

(2022년. 4/4분기 기준 483.4만 원)의 63.3% 수준이다. 장애인가구의 월평균 지출은 242.6만 원으로 전국 월평균 가구지출(2022년. 4/4분기기준 362.5만 원)의 66.9% 수준이었다.

장애인가구 중 차량을 소유하고 있는 비율은 52.2%였으며, 장애유형별로는 자폐성장애, 간장애, 안면장애, 심장장애, 신장장애, 지체장애 등의 차량 소유율이 높았고, 정신장애, 뇌전증장애, 청각장애 등의 순으로 차량 소유율이 낮았다.

장애인 중 지난 1년간 장애로 인한 추가 소요비용이 있었던 장애인은 72.1%이며, 추가비용의 월 평균 금액은 17.0만 원으로 2020년의 15만 2.6천 원보다 높아졌다. 추가비용의 내용을 살펴보면, 의료비가 57.8천 원으로 가장 많았고, 보호·간병비가 28.2천 원, 교통비가 24.1천 원, 부모사후 및 노후대비비 18.5천 원, 장애관련 식비 10.7천 원, 보육·교육비 10.4천 원이었다. 장애유형별로 보면, 모든 장애에서 의료비로 인한 추가비용이 많았고, 자폐성장애 및 지적장애는 보육·교육비로 인한 추가비용이 많았고, 뇌병변장애는 의료비, 보호·간병비, 교통비로 인한 추가비용이 많았으며 청각장애의 경우 장애인보조기기 구입·유지비, 통신비로 인한 비용이 많았으며 신장장애는 의료비, 교통비로 인한 추가비용이 많았다.

(2) 취업상태

통계청에서 사용하는 ILO(국제노동기구) 기준을 적용하였을 경우, 15세 이상 장애인의 경제활동참가율은 38.8%로, 2020년의 31.3%에 비해 7.5% 포인트 증가한 수준으로 나타났다. 실업률은 4.2%로 전체 인구 실업률(2023.10.) 2.1%에 비해 2배 높은 수준이나 2020년 장애인 실업률 5.8%에 비해서 낮아졌다.

성별로 보면, 남자의 인구대비 취업자 비율(고용률)은 45.7%이고, 여자는 25.7%로 남자의 고용률이 여자에 비해 약 1.7배 이상 높게 나타났다.

실업 및 비경제활동 장애인의 현재 일하지 않는 주된 이유는 '장애로 인해 업무를 제대로 수행할 수 없을 것 같아서'가 39.1%로 가장 많았고, '나이가 너무 어리거나 많아서'가 22.2%, '일하고 싶지 않아서, 일할 필요가 없어서'가 13.1%, '장애 이외의 질병이나 사고로(건강문제)'가 10.1%, '이전에 찾아보았을 때 일자리가 없어서' 4.4% 등으로 나타났다.

취업장애인의 임금 수준은 215만 원으로 이는 전체 임금근로자 월평균 임금 301만 원의 71%에 불과한 수준이다. 월 평균 임금 수준은 간장애가 338만 원으로 가장 많았고, 신장장애 292만 원, 안면장애 265만 원, 시각장애 244만 원, 지체장애 239만 원, 심장장애 216만 원, 장루요루장애 206만 원 순이다. 자폐성장애가 98만 원으로 가장 낮고 정신장애가 99만 원, 지적장애는 114만 원, 청각장애 134만 원, 뇌전증장애 157만 원 등이다.

(3) 복지 서비스

① 장애등록

장애등록으로 인한 각종 혜택에 대한 인지향상, 장애인에 대한 사회적 인식개선 등의 요인이 작용한 것으로 보인다. 장애인 등록 후 국가나 사회로부터 지원을 많이 받고 있다고 생각하는지 인식을 파악한 결과, '받고 있음'으로 응답한 경우가 41.1%, '받지 못함'으로 응답한 경우가 58.9%이다. 지적장애, 정신장애, 자폐성장애, 신장장애, 호흡기장애 등은 지원에 대해 긍정적인 비율이 높았고, 시각장애, 장루요루장애, 지체장애, 청각장애, 간장애 등은 부정적 비율이 상대적으로 높았다.

이는 장애인연금, 장애인 활동지원제도, 발달재활서비스 등 장애인복지 사업의 확대에도 불구하고 여전히 복지 서비스 미수급 계층이 광범위하게 존재하고 복지확대에 비례하여 장애인의 복지욕구 역시 높아진 데 따른 결과로 판단된다.

② 장애인복지 서비스에 대한 인지 및 이용 현황

장애인복지사업을 연금 · 수당(소득보장), 보육 · 교육, 의료 · 재활 지원, 돌봄지원, 세제혜택, 공공요금, 일자리 · 융자, 기타로 구분하여 각각의 사업에 대한 이용 실태를 조사하였다. 이용 실태는 생애 기간 동안의 이용 경험, 이용 만족도, 현재(최근 1년간) 이용 여부로 질문하였다. 우선 생애 기간 동안의 이용 경험은 연금 · 수당 영역에서 장애인연금 이용률이 12.2%로 가장 높았고, 이어서 경증장애수당(18.1%), 장애아동수당(1.3%)의 순이었다. 보육 · 교육 영역에서는 장애인 자녀 교육비 지원이 0.9%, 장애아 보육료 지원이 1.9%, 아동양육수당이 1.2%의 이용률을 나타냈다. 의료 · 재활 지원에서는 장애인보조기기 건강보험 급여 이용률이 26.2%로 가장 높았고, 장애인보조기기 교부(4.1%), 장애인 의료비 지원(6.6%), 장애검사비 지원(5.7%), 장애인 등록 진단비 지원(6.1%) 등의 순으로 나타났다.

돌봄지원에서는 장애인 활동지원서비스의 이용률이 5.7%, 장애인 생활도우미의 이용률이 0.2%였으며 나머지 사업의 이용률은 미미하였다. 세제 혜택에서는 세금 공제 및 번세가 56.9%, 승용자동차 관련 세금 면제가 15.5%의 이용률을 보였다. 공공요금에서는 통신 관련 요금감면 및 할인이 84.0%로 이용률이 가장 높았고, 교통 관련 요금 감면 및 할인(76.3%), 공공시설 이용 시 요금감면 및 할인(59.4%)의 이용률도 높았다. 일자리 및 융자 사업에서는 장애인일자리 지원의 이용률이 3.9%, 장애인근로자 자동차 구입자금 대여 이용률이 1.2%로 나타났다. 기타 사업에서는 장애인자동차 표지발급의 이용률이 34.9%로 가장 높았고, 노인장기요양보험(10.0%), 주택 관련 분양알선 및 가산점 부여(14.1%) 등의 순이었다.

③ 복지 서비스 욕구

장애인이 사회나 국가에 요구하는 사항을 살펴보면, 장애인의 요구 정도가 가장 높은 것은 소득보장(43.9%), 의료보장(26.9%), 고용보장(7.9%), 주거보장(6.5%), 장애인 건강관리(4.2%), 이동권 보장(2.9%), 장애인 인권보장(2.3%) 순으로 나타났다. 전반적으로 2020년 실태조사 등 이전의 조사와 마찬가지로 소득보장과 의료보장 두 욕구가 다른 욕구를 훨씬 상회하는 기조를 유지한 가운데, 2020년 조사 결과와 비교해 고용보장, 장애인 건강관리, 이동권 보장 및 장애인 인권보장 욕구는 다소 증가하고, 소득보장과 의료보장 및 주거보장 욕구는 소폭 감소하는 추이를 보였다.

장애유형별로 살펴보면 1순위를 소득보장으로 응답한 비율은 뇌전증장애(52.3%), 정신장애(50.4%)가 가장 높았고, 의료보장의 응답률은 장루요루장애(38.4%), 신장장애(37.0%), 청각장애(33.0%)가 높았다. 또한 고용보장의 경우에는 지적장애(13.3%), 자폐성장애(11.0%)가 높았다. 주거보장의 경우에는 안면장애(10.2%), 지적장애(9.9%), 정신장애(9.9%)가 높았다. 고용보장의 경우에는 뇌전증장애(9.1%), 지적장애(8.3%), 자폐성장애(8.0%)가 높았다. 이동권 보장의 경우에는 뇌병변장애(4.6%), 지체장애(3.5%)에서 그리고 장애인 인권보장의 경우에는 안면장애(7.5%), 자폐성장애(5.6%)에서 상대적으로 욕구가 높게 나타났다. 이렇듯 정책 영역에 따라 특정 장애유형의 욕구가 더 높게 나타난 것은 해당 장애유형의 특성과 욕구가 반영된 결과라고 할 수 있다.

제2절 장애인에 대한 사회적 태도

사회의 차별의식은 강력한 사회적 규제력을 가지고 장애인의 일상생활을 제한한다. 능력위주와 업적주의를 신봉하는 사회는 근본적으로 차별을 필요로 하며, 이러한 차별 사회에서 살아가는 사람들은 의식·무의식적으로 차별에 가담하게 된다. 장애인 차별의 구조는 기본적으로 장애인을 주류사회로부터 배제하는 시스템 속에 존재한다. 이러한 문제들은 장애인들의 인간다운 삶과 사회통합을 가로막는 중요한 요인이다. 장애인에 대한 차별과 편견은 다양한 원인과 복잡한 메커니즘을 형성하고 있기 때문에 쉽게 개선하기가 어렵다. 이러한 현실에서 편견이란 무엇이며, 형성 과정과 유형은 어떤 것들이 있는지, 장애인에 대한 편견은 어떠한 방법으로 제거될 수 있는지를 살펴보는 일은 중요하다.

1. 장애인에 대한 사회적 반응

1) 장애인에 대한 인식과 태도

(1) 인식의 개념

인식이란 '사물을 분별하고 판단하여 아는 일, 의식하고 지각하는 작용'을 말하며, 행동은 '생활체가 행하는 신체적 · 정신적 활동'을 말한다. 따라서 장애인에 대한 인식이란 장애를 어떻게 생각하는가이며, 장애인에 대한 행동이란 사람들이 가지고 있는 장애인에 대한 생각이 장애인을 보고 행동하는 데 영향을 미치는 것을 말한다. 인식이 밖으로 표출되면 행동이 된다고 볼 수 있다.

장애인에 대한 인식은 장애인을 바라보는 태도에 크게 영향을 미친다. 장애인에 대한 이해부족과 잘못된 인식의 원인은 무엇보다 장애인과 함께 사는 사회 구현이 실현되어 있지 않은 우리의 현실에 있다고 하겠다. 능력의 유무를 막론하고 단지 장애인이라는 이유만으로 사회의 여러 영역으로부터 분리되어 왔던 장애인이 비장애인들에게 바르게 이해되기란 어려울 것이다. 사회적 노출이나 접촉이 결여된 상태에서 일반 대중이 장애인에 대해 갖게 되는 이해는 이야기나 설화 등을 통한 비과학적이고 미신적인 것에 불과하다. 장애인이 직면하고 있는 오늘의 현실을 조명해 볼 때, 우리는 이해의 부족이 불평등을 낳고 다시 이 불평등이 이해의 부족을 낳는 악순환의 현장을 발견할 수 있게 된다(이익섭, 1988).

(2) 장애인에 대한 태도

장애인의 사회적응을 가장 어렵게 만드는 문제는 사회적 편견과 인식에 관한 문제이다. 장애인이 사회구성원으로 성공적인 삶을 영위할 수 있느냐는 비장애인들이 어떻게 그들을 이해하고 얼마나 적극적으로 수용하느냐에 달려 있기 때문이다. 우리나라의 경우, 전통적으로 장애인들에 대해서 심한 편견을 갖고 사회적으로 낙인을 찍어 왔다. 이규태(1981)는 한국인의 전통적인 장애인관은 객관적으로는 멸시와 조롱의 대상이 되고, 주관적으로는 열등한 존재로 보는 것으로 나타났다고 하였다. 석동일(1988)은 자선적이고 시혜적인 측면으로서 장애인을 불쌍하고 무능력한 사람으로 보며, 어디까지나 그 처우는 가진 자가 못 가진 자에게 베풀어 주는 권위주의적인 특성을 나타내는 것이라고 하였다. 또 장애인은 빈곤, 범죄 등을 일으킬 소지가 있으므로 장애인의 인권에 제한을 가하는 측면이 있더라도 사회적 시책을 시행할 필요가 있다는 관점으로 장애인을 바라보기도 한다고 하였다(서동명, 1998). 이러한 장애인에 대한 편견은 장애인의 사회통합을 저해하는 요인으로 작용하고 있다.

2. 장애인에 대한 편견의 유형

1) 장애가 자아내는 편견 반응

장애인들에 대한 차별의식은 모욕적 언어 · 고정관념 · 편견 · 왜곡된 가치관 등으로 나타난다(이달엽, 2003). 실러(Siller, 1967)는 장애가 자아내는 반응을 7가지로 나누어 제시하고 있다.

① 접촉 시 긴장감: 장애를 지니지 않은 사람이 장애인을 만날 때 느끼

는 긴장을 말한다. 상대방의 마음을 상하게 하는 것이 아닌가 하여 맹인이니, 농(聾)이니, 장애인이니 하는 말조차 쓰기를 꺼리는 태도이다.

② 친교의 거부: 장애인과 친밀한 관계를 맺는 사람들을 이상하게 생각하거나 미친 사람 취급을 하는 것이다.

③ 일반적인 거부: 특수아동에 대해서는 전혀 모르면서 분리교육을 주장하고 입학, 고용을 거부하는 태도이다.

④ 권위의 미덕: 인간 존엄성에 근거하여 생각하지 않고, 권위주의에 근거하여 장애인을 돕고 교육하는 것을 미덕으로 믿는 태도이다.

⑤ 추론된 정서장애: 장애인은 누구나 이상(異常)성격을 가지고 있어 타인들에게 해를 끼친다고 느끼는 반응이다.

⑥ 왜곡된 동일시: 죄와 장애를 동일시하여 장애인을 보면 자신의 약점이나 죄를 생각하게 되어 자신도 장애인이 될지도 모른다고 두려워하는 태도이다.

⑦ 무능: 장애인은 무능해서 부모나 전문가로서의 기능을 할 수 없다고 믿는 태도이다.

2) 편견의 표현행위

편견은 일상생활에서 다양한 모습으로 표현되며, 다음과 같은 행동단계로 나타난다(이준우, 1999).

① 적대적인 말투(antilocution): 편견을 지닌 사람들은 적대적 말을 한다. 마음에 맞는 친구들, 때로는 낯선 사람에게도 적대감을 자유롭게 말한다. 많은 사람들은 이 온건한 수준의 적대행위에 머무른다.

② 회피(avoidance): 편견이 강렬하면 불편을 감수하고라도 싫어하는 집단의 사람들을 피한다. 이 경우 편견을 지닌 사람은 싫어하는 집단에 직접 해를 끼치지 않고 적응과 후퇴의 부담을 감수한다.

③ 차별(discrimination): 여기서부터 편견을 지닌 사람은 가해행위를 한다. 그는 편견 대상 집단을 고용·주택·정치적 권리·교육·오락기회·교회·병원 등에서 배척한다.

④ 신체적 공격(physical attack): 감정이 고조되면 편견은 폭력이나 준 폭력적 행위로 나타난다.

⑤ 근절(extermination): 집단구타·개인학살·집단학살, 히틀러(Adolf Hitler)의 유태민족 학살 등은 편견의 가장 폭력적인 방법이다.

3. 장애인에게 편견을 갖게 하는 요인

심리적 측면의 면대면 접촉에 있어서 장애인과 비장애인들은 서로 상대방에 의해 어떻게 지각될지에 대해 긴장과 불안을 야기하게 된다. 사회적 수준에서 장애인에 대한 편견·차별을 강화하는 요소는 미디어의 장애인상, 참여에 있어서 신체적·문어(問語)적 장벽, 차별적 법률·규칙·규정들, 사회조직으로부터의 제외라는 네 가지 영역에서 찾아볼 수 있다.

만화·영화·동화에 나타나는 미디어의 장애인상은 신체적·정신적 장애가 폭력·범죄·공포 등과 연관되어 있거나 원인이 된다는 점을 강화한다. 시청자로 하여금 눈물을 자아내게 하면서까지 장애를 부각하며 자선을 유도하는데, 이는 의존 이미지를 강화한다. 장애차별은 사회복지 및 재활서비스 조직과 제도 속에도 존재하는데, 법률·규칙·규정 등에 있어서 차별은 신체검사를 요구하는 직업, 주류사회로부터 격리된 장애인시설이나 프로그램, 장애인 삶의 질을 개선하고 서비스 전달을 촉진하기 위해 전형적인 인구로부터 장애인구를 격리하는 다수의 전문가들에 의해서도 발생한다(이달엽, 2003).

이미옥(2003)은 사회적 거리감 개념틀을 이용하여 장애인에 대해 편견을 갖게 하는 요인을 연구한 결과 장애인에 대한 비장애인의 태도·편견·스티그마(Stigma)를 갖게 하는 요인을 제시했는데 그 내용은 다음과 같다.

① 장애인에 대한 올바른 교육의 결여, ② 장애인에 대한 정부의 잘못된 정책, ③ 한국의 장애인에 대한 전통적 관습, ④ '바보', '병신' 등의 장애인에 대한 부정적 용어 사용, ⑤ 일반인들의 장애인들에 대한 농담, ⑥ 장애인을 흉내 내는 코미디 연기, ⑦ 장애인을 나쁘게 그리는 대중영화, ⑧ 장애인에 의해 일어난 비극적 사건에 대한 신문 · 잡지 기사, ⑨ 비장애인들의 장애인 관련 시설에 대한 좋지 않은 경험, ⑩ 비장애인의 장애인과의 부정적인 개인적 경험, ⑪ 장애인들의 미성숙한 상황 대처, ⑫ 상품에 표시된 장애인에 대한 문구 등이다.

4. 장애인 편견의 대표적인 유형과 사례

1) 생활환경

장애인은 신체적 손상과 기능장애로 인해 교통 · 통신설비 · 공공건물 · 도로이용 등의 물리적 환경에 적응하기 어렵다. 물리적인 장벽은 장애인들의 사회참여 제한의 원인이 되고, 이로 인해서 사회적 고립과 격리를 경험하게 됨으로써 사회적 불평등 구조의 원인이 되고 있다. 생활환경에서 찾아볼 수 있는 편견 사례는 다음과 같다.

구체적 예로 ① 공공기관 이용 시 편의시설 부재, ② 구청이나 병원에 수어통역사가 없어서 많이 어려움, ③ 리프트가 있어도 담당자가 없거나 있다 해도 작동법을 잘 모름, ④ 백화점 등 대형건물에 점자 블록이나 방향지시 표시가 없음, ⑤ 시각장애인의 경우 은행대출, 카드 발급 시 자필 서명을 할 수 없다는 이유로 거절당하거나, 음식 메뉴를 알 수 없음, ⑥ 버스나 지하철에 휠체어 접근이 불가능함, ⑦ 출근시간에 대중교통을 이용하면 바쁜 시간에 장애인이 돌아다닌다고 핀잔을 줌 등이 있다.

2) 직업생활

장애라는 이유만으로 구직, 직업생활에 차별이 이루어지고 있다. 구체적인 예로, ① 보수에 있어서 동등한 능력을 가진 사람과 차별 대우를 받음, ② 취업 면접 시 능력이 있음에도 무조건 거절당함, ③ 서비스 업종에서 손님들에게 혐오감을 준다고 거부함, ④ 장애인 재활작업장에 불량품이 발생할 것이라는 편견으로 일거리 주기를 거절함, ⑤ 일반회사 취업 시 끊임없이 눈치를 주어 그만두게 함, ⑥ 장애인고용보다 장애인고용촉진공단에 벌금을 내는 것을 선호함 등이 있다.

3) 주거생활

가족 중에 장애인이 있다는 이유로 입주를 거부당하는 경우가 많고, 이웃과의 친목 활동에 있어 의도적으로 배제당하기 쉽고, 공동주택에서 편의시설을 사용하는 데 불편함이 많다. 구체적인 예로, ① 휠체어 때문에 계단의 경사로 설치를 하는 데 이해가 없음, ② 재수가 없다는 이유로 임대를 거절함, ③ 장애인단체의 경우 건물 임대 거절(임대가 잘 안 된다거나 집값이 떨어진다는 이유), ④ 아파트 내 장애인 주차구역에서 잦은 시비 발생, ⑤ 반상회에서 서로 불편하니까 좋은 말로 오지 말라고 함 등이 있다.

4) 의료시설의 이용

뇌성마비장애인, 발달장애인, 시·청각장애인 등 장애가 심한 경우에 의료시설 이용에 어려움을 겪는다. 특히 치과·산부인과·이비인후과를 이용할 때 거부 사례가 많다. 예로, ① 병원 이용 시 편의시설 미비와 장애인 보조시설 설치를 하지 않음, ② 치과·이비인후과 이용 시 몸을 많이 움직인다는 이유로 진료거부, ③ 권리주체로 보지 않으므로 보호자 동반을 요구, ④ 장애인이라는 이유로 진료보다 진료비 납부를 먼저 요구함 등이 있다.

5) 교육환경

법적으로 장애인의 교육권이 보장되어 있으나 교육현장에서는 아직도 다양한 형태의 차별이 있고 유치원교육에서 대학교육에 이르기까지 광범위한 직·간접적인 교육 차별이 있다. 또한 학교에서 '왕따'와 같은 괴롭힘을 당하는 경우가 많다. 예로, ① 특수학교임에도 수어를 모르는 교사가 많아 수업에 어려움을 겪는 경우, ② 일반학교 입학 거부, 특수학교 진학 강요, ③ 통합교육을 위해 일반유치원 입학을 원하지만 힘들다고 거부당함, ④ 주변 친구들이 장애를 놀리거나 괴롭힘, ⑤ 장애학생의 진로지도에 대해 무성의와 무관심, ⑥ 장애아동에 대한 배려 부족(천덕꾸러기 취급), ⑦ 대학의 특정학과 입학 거부, ⑧ 사회복지학과가 있는 대학마저 장애인 편의시설 설치에 무관심(램프 계단, 엘리베이터 설치 미비) 등이 있다.

6) 가족생활

가족이 장애인에 대한 편견으로 잘못된 태도를 보이는 경우가 많다. 극단적인 보호나 정반대로 무관심한 태도를 보이는 경우가 있다. 혼자서 절대 외출조차 하지 못하게 하는 과보호로 인해 자립 기회를 주지 않거나 가족행사에 참여하지 못하게 하고, 형제자매 결혼 시 상대 가족에게 알려지는 것을 꺼려해서 인사를 시키지 않는 경우가 많다. 예로, ① 가족의 혼사문제 시 장애가족이 있다는 이유로 파혼, ② 가족 외출, 친족 애경사 시 장애자녀의 참여 배제, ③ 아무것도 할 수 없는 무능력한 사람으로 대우함, ④ 장애자녀를 보면서 "내가 무슨 죄가 있다고…" 식의 운명론 조의 한탄, ⑤ 장애자녀는 결혼을 할 수 없다는 편견을 지님 등이 있다.

7) 문화 · 체육생활

장애인이 문화생활을 운운하면 '별 요구를 다한다'고 생각하는 사회적 분위기가 팽배하다. 생활수준이 향상되면 당연히 수반되는 문화·여가 활동에 있어 장애인만은 여전히 어려움을 겪고 있다. 영화관·연극장·수영장 등 체육시설 미비, 그리고 어떻게 장애인이 이런 활동에 참여하느냐는 비장애인들의 부정적인 태도로 인해 차별이 일어난다. 예로, ① 어린아이도 즐기는 놀이시설 이용 시 장애인은 위험하다고 거부당함, ② 청각장애인의 경우 영화에 자막처리가 되지 않아 외국 영화만 보게 됨, ③ 음식점·다방 출입 시 소비자 입장으로 보지 않고 구걸하러 온 사람으로 오인, ④ 장애인은 위험상황에 노출되기 쉽다는 편견이 농후함 등이 있다.

8) 공공기관이나 선거에서의 차별

선거는 모든 국민이 보편적으로 참여하는 권리지만 장애인들은 심한 차별을 겪고 있다. 예로, ① 통역이 없어 의사전달이 어려움, ② 해당부서가 2층에 있어서 담당자와 상담을 못 하는 경우, ③ 지적장애인이라는 이유로 선거권 행사 시 무시당함, ④ 부당한 대우 시 개선을 요구하면 장애인이라서 성격이 삐뚤어졌다고 여김 등이 있다.

9) 여성장애인

"여성장애인으로 살아가는 데 어떤 심정이냐"는 질문에 여성장애인의 80.9%가 '매우 혹은 어느 정도 어렵다'고 응답하고 있다. 결혼은 아예 생각지도 못하며, 직업 활동이 어렵고 부모·형제가 여성장애인의 결혼에 부정적인 태도를 보이는 경우가 많다. 예로, ① 중요한 결정 시 가족구성원으로 여기지 않아서 의견개진을 하지 못함, ② 지적장애·정신장애·뇌병변장애장애인의 경우 양가 부모들의 결혼 반대나 결혼해도 실패할 것이라는 염려가 심함, ③ 결혼을 해도 출산·육아를 반대함, ④ 출산 시 유전될 것이라는 편견, ⑤ 여성장애인을 무성(無性)적 존재로 보아 성적인 욕구나 생리현상마저 없을 것이라고 여김 등이 있다.

제3절 장애인에 대한 편견해소 방안

편견을 변화시킨다는 것은 단순하고 쉬운 문제가 아니다. 왜냐하면 편견이란 잘 통제되지 않는 많은 요소들과 관련되어 있기 때문이다. 그러나 많은 학자들이 장애인에 대한 편견해소 방법들을 제시하고 있다. 학자들의 의견을 종합하면 크게 3가지 방법으로 요약된다.

첫째, 지식의 향상으로 비장애인들이 장애인을 바로 알도록 교육·계몽해야 한다. 가장 많이 지적되는 것이 장애인에 대한 편견은 무지의 소산 때문이다. 둘째, 상호작용 증진을 위해서 장애인과의 만남과 접촉을 늘려줌으로써 친밀감을 높이고 거리감을 줄여야 한다. 유치원 시기부터 장애아동과 비장애아동이 함께 공부하고 어울리게 하는 통합교육이 중요하다. 셋째, 행동변화를 강화해야 한다. 이것은 사회구성원들이 장애인에 대한 편견을 버리도록 제도적 조처를 취하는 것이다. 가령 장애인을 고용하지 않으려는 고용주를 처벌하거나, 학교에서 의무적으로 학생들이 장애체험을 하도록 봉사 프로그램을 제도화하는 것이 좋다.

겔맨(Gellman, 1959)은 장애인에 대한 편견적 태도를 제거하거나 수정하려면 사회적인 분위기와 아동의 양육과정 등 편견을 초래하는 근본적인 문제들에 대한 해결 노력이 필요하다고 지적한다. 그는 비장애인들에 대한 지속적인 교육 프로그램 제공이 장애인에 대한 편견적 태도를 낳는 사회적 분위기를 바꿀 수 있는 방법이라고 제안하면서 지속적인 교육 프로그램에서 다섯 가지가 강조되어야 한다고 주장했다. ① 장애를 일상적인 삶의 형태에서 누구에게나 생길 수 있는 자연스러운 변화의 한 현상으로 수용하도록 하는 것, ② 장애인이 학교·직장·여가선용의 현장에서 비장애인과 함께 공부하고, 일하고, 즐길 수 있다는 사실을 인식시키는 것, ③ 능력을 강조하는 긍정적인 직업분류의 사용, ④ 장애인을 거부하는 부정적인 직업분류의 탈피, ⑤ 장애인이 장애 유형이나 심한 정도에 관계없이 사회에 공헌할 수 있다는 인식 등이다.

김미옥(2003)은 편견 및 사회적 거리감을 극복하기 위해 필요한 서비스를 다음과 같이 제시하고 있다. ① 장애에 대한 올바른 교육과 홍보, ② 장애인과 비장애인의 접촉, ③ 재활치료의 발달, ④ 장애인에 대한 언론의 긍정적 보도, ⑤ 사회적 거리감을 줄이려는 전문가들의 노력, ⑥ 장애인의 사회적 낙인을 줄이기 위한 사회단체의 노력 등이다.

인간 개개인은 인종·신체상·성격특성·성적 경향성·문화적 취향·종교와 영성 측면에서 다양성을 지니고 있지만 차이점보다는 동질적인 면이 더 많다. 따라서 개인과 개인, 집단과 집단, 장애인과 비장애인의 관계는 어떠한 형태로든 차별과 분리적인 관점에서 바라볼 것이 아니라 일치와 통합의 관점에서 바라보아야 한다. 그러기 위해서는 인식의 전환이 이루어져야 한다. 그것은 더불어 산다는 것이 어떤 것이고 또 그것이 경제나 정치, 문화 발전 못지않게 소중하고 가치 있다는 사실을 배우는 데서 시작되어야 한다.

CHAPTER 03

장애인복지의 역사

장애인이 사회구성원들로부터 어떠한 처우와 사회적인 가치절하를 받아왔는지, 즉 각 시대마다의 장애인관이 어떻게 변화해 왔는지 서구와 우리나라의 흐름을 살펴보고, 이들 장애인관의 이념화 과정을 알아보고자 한다. 먼저 서양의 장애인관의 변천과정을 살펴봄으로써 각 시대에 따른 장애인관을 이해하고, 우리나라 장애인관의 변화에 대해서 개괄적으로 정리하고자 한다.

제 1 절 서구 장애인복지의 역사적 발전과정

장애인이 대다수의 사회구성원들로부터 어떠한 처우를 받아왔는지 살펴보면 시간적 변화에 따른 시대적 상황과 사회 · 문화적인 분위기를 알 수 있다. 코프만(James A. Kaufman)의 분류에 따르면, 고대 시대로부터 현재에 이르기까지 장애인에 대한 관심사는 시대의 변천과 더불어 문화 · 사상 · 철학 · 경제 · 산업 · 교육 · 의학 및 이념적 배경에 의해 발전해 왔는데, 그 내용은 다음과 같다.

① 멸절의 시대(Era of Extermination): 고대 사회에서 장애인은 편견과 미신에 의해 신의 저주를 받은 생명체로 간주되었다.
② 조소의 시대(Era of Ridicule): 고대 로마시대의 귀족들이 장애인을 노리개로 웃음거리를 삼았던 시대이다.
③ 보호(수용)의 시대(Era of Assylum): 중세에 이르러 기독교적 박애정신에 의해 구호나 보호의 대상이 되었던 시대이다.
④ 교육의 시대(Era of Education): 서구의 절대주의 체계에서 부국강병은 전체 국민의 지적 수준을 높여야 한다는 목적에서 교육사상이 태동되던 시대이다.
⑤ 직업보도의 시대(Era of Vocational Adequacy): 산업혁명과 함께 부족한 인력을 메꾸기 위한 조치로써 직업보도를 통한 교육과 훈련 등의 프로그램 개발이 시도되었던 시대이다.
⑥ 재활투쟁의 시대(Era of combating Rehabilitation): 1960년대 이르러 미국을 비롯한 각급 사회가 복지사회 실현을 최대의 이슈로 삼았다. 장애인에게도 인간의 존엄, 가치 및 권리가 일반인과 똑같이 주어져야 한다는 주장과 더불어 장애인의 사회참여를 통한 사회적 · 국가적 대책을 촉구한 적극적인 의지를 표현한 시대이다.
⑦ 사회통합의 시대(Era of Main Streaming): 1970년대 들어 장애인의 사회적 재활문제를 적극적인 자세로 치료 · 교육 · 고용 및 취업 등에 따른 복지적 문제를 보다 현실적으로 구체화한 시대라고 보았다.

1. 고대시대의 장애인관

고대 그리스인들은 신체의 건강과 미(美)에 대한 찬미 풍습으로 척추장애인, 난쟁이, 지체장애인, 청각 · 언어장애인 등을 추한 인간의 표본으로 생각하여 산중에 버려 아사시켰다. 그리스·로마시대에는 장애아동은 빈번히 유아살해의 대상이 되었다. 스파르타(Sparta)의 리쿠르고스(Lycurgus) 법전에 의하면 국가적 번영과 인간 최고의 존엄이라는 사상에 입각하여 출생 후 첫 주에 모든 유아들에 대한 신체검사를 실시하여 잠재적 장애를 지닌 아동을 제거했는데, 신체 허약자·지능 열등자·장애를 지닌 사람들은 산중에 버리는 것이 허용되었다. 로마법에서는 모체에서 출생한 영아가 인간의 형체를 갖추지 못한 경우 살해하거나 유기하는 것이 왕법 및 12표진법 이래 인정되었으며, 이들에 대하여 출생의 법적 효과를 인정하지 않았다. 아테네(Atene)에서는 사회적이고 종교적 신념으로 죽은 후 환생을 통해 보다 나은 삶을 영위할 수 있다는 믿음으로 부모들까지 유아살해를 수용하는 쪽으로 기울게 만들었다.

고대사회에서는 지역마다 문화적 특수성의 차이는 있었지만, 미신적인 시대로 과학적인 이해가 이루어지지 못해서 장애인을 유기·학대히였다. 그러나 유대·기독교 사상에서 장애인 보호사상과 장애인 권리에 대한 근거들을 찾아볼 수 있다. 고대 기독교의 장애인을 비롯한 약자보호사상은 중세시대 장애인 보호와 서구 인권사상 형성에 큰 영향을 미쳤다.

2. 중세시대의 장애인관

중세사회는 기독교와 박애사상을 기초로 구제보호 사상의 태동기였다. 장애인에 대한 학대와 유기가 자행된 당시 사회에서도 종교적 자선보호사상, 사회율법사상에 입각한 장애인보호 구제사상이 일어나기 시작했다. 기독교가 로마의 국교로 공인된 이후, 그리스나 로마의 장애인 학대는 자비와 동정으로 변화하면서 중세 초기 교회는 빈민, 장애인 보호를 위한 시설을 설립하였다.

4세기경 지적장애인과 시각장애인을 위한 양로원을 설치하여 수용·보호한 성 니콜라스(St. Nicolas)와 성 바질(St. Basil) 등의 수도자, 빈곤자와 시각장애인 및 지체장애 유아 보호시설을 운영한 성 크리소스트무스(St. J.

Chrysostmus), 5세기경 시리아에 시각장애인 보호소를 설립한 림나에우스 (Lymnaeus) 등이 있다. 중세 초기에는 그리스-로마시대와 별다른 차이가 없었으나, 중세 말 르네상스 휴머니즘의 영향으로 장애인도 인간의 존엄성 차원에서 보호받아야 할 대상으로 받아들여졌다. 그러나 장애를 지닌 시민들은 주류사회의 관심 대상이 되지 못했고, 공동선에 이바지하는 중요한 구성원으로도 고려되지 못했다.

3. 근대시대의 장애인관

르네상스 이후 인문주의 교육사상의 대두와 종교개혁을 통한 일련의 사상적 진전의 결과로 현실적·자연적 인간의 문제를 중시하는 휴머니즘 관점에서 장애인을 위한 교육 가능성의 모색에 새로운 계기를 마련하게 되었다. 중세 후기에 접어들면서 의학이 크게 발전되자 장애아동이 지닌 장애의 생리와 병리를 과학적으로 해명함으로써 장애아동의 과학적 이해를 위해 공헌하였다. 장애아동에 대한 과학적 이해는 종래의 미신적 편견과 장애에 대한 운명론을 극복하게 되었으며, 합리적이고도 과학적인 근거 위에서 장애를 이해하게 되었다.

1) 20세기 이전(우생학과 사회진화론)

19세기의 우생학(eugenics)은 인간의 유전적 우량성을 향상하는 요인을 연구한 학문이다. 특히, 미국사회에서는 바람직하지 못한 인구집단의 강제이주와 생식능력을 거세하였다. 사회진화론은 사회는 적자의 생존법칙에 따라 고도의 진보와 도덕성을 이루어 간다고 믿었다(Rubin & Roessler, 1995). 스펜서는 가난하고 병약한 자들을 국가와 사회가 공적부조나 보건 프로그램을 통해 생존·번성하도록 하기보다는 차라리 죽도록 내버려 두는 것이 낫다고 보았다(Rubin & Roessler, 1995).

이러한 우생학과 사회진화론의 영향으로 20세기 초 영국에서는 열악한

인자(因子)를 가진 사람의 출산을 억제하는 우생학운동이 활발해졌다. 이 연구보고는 정신지체의 유전설을 뒷받침하는 것이 되어 정신지체는 범죄·타락·빈곤의 원인이라는 편견을 만들어 내고, 사회방어 및 장애발생 예방을 목표로 하는 격리수용이 촉진되었다. 일부에서 보호차원을 탈피하여 적극적인 서비스를 제공하는 움직임이 일어났다. 1863년 뉴욕시의 장애인전문병원, 1889년 설립된 클리블랜드재활원, 1893년 설립된 장애인을 위한 산업학교 등 재활 성격을 강하게 띤 움직임이 있었다.

4. 현대 장애인복지의 발달과정

19세기 초까지만 하더라도 중세의 영향으로 유럽 각지에는 장애인들의 의료·교육·직업훈련의 목적보다는 보호적 시설을 제공하는 수준이었다. 그러다가 제1차 세계대전을 계기로 큰 전환점을 맞게 되었다. 1960년대에 선진국들이 정상화(normalization) 원리를 받아들이면서 장애인의 사회통합이 현대 장애인복지의 이념으로 정착하였고, 장애인복지의 기본 틀이 구성되기 시작하였다. 1970년대 이후, 장애인복지에 대한 국제적 동향은 종래의 의료재활·교육재활·직업재활 중심의 복지에 대한 반성으로부터, 1980년대 이후 장애인의 사회통합을 지향하는 복지형태로서 현대 장애인복지의 틀을 갖출 수 있는 변혁을 가져오기 시작하였다.

1) 현대 장애인복지 태동기(1910~1960년대)

제1차 세계대전 이후, 영국에서 1919년에 임의할당제도로서 퇴역 상이군인을 일정 비율 이상 자주적으로 고용하고 있는 고용주의 방명록제도를 설치하였으며, 이탈리아에서는 1921년 전쟁 신체장애인의 고용의무를 정한 법률이 제정되었다. 제2차 세계대전의 발발은 세계 전역에 걸쳐 커다란 피해를 가져왔다. 1944년 필라델피아에서 개최된 ILO 제26차 총회에서 '전시(戰時)로부터 평화 시기의 과도기에 있어서 고용조직에 관한 권고'를 채택하면서 제2차 세계대전 이후에는 세계 각국에서 장애인의 고용에 관한 법률이 적극적으로 제정되기 시작하였다.

2) 현대 장애인복지의 전환기(1970년대)

1950년과 60년대에 선진국들의 장애인복지는 시설 중심이었고 수용시설에서 제공하는 서비스는 많은 사람을 동시에 수용하기 위해 지역의 자원을 연결할 수 있는 여유를 갖지 못한 채 거주 · 교육 · 직업 · 여가 · 의료 등 인간생활에 필요한 사회기능을 한 장소에 결집해 놓은 형태였다. 이는 지역사회와는 격리된 별개의 생활이었으며, 또한 수용인원이 많기 때문에 자유롭게 생활할 수 있는 쾌적한 거주환경이기보다는 관리하기 쉬운 형태의 제약된 시설환경이 대부분이었다.

이러한 시설형태에서 비롯될 수밖에 없는 비인간적인 처우에 대한 반성에서 사회의 주류에 장애인이 합류해야 함을 제창한 사회적 정상화 이념이 덴마크와 스웨덴에서 시작되어 국제적으로 활발하게 파급되었다. 1969년 니르제(Nirje)는 정상화 개념에서 발달장애인의 평등기회를 주장하였다. 그 후 정상화에 대한 해석은 다양해졌다. 그중 가장 보편적인 해석은 장애인이 문화적으로 정상활동을 하는 대부분의 사람들 사이에서 같은 수준의 활동을 할 수 있기를 요구하는 개념이다(Hoffimaster, 1982).

울펜스버거(Wolfensberger, 1983)는 '사회의 일상생활에서 장애인이 신체적으로 사회의 보편적인 흐름에 합류하기 위해서는 문화적인 수단을 이용할 것'을 주장했다. 또한 '장애인이 사회의 주류에 접근하는 생활수준과 생활양식뿐만 아니라 장애인의 주체행동을 중시해야 한다'고 주장함으로써 장애인이 대부분의 사람들과 일치하는 행동으로 사회의 주류에 합류될 수 있어야 함을 강조하였다.

UN총회는 정상화 이념의 영향과 '세계인권선언(1948)'을 근거로 1970년에 '장애인재활 10년 선언'을 채택하고 1971년에는 '정신지체인 권리선언'을 채택하였다. 이 선언에서 "장애인은 장애의 원인 및 특질 정도에 상관없이 같은 연령의 시민과 동등한 기본적 권리를 가진다"고 전 세계에 선언함으로써 장애인의 인간적 가치를 재인식하게 되는 계기를 맞게 된다. 이어서 1975년에 '신체장애인 권리선언'을 채택하고, 장애인도 다른 사람과 마찬가지로 모든 사회 활동에 참여할 권리가 있고, 모든 국가는 장애인의 이 같은 권리를 보호하고 이를 보장하는 적극적 시책을 펴줄 것을 촉구하였다. 이러한 권리선언은 1950년대부터 북유럽에서 싹터 미국으로 건너가 체계화된 정상화 이념을 도입한 것으로 볼 수 있다. 이와 같은 장애인권리선언과 정상화운동의 영향을 받아 1970년부터 장애인복지정책은 수용시설 중심의 복지로부터 지역사회 중심의 직업재활로 강화되면서, 중증장애인의 사회통합을 지향하는 장애인복지 형태로 변화하게 되었다.

미국은 1970년에 장기적 서비스를 필요로 하는 발달장애인 및 중증장애인에 대한 생활의 장을 제공해서 사회통합을 지워하고자 「발달장애인 서비스 및 시설건축물법」을 제정하였다. 1975년에 「장애아동교육법」이 통과되어 장애의 정도와 관계없이 학교에서 교육을 받게 하였으며, 1978년에는 「장애인부조 및 권리법」이 제정되어 사례관리를 통한 장애인의 욕구충족을 중시하는 행정방식을 도입하였다. 한편, 세계 최초로 '건축물 설치에 관한 미국기준설계서'가 작성된 후, 1970년대에 들어와서는 영국·스웨덴·캐나다·뉴질랜드·서독·일본 등 선진국은 도로·공공시설·도시계획에 있어서 장애인 생활권의 장벽제거 정책을 시행하게 되었다.

3) 현대 장애인복지 발전기(1980년대)

1980년대에 들어와 장애인복지 실현을 위한 국제적 협력체계를 수립함으로써 총체적 접근 형태의 장애인복지가 촉진되어 장애인복지의 도약기를 맞게 되었다. 1976년에는 UN총회 결의에 따라 1981년을 '국제 장애인의 해'로 정하고, 완전한 참여와 평등을 주제로 세계적 운동을 전개하였으며, 이를 계기로 모든 국가에서 장애정책의 지속적 전기가 마련되었다.

이에 UN은 회원국들의 장애정책의 지속적인 추진을 촉구하는 의미에서 'UN장애인 10년 행동계획(1983~1992)'을 선포하고, 이를 실천하기 위한 구체적인 지침으로 '장애인에 관한 세계행동계획(World Program of action Concerning Disabled Person, 1983)'을 발표하였으며, 미국은 1984년 「발달장애인법」을 제정하였다.

4) 현대 장애인복지 도약기(1990년 이후)

1990년대에는 이전에 구축한 장애인복지가 생활에 밀착해서 전인적·총체적인 개념의 형태를 갖추기 시작하였다. 'UN장애인 10년'이 끝나갈 무렵, UN은 장애인을 포함한 모든 사회구성원이 함께 잘 살기를 원하는 '만인을 위한 사회(A society for All)' 지향과 '인식에서 실천으로(from Awareness to action)'라는 표어를 걸고 이를 위해 모든 나라가 이에 준하여 실천하기를 권고하는 '장애인의 기회균등을 위한 표준규칙(Standard Rules for the Equalization of Opportunities for Disabled Persons, 1994)'을 채택하였다.

1990년 국제 장애인계의 중요한 사건은 1990년 7월에 제정된 「미국장애인법(Americans with Disabled Act, ADA)」이었다. 이 법은 장애문제의 해결은 장애인의 인권보장을 바탕으로 해야 하며, 장애인 재활의 궁극적 목표인 장애인의 평등하고 완전한 사회참여와 통합을 달성하는 데는 장애인의 재활과 더불어 균등한 기회 부여가 전제조건이 되며, 균등한 기회 부여를 가로막는 가장 큰 장애요인은 사회적·물리적 장벽이라 보았다. 따라서 장애인 차별행위를 막기 위해 구체적으로 이를 규제하는 입법조치가 필요했다. 이 법률은 장애라는 이유로 차별을 받을 수 없다는 차별에 대한 보호조치로 만들어졌다.

제2절 한국 장애인복지의 역사적 발전과정

우리나라의 장애인복지 역사를 근대 이전, 근대, 현대 장애인복지의 체계화 과정으로 구분하여, 첫째, 근대 이전으로는 삼국시대, 고려시대, 조선시대의 장애인을 위한 구휼제도, 둘째, 근대의 장애인을 위한 제도적 노력, 셋째, 현대적 장애인복지가 태동하여 체계화되는 과정을 태동기, 전환기, 발전기, 도약기, 2000년대의 장애인복지로 구분하여 살펴볼 것이다.

1. 근대 이전

1) 삼국시대

삼국시대의 장애인 구제는 일반구제에 포함해서 실시한 것으로 추정된다. 그중 장애인과 가장 관련이 있는 제도는 사궁구휼(四窮救恤) 사업이다. 삼국사기에 보면, 신라 유리왕 때 홀아비(鰥: 환), 홀어미(寡: 과), 고아(孤: 고), 아들 없는 이(獨: 독), 늙은이 그리고 병든 이를 자활할 수 있도록 식료품을 주어 부양하였다. 그리고 「예기(禮記)」 5권에 보면, 고독환과(孤獨鰥寡)를 천민지궁이무고자(天民之窮而無告者)라 하여 나라에서 식료를 지급하고 장애가 있는 사람들에게 재예(才藝)와 기술에 상응하는 직업을 주어 그에 따르는 보수를 주도록 하였다. 이들에 대한 구휼제도는 임시적이었고, 사후대책적인 성격으로 제도화되지는 못했다.

2) 고려시대

우리나라의 전근대사회에 있어서 장애인들은 적자생존의 자연법칙에 따라 흔히 산야에 버림을 받거나 일부는 식충(食蟲)이라 하여 학대의 대상이 되었다(안태윤 · 서석달 · 김병하, 1972). 그러나 맹인(시각장애인)의 경우 일찍부터 민족의 신앙생활상 점복(占卜)자로서, 사제(司祭)자로서 혹은 주술사로서의 직책을 갖기도 했다.

고대 문헌에 장애인에 대한 관심을 초기에 보인 것은 신라시대였으나 이때는 구빈보호의 성격에 머무르고, 13세기 후반에 들어와서야 장애인의 교육과 관직등용의 기록이 나타난다. 고려 초기 매복맹인(賣卜盲人)에 관한 기록이 있다. 복업은 과거의 잡업(雜業) 중 하나로 복은 천문의 운행을 관찰하는 천문학에 해당하는 것으로, 이를 관할하는 관서로 사천대(司天臺)가 있었다. 사천대에는 복박사 · 복정 · 일관 등의 천문을 담당하는 관직이 있었는데, 복업은 이러한 관원을 채우기 위한 선발시험을 말한다. 고려 중엽 이후, 맹승이란 계급이 있어서 길흉을 점복(占卜)하였으며, 주술을 행하고 가뭄에는 기우제를 주관하였다. 고려 충렬왕 6년(1280)의 기록에 고려에서도 취맹승도우(聚盲僧禱雨)라 하여 이들의 임무를 기록하고 있다(안태윤 · 서석달 · 김병하, 1972). 일부 맹인들은 벼슬도 받았다.

3) 조선시대

조선시대에는 독 · 폐질자(廢疾者)에 대한 구휼사업이 계속되었고, 복업이 명과학(命課學)으로 개칭이 되어 잡학교육이 있었고, 관현맹인(管絃盲人)이 음악 관련 직업을 가졌다. 장애인에 대한 국가의 구빈 및 구료사업은 태조 2년에 노약 · 폐질자로 자립할 수 없는 자에게 노동면제 및 구휼을 실시하였다. 세종 원년에 환과고독, 폐질자에게 곡식 등으로 구제하였으며, 폐질자에게는 노동을 면제해 주었다. 동서활인원은 조선시대 장애인들을 수용 · 보호하는 대표적인 기관이라 할 수 있으며, 정조 7년(1783)에 국가는 자력으로 의식주 해결이 어려운 지체장애인과 시각장애인들에게 점치는 기술과 그물 짜는 일과 같은 직업보도를 하여 자립할 수 있게 하였다.

2. 근대시대

재활의 뿌리는 국가 수준에서보다 작은 촌락단위에서 찾아볼 수 있다. 대가 없이 사정이 어려운 집안의 일을 도와주는 공동노동의 형태인 공굴(公屈)과 부조는 장애인 및 그 가족이 지닌 작은 논밭을 주민들이 대신 경작해 주고 초가지붕을 이어주는 것이다.

한국에서 최초로 장애인을 보호하고 교육을 시켰던 시기는 고종 31년(1894), 미국인 선교사 부인인 홀(Hall) 여사가 1894년 평양에서 맹인 소녀에게 점자 지도를 시작한 것이 한국 특수교육의 기원이 되었다. 홀 여사는 1900년 초등학교 내에 특수학급을 설치해 특수교육을 시작했다. 이후 장로교 선교사 마펫(Alice F. Moffett) 여사는 1903년 평양에 남자 맹인학교를 설립했으며, 영국인 페리(Perry) 부인은 1900년경 서울에서 남자 맹아를 위한 보호시설과 교육을 실시하였다.

한일합방 후인 1911년 일제는 '조선총독부제생원규칙'을 제정하였다. 이 규칙에 따라 이필화가 설립한 경성고아원을 인수하여 제생원이라 칭하고, 고아의 양육, 맹아교육, 정신장애인의 구료를 목적으로 재단법인을 설립하였는데, 이 기관은 복지시설형 특수교육기관이었다. 일본은 1944년에 '조선구호령'을 제정했다. 그 적용대상은 65세 이상 노쇠자, 13세 이하의 유아 · 임산부 · 불구 · 폐질 · 상이, 기타 정신 또는 신체장애로 인하여 노동을 못하는 자로 규정하고 있지만, 형식적이고 임시방편에 불과한 측면이 강하였다. 1945년 이문형이 정신박약아 수용시설인 중앙각심학원을 설립한 것이 한국 최초의 정신지체인 보호시설이다.

해방 후 미군정청 시기에도 장애인복지제도에 관련된 조항은 찾아볼 수 없다. 미군정청하에서는 장애인문제를 독립된 관심 영역으로 삼지 않았고, 구빈문제나 아동 · 부녀문제에 포함하여 다룬 것으로 볼 수 있다.

3. 장애인복지의 체계화 과정

1) 장애인복지 태동기(정부수립 이후~1970년대까지)

정부수립 후 1970년대까지는 6·25전쟁의 영향으로 군인 및 경찰 등의 특수집단을 위한 제도가 마련되기 시작하였다. 이는 서구의 현대 장애인복지가 제2차 세계대전 이후 전쟁 부상자들에 대한 대책으로 태동한 것과 맥을 같이 한다. 1970년대는 장애 및 장애인에 대한 국제적인 관심이 고조된 시기였다. UN은 1971년 '정신지체인의 권리선언', 1975년 '장애인 권리선언'을 공표했고, 1976년 UN총회 결의에 따라 1981년을 '세계장애인의 해'로 지정한다. 이러한 결의는 우리나라 장애인문제에 관한 제도나 법령에 영향을 미치게 된다. 1960년대와 1970년대를 거치면서 장애인을 위한 본격적인 법령은 1977년 「특수교육진흥법」뿐이었으며, 아직 독자적인 장애인복지법제가 마련되지 못한 상황이었다.

(1) 상이군경에 대한 국가보훈사업

한국 장애인복지 분야 및 사회복지 분야에서 가장 빠르게 발전해 온 것은 상이군경에 대한 국가보훈사업이다. 비록 군인과 경찰에 한한 것이지만, 장애문제에 관하여 특별히 제도적으로 대처하려는 노력이 이 시기에 비롯되고 있음을 볼 수 있다. 이는 한국전쟁을 전후하여 상이군인, 상이경찰관이 많이 발생한 것이라 할 수 있다.

(2) 특수교육진흥법 제정

1977년 12월 31일 「특수교육진흥법」이 제정·공포되었다. 각급 학교장에게 특수교육 대상자임을 이유로 불이익을 당하지 않도록 하고 있으므로, 장애인에게 교육기회를 부여하는 데 차별을 금지하는 획기적인 입법

조치였지만 대학입학시험에서 장애인 차별은 계속되었다.

(3) 심신장애자종합대책

1978년 6월 16일 보건사회부는 '심신장애자종합대책'을 발표하였다. 주요 내용은 49개 보호시설에 수용 중인 장애어린이에게 장애 정도와 적성에 따라 직업훈련 실시, 49개 보호소에 물리치료실 · 작업치료실 · 언어치료실 · 직업훈련시설 설치, 시설에 있는 장애아의 영양급식을 위하여 지급물자의 양과 종류를 개선, 보장구 지급, 1979년에 장애자실태조사 실시, 보건사회부 안에 장애자보호제도의 수립을 위한 전담기구 설치, 국립각심원에 연구 및 훈련기관을 설치한다는 것이었다.

2) 장애인복지 전환기(1981~1987)

1981년은 UN이 정한 '세계장애인의 해'였고, 1983~1992년은 '세계장애인 10년'이었다. 1982년 12월 3일 '세계장애인의 해 행동계획'을 채택하였다. 이 시기에 역사상 최초로 장애인복지에 대한 종합적 법률인 「심신장애자복지법」 제정으로 장애인복지제도의 전환점이 되었으며, 장애인단체들의 정치세력화가 시작되는 시기였다.

3) 장애인복지 발전기(1988~1997)

그간 경제개발과 1988년 서울올림픽과 장애인올림픽대회 개최를 계기로 장애인들의 최초 대규모 집회가 열렸다. 증가된 장애인복지 욕구에 부응하여 장애인복지종합대책을 마련하는 한편, 그에 따라 장애인복지의 제도적 틀을 정비하고, 장애인에 대한 본격적인 서비스의 확대를 도모하였다. 이 시기에 「장애인복지법」, 「장애인고용촉진 등에 관한 법률」, 「장애인 · 노인 · 임산부 등의 편의증진 보장에 관한 법률」이 제정되었다.

(1) 장애인 범국민 결의대회

장애인올림픽이 개최된 1988년 4월에는 장애인들의 최초 집회인 장애인 권익촉진 범국민 결의대회가 개최되었는데, 장애인복지정책에 대한 규탄대회였다. 장애인올림픽 조직위원회를 점거하고 울림터 등을 중심으로 한 장애인계는 '장애인 독립부서 신설, 장애인을 억압하는 악법 철폐, 「장애인고용촉진법」 제정, 허구적 복지정책 철폐, 장애인 실태파악 대책수립, 전시적 장애인올림픽 거부'를 내용으로 집회를 가졌다. 명동성당에서 단식농성을 벌였으며, 삼육재활원을 15일간 점거해 「심신장애자복지법」 개정, 전신마비 · 중복 · 중증장애인들을 수용할 수 있는 장애인 전용보호시설과 생계보조 및 의료혜택 보장, 장애인등록제와 「장애인고용촉진법」 제정을 요구하는 농성을 하였다.

(2) 장애인올림픽

1988년 10월 4일 개최된 서울장애인올림픽대회 준비를 위해 1984년 6월 4일 서울장애인올림픽대회 조직위원회가 구성되었다. 이로부터 4년간 대회 개최를 준비하는 동안 편의시설 정비에 착수, 실행하였다. 이 대회로 인해 국민의 장애인에 대한 인식이 상당한 정도로 개선되었다.

(3) 장애자복지대책위원회

1988년 8월 1일 대통령령 제12501호 '장애자복지대책위원회 규정' 공포로 9월 15일 장애자복지대책위원회가 구성되었다. 위원회는 1989년 8월 28일에 장애발생 예방, 의료보장, 재활용구 교부, 교육기회 확충, 취업보장, 소득보장과 경제적 부담 경감, 장애자복지시설 확충, 생활환경의 조성, 국민의 이해력 증진, 전문가 양성과 연구 활성화, 전달체계의 개선 등 11개 부문의 대책안을 대통령에게 제출하였다. 대책안은 「심신장애자복지법」 개정과 장애인의 취업을 보장하는 방안으로 의무고용제를 채택할 것을 결의하고, 장애인 취업에 지장이 되는 법령 정비, 장애인 소득보장과 경제적 부담의 경감을 위한 장애수당제도, 각종 세금 감면제도, 요금이용료 감면제도 등을 건의하였다.

(4) 장애인복지법 제정

1989년 12월 30일 장애자복지대책위원회의 건의를 바탕으로 「심신장애자복지법」을 전면 개정하여 「장애인복지법」을 제정하였다. 이 법에서는 지체부자유자를 '지체장애인'으로, 정신박약을 '정신지체'로, 즉 인간의 존엄성에 합당한 말로 개선하였다. 그리고 장애인복지에 대한 국가와 공공의 책임을 분명히 하였다.

(5) 장애인고용촉진 등에 관한 법률 제정

1990년 장애인들의 직업안정을 원활히 하고 사회참여를 신장시킬 목적으로 「장애인고용촉진 등에 관한 법률」이 제정되었다. 이 법에 근거하여 1990년 9월 1일 노동부 산하에 '한국장애인고용촉진공단'이 설립되었다.

(6) 특수교육진흥법 개정

1994년 1월 7일에 「특수교육진흥법」 개정안이 공포되었다. 법안은 의무교육과정을 초등학교와 중학교 과정으로 제한하고 있으며, 유치원과 고등학교 과정의 교육은 무상으로 한다고 규정하고 있다. 일반학교의 장이 통합교육의 여건을 조성하며, 각급 학교장이 개별화 방법을 강구하도록 규정하고 있다. 이 법안에서 통합교육이라는 용어를 처음으로 명시하였다.

(7) 국립특수교육원 설립

1994년 5월 16일 교육부장관 직할기관으로 '국립특수교육원'이 설립되었다. 특수교육원에서는 특수교육에 관한 실험·연구와 학습자료 개발 및 특수교육 담당교원 등의 연수에 관한 사무를 관장하고 있다.

(8) 장애인·노인·임산부 등의 편의증진 보장에 관한 법률

1995년 1월 1일 장애인의 시설 이용상 편의를 보장하기 위해 「장애인 편의시설의 설치기준에 관한 규칙」을 제정·시행하였다. 그러나 이 규칙은 보건복지부령으로 되어 있어 편의시설 설치를 지원할 수 있는 근거가 미흡하였고, 이를 어길 경우 제재수단이 미약하였다. 이런 문제를 개선하기 위해 1997년 4월 10일 「장애인·노인·임산부 등의 편의증진 보장에 관한 법률」이 제정되었다.

4) 장애인복지 도약기(1998년 이후)

1998~2002년까지 장애인복지발전 5개년 계획이 수립·시행되었다. 1999년 「장애인복지법」 개정, 1999년 「특수교육진흥법」 개정, 2000년에는 「장애인고용촉진 및 직업재활법」 개정이 이루어졌다. 4대 장애인 관련 법이 시행되어 사회구성원으로서 장애인이 누릴 기본권이 제도적으로 구비된 것으로 보인다. 그러나 법률의 생활화 측면과 법률 시행을 위한 정부의 의지면에서 많은 과제를 남기고 있다. 이 시기는 장애 당사자운동이 본격적 이슈를 중심으로 추진되는 경향을 보였다. 2001년 오이도역 장애인 노부부 추락사고 이후 장애인권운동이 본격화되었으며, 「장애인 차별금지법」 제정을 위한 장애운동이 조직적으로 추진된 시기이다.

(1) 제1차 장애인복지발전 5개년 계획

1996년 12월 '장애인복지대책위원회' 제1차 회의에서 '장애인복지발전 5개년 계획'을 수립하도록 결정함에 따라 '국민복지구상' 등 기존에 발표된 장애인복지시책을 기본으로 복지·고용부문을 유기적으로 연계해 OECD 회원국에 걸맞은 장애인복지 수준을 달성하기 위해 중·장기 종합계획을 수립하고, 1998~2002년까지 5년간 장애인복지 증진을 위한 계획을 추진하였다. 장애인복지 확대를 위해 장애발생 예방, 장애인의 생활안정지원 강화, 사회참여 확대 및 편의시설 확충, 장애 범주 확대 사업을 추진하였다. 아울러 장애아동의 교육기회 확대, 특수교육 내실화, 특수교육 지원체계 효율화를 통해 특수교육을 강화하고, 장애인고용촉진을 위해 장애인 직업능력개발 증진, 중증장애인고용환경 개선, 사업체의 장애인고용촉진 등의 사업을 연차적으로 시행하는 것을 내용으로 하였다.

(2) 한국장애인 인권헌장 제정

1998년 12월 9일 정부에서 선포한 '한국장애인 인권헌장'은 장애인의 인간존엄과 가치를 확인하고, 건전한 사회구성원으로 장애인의 자립노력과 인권보호, 사회참여와 평등을 보장하는 기본원리와 장애인의 기본적 권리를 명시하고 있다.

(3) 장애인복지법 개정

1999년 2월 8일 「장애인복지법」을 전면 개정하였다. 이 법은 장애 범주 확대, 장애인복지조정위원회 설치, 정보접근권 명시, 장애인 우선 주택분양 및 비용지원, 장애인보조견 명시, 장애인수당제 실시 등의 내용이 신설되었다. 2000년 1월부터 1단계 조치로 장애인정 범위를 신장·심장·정신질환·발달장애 등 내부장애로까지 확대하고, 뇌병변장애를 지체장애에서 분리하여 10가지 장애로 확대하였다. 2003년 7월 1일부터 호흡기장애 · 간장애 · 안면장애, 장루 · 요루장애, 간질장애로 확대하여 장애범주가 15가지로 확대되었다.

(4) 특수교육진흥법 개정

통합교육 이념 실현을 목표로 장애를 지닌 어린이의 교육적 권리를 보장하는 내용을 주요 골자로 1994년 개정된 「특수교육진흥법」은 1997년 부분 개정되었다. 1999년 재개정하면서 일반유치원이나 고등학교에 다니는 장애학생들까지도 무상교육을 제공하도록 하였다.

(5) 장애인고용촉진 및 직업재활법

2000년 1월 12일 「장애인고용촉진 및 직업재활법」이 통과되었다. 이 법률은 그동안 고용확대 노력이 경증장애인 위주로 이루어졌기에 상대적으로 소외된 중증장애인의 고용촉진과 직업재활을 강조하였으며, 고용장려금 지원 단가를 경증장애인의 두 배로 정하여 고용유인책을 강화하였다.

(6) 제2차 장애인복지발전 5개년 계획

UN 아시아 태평양 경제사회위원회(Economic and Social Commission for Asia and the Pacific, ESCAP)에서는 아 · 태장애인 10년 행동계획(1983~2002)을 결산하고, 2003년부터 실시될 새로운 10년 계획(2003~2012)을 발표하면서 국가별 구체적인 실천계획 수립을 권장하였다. 2002년 4월 19일 국무총리를 위원장으로 하고 학계 · 민간전문가 · 장애인단체 · 사회단체 등 민간위원과 정부부처가 참여하는 '장애인복지조정위원회'에서 '제1차 장애인복지발전 5개년 계획'의 추진상황을 평가하고 제2차 5개년 계획의 기본방향을 정립하였다.

(7) 장애인복지법 전면 개정 및 활동보조지원 사업 시행

2007년 3월 6일 「장애인복지법」의 전면 개정이 이루어졌는데, 주요 내용은 활동보조인 파견 및 동료상담 등 장애인자립생활 지원시책이 포함되었으며, 장애인의 권리와 참여를 강조하고 있다.

(8) 장애인차별금지법 제정

2007년 3월 6일 「장애인차별금지 및 권리구제 등에 관한 법률(장애인차별금지법)」이 제정되었다. 이 법은 모든 생활 영역에서 장애를 이유로 한 차별을 금지하고, 장애를 이유로 차별받는 사람의 권익을 효과적으로 구제함으로써 장애인의 완전한 사회참여와 평등권 실현을 통해 인간으로서의 존엄과 가치를 구현함을 목적으로 하고 있다.

(9) 제3차 장애인정책발전 5개년 계획 수립

2008년 6월 제3차 장애인정책발전 5개년 계획(2008~2012)을 발표하였다. 이 계획은 장애인의 권리에 기반을 둔 참여 확대와 통합 사회 구현이라는 비전을 달성하기 위해 장애인복지 서비스의 선진화 구현, 장애인 생애주기별 교육지원체계 구축 및 문화 활동 확대, 장애인이 일할 수 있는 사회실현, 장애통합적 접근으로써 사회참여 확대와 장애인 권익증진을 중요시하고 있다.

(10) 중증장애인생산품 우선구매 특별법 제정

2008년 3월 21일 「중증장애인생산품 우선구매 특별법」을 제정하였다. 경쟁고용이 어려운 중증장애인들을 고용하는 직업재활시설 등의 생산품에 대한 우선구매를 지원함으로써 중증장애인의 직업재활을 돕고 국민경제발전에 기여함을 목적으로 하고 있다.

(11) 장애인연금법 제정

2008년 3월 21일 「장애인연금법」을 제정하고, 2010년 7월 1일부터 시행하였으며, 2017년 일부 개정되었다. 이 법은 장애로 인해 생활이 어려운 18세 이상 중증장애인에게 장애연금을 지급함으로써 중증장애인의 생활안정 지원과 복지증진 및 사회통합을 도모하는 데 이바지함을 목적으로 한다.

(12) 장애아동복지지원법

2011년 8월 4일 「장애아동복지지원법」을 제정하였다. 국가와 지방자치단체가 18세 미만 장애아동의 특별한 복지 욕구에 적합한 지원을 통합적으로 제공함으로써 장애아동이 안정된 가정생활 속에서 건전하게 성장하고, 사회에 활발하게 참여할 수 있도록 하며, 장애아동가족의 부담을 줄이는 데 이바지함을 목적으로 하고 있다.

(13) 제4차 장애인정책발전 종합계획 수립

2012년 12월 7일 제4차 장애인정책발전 종합계획(2013~2017)을 발표하였다. 제4차 계획은 '장애인과 비장애인이 더불어 행복한 사회'를 비전으로 복지 · 건강, 교육 · 문화, 경제 활동, 사회참여 · 권익증진의 4대 분야, 19개 중점과제, 71개 세부과제로 구성되어 있다. 주요 내용은 장애인의 인권이 실질적으로 실현되는 사회를 구현하겠다는 계획하에 장애인 등록 및 장애인 서비스 인식 제고, 장애인 삶의 질 향상, 일상생활 지원 등 장애인 서비스 이용 증가, 장애인의 권리 실현, 장애예방 및 장애인 건강권 보장, 장애인 이동권 보장, 발달장애인 지원 강화 등이다.

(14) 장애인 · 고령자 등 주거약자 지원에 관한 법률 시행

2014년 1월 14일부터 「장애인 · 고령자 등 주거약자 지원에 관한 법률」을 시행하였다. 이 법은 장애인 · 고령자 등 주거약자의 안전하고 편리한 주거생활 지원을 위해 필요한 사항을 정함으로써 주거약자의 주거안정과 주거수준 향상을 목적으로 한다. 국가 및 지방자치단체의 역할로 주거약자용 주택이 원활하게 공급되어 효율적으로 관리될 수 있도록 할 것, 주거약자의 주거생활에 필요한 정보 제공, 편의시설이 주거약자용 주택에 적정하게 설치될 수 있도록 할 것을 명시하고 있다.

(15) 발달장애인 권리보장 및 지원에 관한 법률 및 발달장애인 평생케어 종합대책

2014년 5월 20일 「발달장애인 권리보장 및 지원에 관한 법률」이 제정되었다. 법의 목적은 발달장애인의 의사를 최대한 존중하며, 생애주기에 따른 특성 및 복지욕구에 적합한 지원과 권리옹호 등이 체계적이고 효율적으로 제공되도록 필요한 사항을 규정하여 발달장애인의 사회참여 촉진과 권리 보호, 인간다운 삶을 영위하는 데 이바지하는 것이다. 법률에는 발달장애인의 자기결정권 보장, 성년후견제 이용지원, 의사소통 도구 개발과 전문인력 양성을 규정하고 발달장애인 자조단체 구성 및 지원, 보호가 필요한 발달장애인을 위한 위기발달장애인쉼터 등이 있다.

2018년 정부는 '발달장애인 평생케어 종합대책'을 발표하였는데, 발달장애인의 생애주기에 걸쳐 10대 과제와 24개 세부과제의 내용은 다음과 같다(보건복지부 보도자료, 2018.9.11). 영유아기에는 발달장애 조기진단 및 보육 · 교육서비스 강화, 부모교육 등 조기개입 구축, 학령기에는 발달장애인 맞춤형 교육지원 강화, 성인전환기 발달장애인 및 부모역량 강화 지원을, 청장년기에는 주간 활동(커뮤니티케어)을 통한 지역사회 참여 활성화, 직업재활, 일자리지원을 통한 지역사회 참여 활성화를, 중노년기에는 지역사회 돌봄 인프라 강화 및 건강서비스 확대, 소득보장체계 구축이며 전 주기 모두 재활 및 문제행동치료 등 발달장애인 의료접근성 강화 등이다.

(16) 제5차 장애인정책발전 종합계획 수립

문재인 정부는 제5차 장애인정책발전 종합계획(2018~2022)을 수립, '장애인과 비장애인이 더불어 행복한 사회'를 비전으로 4대 분야, 19대 중점과제 71개 세부과제를 발표하였다. 그 내용을 자세하게 살펴보면 다음과 같다.

첫째, **장애인복지 · 건강서비스 확대**: 장애인서비스 전달체계 확립, 발달장애인 지원 강화, 장애인복지서비스 확대, 장애인 주거지원 강화, 장애발생 예방 및 의료재활 강화

둘째, **장애인 생애주기별교육 강화 및 문화 · 체육 향유 확대**: 생애주기별 교육지원체계 구축, 특수교육 지원강화, 장애학생 인권보호 및 인식개선, 장애인 문화활동 활성화, 장애인 체육활동 강화

셋째, **장애인 경제자립기반 강화**: 장애인 소득보장 강화, 장애인기업 및 우수고용기업 지원, 장애인 고용 지원 강화, 장애인 고용 인프라 확대

넷째, **장애인의 사회참여 및 권익증진**: 장애인 정보접근권 강화, 장애인 이동 · 편의증진, 장애인 인권보호 강화, 여성장애인 인권보호 및 사회참여 활성화, 장애인정책 관련 국제협력 강화

5차 종합계획의 구체적인 이행 여부를 살펴보면 다음과 같다. '경제자립기반 강화'는 11개 과제 중 6개가 미추진 되었고, 장애로 인한 추가비용 보전 급여 현실화, 장애인 의무고용 이행 제고, 장애인직업재활시설 체계화 방안 마련, 장애인근로자 중심 우선구매제도 내실화, 장애인창업 지원 등은 '열악'하다고 평가할 수 있다.

복지 · 건강분야는 장애등급제 폐지 및 맞춤형 종합지원체계 구축이나 새로운 주거서비스 유형개발, 재가장애인 주택지원 강화는 미이행, 장애

인활동지원급여와 관련해서는 최저임금 상향에 따라 서비스 단가만 올랐지 내실화는 미흡했고, 장애인 보조기기 지원 확대는 급여 미확대, 건강주치의제도는 시범사업만 실시하는 등 제대로 이루어지지 않았다.

권리보장 분야에서도 정신장애인 사회통합지원, 발달장애인 성적 권리 및 가족지원체계 강화, 여성장애인 임신 · 출산 · 양육지원 등이 미흡하다고 평가할 수 있다. 또한 장애등급제 폐지에 따른 서비스종합조사를 통해 맞춤형 지원을 추진했지만, 서비스가 장애인에 맞추는 것이 아닌 장애인이 서비스에 맞추는 꼴이었다고 볼 수 있다.

(17) 제6차 장애인정책발전 종합계획 수립

제6차 장애인정책종합계획(2023~2027)의 목표는 '맞춤형 지원으로 장애인의 자유롭고 평등한 삶을 실현하는 행복사회'이며, 9대 정책분야와 30대 중점과제, 83개 세부 추진과제를 제시하고 있다. 9대 정책분야의 주요 내용을 살펴보면 다음과 같다.

첫째, **장애인 맞춤형 통합지원 및 자립 · 주거결정권 강화**: 지역사회 장애인 생활지원 강화, 발달장애인 평생돌봄 지원체계 마련, 장애인 자립 및 주거 자기결정권 강화, 장애인서비스 제공 기반 고도화

둘째, **지역사회 기반 장애인 보건의료체계 강화**: 장애인 맞춤형 보건의료 지원체계 확립, 장애인 보건의료사업 고도화, 혁신기술 기반 장애인 헬스케어 활성화

셋째, **생애단계별 맞춤형 교육 지원체계 고도화**: 장애 조기발견 및 영유아 교육지원 강화, 장애학생 맞춤형 특수교육 지원 강화, 장애인 고등 · 평생교육 기회 확대

넷째, **소득보장제도 강화 및 장애인 고용지원 확대**: 장애인 소득보장 확대 및 제도 선진화, 취업지원 및 고용안정 · 직업훈련 확대, 장애인 벤처 · 중소기업 지원

다섯째, 장애인의 일상생활 속 체육 · 관광 여가 확대: 장애인 체육 이용환경 지원 확대, 장애인 관광 향유 증진 기반 확충

여섯째, 장애인의 문화예술 향유 및 디지털 · 미디어 참여 확대: 장애인 문화예술 접근성 제고, 장애예술활동 지원 강화, ICT기반 정보격차 해소 · 사회참여 확대, 미디어 접근권 보장 강화

일곱째, 장애인 이동 및 시설 접근, 재난안전 보장 강화: 장애인 교통수단 확대 및 이동보장, 일상생활 위한 장애인 편의시설 확대, 장애인 재난안전 대응체계 강화

여덟째, 장애인의 사회참여 및 권리보장 강화: 장애인학대 예방 및 권리옹호 강화, 정신장애인 사회참여 및 권익증진 지원, 여성장애인 지원 확대 및 차별 해소, 장애인정책 국제협력 강화

아홉째, 장애인정책 추진기반 강화: 장애개념 확대, 장애인 정책조정 거버넌스 강화, 장애인 보건복지 전달체계 개편, 장애인권리보장원 설치

제6차 장애인정책종합계획의 복지서비스 내용을 간략하게 살펴보면 다음과 같다.

첫째, 장애인 개인예산제 도입: 획일적인 서비스 제공방식에서 벗어나 장애인서비스 이용자가 원하는 바에 따라 유연하게 서비스를 선택할 수 있도록 지원하는 제도로 2026년 본사업을 시행할 계획이다.

둘째, 활동지원서비스 수급자수 증원: 14만 명(2023년)에서 17만 명으로 증원한다(2027년 목표).

셋째, 사는 곳에서 보건의료서비스를 받도록 지역사회 기반 장애인 보건의료체계 강화: 장애인 건강주치의를 장애인 전체로 확대, 장애인 건강보건관리 5개년 종합계획 수립 등 장애인 맞춤형 보건의료 지원체계 확립한다.

넷째, 영유아부터 고등 · 평생교육까지 생애단계별 맞춤형 교육 지원체계 고도화: 장애인고등교육지원센터 설치 등 고등교육 지원을 강화하고 맞춤형 평생교육프로그램 개발 등 장애인 평생교육 기회 확대한다.

다섯째, 장애인연금 단계적 인상 등 소득보장제도 강화: 장애유형에 따른 맞춤형 직무개발을 통한 장애인 고용지원 확대하고 장애인일자리 확대 및 장애유형별 맞춤형 직무개발, 장애인연금지원단가 인상, 중증장애인생산품판매 촉진 등 장애인소득보장 확대 및 제도를 선진화한다.

여섯째, 장애인 생활체육시설 확충: 장애인이 쉽게 이용할 수 있는 '열린 관광지'를 전국에 조성해 일상에서 생활체육과 관광을 즐길 수 있는 여가시간 확대 및 시군구 반다비 체육센터 확충 등 장애인체육 이용환경 지원을 확대한다.

일곱째, 문화예술시설 · 정보 접근성 및 장애예술활동 지원 강화: 문화예술을 향유하고, 장애유형별 맞춤형 정보통신보조기기 개발 · 보급 등을 통한 디지털미디어 참여를 확대한다.

여덟째, 장애인 이동권보장 강화: 장애인 이동 및 시설 접근, 재난안전 보장 강화를 위한 구간버스대 · 폐차 시 저상버스 도입 의무화, 특별교통수단 이동지원센터 운영비 국비지원 등 장애인 이동권 보장 강화한다.

아홉째, 장애인의 사회참여와 권리보장 강화: 장애인권익옹호기관 전담인력 증원, 장애인식개선 교육활성화 등을 통한 장애인 학대 예방 및 권리옹호를 강화한다.

제3절 장애인복지의 전망

향후 지속적으로 펼쳐질 장애인복지의 발전 방향을 살펴보면 다음과 같다(정무성 외, 2015).

첫째, 현대사회는 산업재해와 각종 새로운 질병이 출현함으로써 장애범주가 지속적으로 확대될 것이다. 일상적인 사회생활에 어려움이 있는 후천성면역결핍증(AIDS) · 폐질환 · 정서장애 · 알코올중독 · 암이나 당뇨 등 만성질환도 장애 범주에 포함해 보호해야 한다.

둘째, 장애인구의 증가, 서비스의 다양화 등으로 인하여 장애인복지 예산이 증가할 전망이다. 현재 지역사회서비스 투자사업의 일환으로 정신장애인 토탈케어서비스, 장애인 활동지원서비스, 발달재활서비스, 언어발달지원서비스 등 장애인을 지원하는 국비 및 지방비 예산이 지속적으로 증가하고 있는 실정이다. 따라서 장애인복지는 최근 다른 사회복지 서비스 분야보다 훨씬 빠르게 그 중요성에 대한 공감대를 형성해 가고 있다. 이에 정부는 세 가지 측면에서 정책 추진을 가속화하기 위한 관련 예산을 확보하여 장애인복지 예산은 계속 증가할 것으로 예상된다. 먼저, 지역사회보호망 구축과 장애인을 위한 소득보장 예산, 시설의 인프라 운영의 질적 향상을 위한 소프트웨어 관련 예산 등이 대폭 증가할 것으로 예상된다.

셋째, 장애인 보호의 중심이 시설보호에서 지역사회 보호로 변화하게 될 것이다. 1990년대 이후 장애인재활시설의 숫자는 크게 증가하지 않은 반면, 중증장애인의 시설보호를 위한 요양시설이 크게 증가하고 있으며, 지역사회 보호의 중심적 역할을 감당하는 장애인복지관이 대폭 증가하고 있다. 이처럼 1990년 이후 장애인서비스는 전통적 시설보호 중심에서 지역사회 거주를 전제로 한 가정지원, 사회복귀를 위한 지역사회 중심 서비스로 변화하고 있다. 이러한 추세는 복지 선진국의 장애인복지 발전과정에 비추어볼 때 계속될 것으로 전망된다.

CHAPTER 04

장애이론

이 장에서는 장애와 관련된 중요한 이론인 정상화의 원리와 사회적 역할강화 및 장애인복지의 궁극적 목표인 장애인의 사회통합과 참여에 관해 살펴보고자 한다. 그리고 개인적 모델과 사회적 모델, 재활모델과 자립생활모델, 장애인의 권리옹호와 차별금지의 개념을 알아보고자 한다.

제 1 절 정상화와 사회적 역할강화

1. 정상화

정상화(normalization) 이념은 장애인을 특별히 대우하는 것이 아니라 지역사회에서 비장애인과 동등하게 대우하고, 당연한 생활을 영위할 수 있도록 사회적인 조건을 정비하는 것을 말한다. 미켈슨(Mikkelsen, 1969)은 “정상화는 지적장애인이 가능한 한 보편에 가까운 생활을 하는 것”이라고 하였으며, 특히 주거 · 일 · 교육 · 여가의 측면을 중요시하였다. 니르제(Nirje, 1980)는 "정상화는 모든 지적장애인의 일상생활의 양식과 조건을 사회의 보편적 환경과 생활방법에 가능한 한 접근하도록 하는 것"이라고 하였으며, 보편에 가까운 생활로서 '1일의 보편적 리듬, 1주일의 보편적 리듬, 1년의 보편적 리듬, 생애주기에서의 보편적 경험, 보편적 요구의 존중, 이성과의 생활, 보편적 경제적 수준, 보편적 환경 수준'을 구체적으로 제시하고 있다.

울펜스버거는 "정상화는 보편적 인간의 행동과 삶에 근접하기 위해 가능한 문화적으로 일반적인 여러 수단을 이용하게 하는 것"이라고 하였으며, 지역생활을 원조하는 프로그램을 중심으로 지역복지 서비스를 추진하는 지역사회 돌봄의 중요성을 강조한다. 즉, 장애인에 대한 편견 및 차별을 배제하고, 한 사람의 평범한 인간으로서 보통의 생활환경 속에서 평범한 생활을 하도록 사회환경을 조성하는 것이 중요하며, 이를 위해 가장 보편적이고 일반적인 가정과 지역사회에서의 삶을 강조한다.

결국 정상화란 심신의 장애와 같은 불리한 조건을 가진 모든 사람들에 대한 편견 및 차별을 배제하고, 한 인간으로서 지역사회에서 가치 있는 역할을 하도록 교육 · 훈련 · 노동을 하며 완전한 사회참여를 해야 함을 나타내는 이념이며, 사회통합의 전제조건이라 할 수 있다.

2. 사회적 역할의 가치화

사회적 역할의 가치화(social role valorization)란 "가치 상실의 위험이 있는 사람들에게, 그 사회에서 문화적으로 가치 있는 수단을 이용하여 가치 있는 사회적 역할을 수행할 수 있게 하고, 그 역할을 정립 · 증진 · 유지 · 방어함으로써 가치절하된 사람들이 가치가 인정되는 사회적 역할을 창출할 수 있도록 하는 것"(김용득, 2005) 또는 "인간이 인간으로서 생활하는 과정에서 수행하는 다양한 역할이 있으며, 가치가 박탈된 사람들은 이러한 역할의 수행이 차단되거나 본인으로부터 기피되는데, 이러한 역할을 찾아서 수행함으로써 사회적인 가치를 복원시켜 주는 일련의 작업"(이성규, 2000)이라고 할 수 있다.

1) 사회적 역할의 가치화를 위해 고려해야 할 쟁점

장애인의 사회적 역할의 가치화를 달성하기 위해 울펜스버거와 토마스는 일곱 가지 쟁점들을 고려해야 한다고 제시했다(Wolfensberger & Thomas, 1983). 이것은 장애인의 가치가 평가절하되는 이유를 분석하는 것과 장애인에게 가치 있는 사회적 역할을 부여하는 전략을 수립하는 매우 중요한 사항들인데 몇 가지를 살펴보면 다음과 같다.

(1) 서비스에서 의식과 무의식의 역할

인간의 행위는 의식뿐만 아니라 무의식의 영향도 강하게 받을 수 있으며 이러한 무의식은 인간존재의 거의 모든 영역에서 나타나는데, 사회서비스 현장에서 기획자, 관리자, 서비스 전달자, 클라이언트 등 어떤 사람들도 무의식의 덫에서 자유로울 수 없다. 따라서 울펜스버거는 사회적 단위에서 발생하는 의식과 무의식의 실체와 영향을 인정하여 잠재적인(사회적인) 모든 의도들을 공개시키고, 서비스에 관여하는 사람들의 의식을 고양하는 작업이 매우 중요하다고 강조한다(이성규, 2000). 즉, 장애인복지정책 및 서비스를 기획하고 제공하는 전문가들은 자신들이 왜 서비스를 공급하고 있는지에 대해 끊임없이 고민하고, 자신이 무의식적으로 장애인을 억압하고 있는 것은 아닌지 점검하는 것이 필요하다.

(2) 사회의 기대와 일탈행위

사람은 자신에게 부과된 사회의 기대에 따라 행위를 하게 된다. 사회가 부정적으로 낙인찍으면 그 사람은 그대로 행하게 되는데, '사회의 기대와 일탈행위'는 이러한 과정을 설명하는 개념이다. 사회적으로 가치절하를 받은 사람들에게 주어지는 역할기대는 대개의 경우 부정적인 것들이다. 이러한 개념에 따른다면, 사회복지정책은 전체적인 인생과정에서 가치 있는 사회적 역할을 강조하고 지원하는 쪽으로 수립되고 집행되어야 하며, 개인이 부정적인 낙인 및 역할에 빠지지 않도록 방지하는 차원에서 고려되어야 한다.

(3) 개개인의 능력 및 권한의 향상

사회적 역할의 설정과 관련하여 살펴본 쟁점들을 고려할 때, 사회적으로 가치절하된 사람들의 능력 및 권한을 향상할 필요가 있다. 장애인들은 기능상의 능력이 저하되어 있다. 이러한 정신적·신체적 장애로 다른 사람들처럼 직업을 가질 수 없으며, 대인관계를 맺기 어려운 경우가 많다. 장애를 지니지 않은 사람들조차도 낮은 역할기대 속에서 생활했거나, 성장에 도움이 되는 기회나 경험을 박탈당했거나, 부정적 역할모델 속에 집단화된 경우 능력 발휘에 제한을 받게 된다. 이는 가치절하를 받고 있거나 가치절하 위험에 놓인 사람들의 능력이 더욱 고양되어야 할 필요가 있음을 나타낸다(김용득, 2005).

(4) 사회적 이미지의 작용

사회적 이미지의 작용이란 일탈된 사람들의 특징에 대한 고정관념은 사회적인 상징화의 과정을 통해서 확대, 재생산된다는 것이다. 예를 들면, 신체장애와 사악함을 연결하는 후크선장 이야기와 신체장애와 공포를 자연스럽게 묶어주는 프랑켄슈타인 이야기를 통해 장애인에 대한 부정적인 고정관념이 확산되고 고착된다(이성규, 2000). 따라서 사회적 가치절하를 받은 사람들의 이미지가 향상되어야 하며, 가치절하를 받은 사람들에 관한 이미지와 관련 있는 모든 대인서비스의 요소들은 긍정적 이미지를 전달할 수 있는 전략과 도구들을 사용해야 한다(김용득, 2005).

제 2 절 사회통합

사회통합은 장애인과 비장애인이 모든 기회를 서로 공유하고 협력해 나가면서 가능성을 높여 나가는 과정이다. 장애인 개인의 발달주기에 맞추어 각 발달 단계에서 사회와의 통합은 물론, 지역사회와의 통합도 이루어져야 한다. 그리고 이런 통합이 이루어짐에 있어 장애인 자신이 선택의 자유를 누릴 수 있어야 한다(문선화 외, 2013).

1. 사회통합의 개념

장애인의 사회통합(social integration)은 모든 인간은 평등하다는 이념적 기초 위에서, 장애인도 사회의 일원이 되어 사회적·문화적 활동에 참여하는 것을 의미한다. 사회통합을 위해서는 기존의 차별적·격리적인 사회적 조건을 없애야 하며, 이동에 있어서의 접근, 정보접근, 건물 내외의 접근 등 제반 사회환경 접근이 보장되어야 한다. 이와 관련하여 테일러(Taylor, 1987)는 장애인의 사회통합이란 '제한이 없는 환경'으로서, 지역사회 내 거주 원칙하에 환경 및 이웃통합, 지역사회 생활배치는 소규모 가족형태, 생활기술과 능력발전 가능성 전제, 서비스 계획·실행에서의 장애인 당사자의 참여 보장 등을 통해 달성될 수 있다고 하였다.

사회통합의 개념이 구체적인 사회의 영역에서 나타나는 양상은 장애인에게 구조적인 통합 환경을 제공하는 물리·기능적 통합, 장애인에 대한 사회적 인식 혹은 가치관이 긍정적으로 변화되어 장애인을 낙인찍지 않는 사회적 통합, 장애인의 자기 충족을 위한 그들 자신의 기회에 대해 스스로 책임질 수 있도록 자기결정권 보장의 통합, 장애인 고용을 보장하는 직업 통합, 다수사회가 소수사회에 들어오는 전략을 취하는 쌍방향적 통합 등으로 유형화시켜 살펴볼 수 있다(이준우, 2001; 김종인 외, 2004).

2. 사회통합의 두 측면: 물리적 통합과 사회적 통합

장애인의 사회통합은 단순한 물리적 현상만이 아닌 사회적 상호작용과 수용을 포함하는 사회적 통합일 때만 의미가 있다. 따라서 물리적 통합과 사회적 통합을 규정짓는 요소들에 대해서 살펴보면 다음과 같다.

1) 물리적 통합

물리적 통합은 사회적 상호작용을 허용하거나 촉진하는 물리적 환경을 의미한다. 예를 들어, 장애인복지를 위한 각종 서비스가 전달되는 건물의 위치나 편의시설 등은 물리적 통합을 규정짓는 요인 중의 하나가 될 수 있다. 이들 서비스시설의 물리적 통합성과 분리성은 다음의 네 가지 요소에 의해 규정된다(이익섭, 1999).

첫째, 위치다. 장애인을 위한 서비스는 장애인이 거주하는 지역사회에서 장애인이 현행 사회와 경제·교육 등 제도에 참여하는 구조가 되어야 한다. 서비스시설은 물리적으로 소외된 환경에 위치해서는 안 된다. 둘째, 물리적 조화다. 장애인에게 지원되는 프로그램은 지역 특성과 일관성 있게 설정되어야 한다. 셋째, 접근성이다. 장애인을 위한 서비스는 장애인이 접근하기 쉬워야 한다. 넷째, 규모의 분포다. 서비스 대상 장애인의 수는 그 지역사회가 흡수하여 통합할 수 있는 정도를 넘지 않도록 최선을 다해 조절되어야 한다.

2) 사회적 통합

장애인복지 서비스가 물리적으로는 최적의 통합형태를 취하고 있으면서도 사회적으로는 분리된 양상을 보일 수 있다. 예를 들어, 기관의 정책이나 서비스구조, 기타 사회환경과 같은 요소들이 장애인을 격리하고 사회적 교감을 약화하는 방향으로 작용할 수 있다. 따라서 물리적 통합이 이루어진 상태에서 사회적 통합을 이루기 위한 노력이 필요하다. 사회적 통합은 세 가지 요소에 의해 결정된다(이익섭, 1999).

첫째, 프로그램의 형태다. 장애인을 위한 서비스가 비장애인들이 사용하는 형태와 최대한 유사하게 수행되어야 한다. 둘째, 낙인이다. 사회통합은 장애인과 가족, 서비스 위치 및 관련 시설들이 명명되고 지칭되는 방식에 의해 영향 받는다. 장애인을 환자로 부르는가, 혹은 수감자처럼 바라보는가 등, 장소나 시설에 대한 이름은 장애인에 대한 올바른 인식을 향상하기 위해 숙고되어야 한다. 셋째, 건물인식이다. 시설의 물리적 외형이 일반인에게 어떻게 인식되느냐 하는 점이 중요하다. 시설이 완벽해도 외모와 형상이 부정적인 인식을 준다면 그 건물을 사용하는 사람에 대한 시민의 반응행동 역시 부정적으로 될 것이다.

제3절 개인적 모델과 사회적 모델

과거에는 장애가 불쌍한 개인에게 발생하는 끔찍한 사건으로 인식되었다. 즉, 장애는 의학적 · 기능적인 문제로, 장애인 개인 안에 있는 문제라고 보았다. 이에 따라 사회는 '문제가 있는 장애인'을 의료전문가에 의한 치료를 통해 사회에 적응할 수 있도록 하는 방향으로 전개되었다. 이렇듯 장애의 원인이 개인에게 있다고 보는 모델을 '개인적 모델'이라고 한다.

최근에는 장애가 장애인 개인의 특정한 상태로 인해 발생한다고 보기보다는 사회가 장애를 발생시키는 것으로 인식하는 경향이 강하다. 가령, 휠체어로 이동하는 지체장애인이 건물에 들어갈 때 경사로나 승강기가 있으면 이동에 장애가 없지만, 그렇지 않으면 장애가 발생할 수 있다. 즉, 장애는 사회 내에 존재하는 것으로 장애인의 욕구를 사회 내에서 수용하고, 적절한 서비스를 제공하는 데 대한 사회의 실패를 강조하는 모델을 '사회적 모델'이라고 한다. 사회적 모델은 장애인들에게 제도화된 차별을 통하여 전달되는 장애에 관심을 기울이며, 장애인의 완전한 사회참여를 위해 환경개조가 필수적이고, 이를 실천하는 것은 사회의 집합적인 책임이라고 인식한다. 이렇듯 장애를 바라보는 모델은 개별모델에서 사회모델로 변화해 왔음을 알 수 있다(정일교, 2015).

장애인들의 사회통합을 방해하는 것은 사회환경, 즉 장애인의 생태체계 안의 부적절한 환경이나 사회의 편견, 근거 없는 차별이 더욱 중요한 저해요인이라는 것을 인식하게 되었다. 이러한 사회적 인식을 바탕으로 이후 자립생활운동, 인권모델 등이 나타나고 발전하게 되었다.

제4절 재활모델과 자립생활모델

1. 재활모델

1) 재활의 개념

재활이라는 개념은 단순한 치료나 훈련의 기술적인 측면만이 아니라 심신장애를 지닌 사람이 훌륭한 사회인으로 생활할 수 있게 되는 것을 의미한다. 즉, 장애의 보충이나 보상, 치료회복과 개선, 문제해결과 극복으로서 장애인의 전인적인 복권이 이루어지도록 모든 욕구를 충족시켜 주는 종합적 서비스이다. 미국재활협의회(National Council on Rehabilitation)에서는 재활이란 심신장애인의 신체적 · 정신적 · 사회적 · 직업적 · 경제적 가용능력을 최대한으로 회복시켜 주는 것으로 정의하고 있다(Townsed, 1966). 따라서 재활이란 신체적 · 정신적 장애를 지닌 장애인을 대상으로 그가 가진 능력 및 잠재력을 최대한 발휘하게 하여 장애로 손상된 신체적 · 정신적 상태를 (재)형성하고, 나아가 사회 (재)통합으로 가는 과정을 말한다.

2) 재활의 목표

재활의 목표는 장애인의 기능을 최적의 수준으로 되찾아 최상의 생활을 유지할 수 있도록 도와주는 데 있는데, 구체적으로 살펴보면, 첫째, 예방이 중요하다. 1차 수준의 예방은 산전 · 산후관리, 유전상담에 있고 2차 수준의 예방은 조기발견 및 치료이며, 3차 수준의 예방은 일상생활 훈련 및 보장구 사용 교육에 있다. 둘째, 기능향상으로 손상된 신체부위의 능력증진뿐 아니라 손상되지 않은 신체부위의 기능적 보상과 보장구 사용 그리고 환경적인 장애의 제거들이 포함된다. 셋째, 사회적 통합으로 장애인의 교육 · 직업 · 개인 및 사회심리 분야 등 다양한 삶의 영역을 포괄적으로 원조하여 사회의 한 구성원으로서 살아갈 수 있도록 함으로써 전인적 발달 도모 · 자아실현 · 삶의 향상에 기여하는 것을 의미한다.

3) 재활의 특성

재활의 특성을 살펴보면 다음과 같다.

첫째, 장애는 손상 부위 및 정도에 따라 각각 다른 욕구와 서비스가 필요로 하는 재활서비스 제공 시 매우 복잡한 특성을 가지게 된다. 둘째, 종합성으로 장애문제는 의료 · 교육 · 직업 · 사회 · 환경 등 다양한 영역과 관련성을 가지고 있어 이 중 어느 특정 분야의 서비스 제공만으로는 재활 목표 달성이 어려우므로 장애인 서비스는 다양한 팀접근을 통한 조직적 접근이 요구된다. 셋째, 역동성이다. 재활을 위한 모든 정책·제도·방법·기술 등이 장애인의 다양한 욕구에 따라 융통성 있게 적용될 수 있어야 하며, 특히 사회환경 변화에 따라 변화 가능해야 한다. 넷째, 보편성이다. 장애는 특정인들에게만 생기는 것이 아니므로 좁은 의미에서 '정상'과 대립하는 개념으로 보기보다는 불합리한 접근과 환경에 의한 것으로 더 보편적인 접근과 설계가 필요하다. 다섯째, 책임성이다. 재활은 한 인간의 삶과 관련된 문제일 뿐만 아니라, 공공적 성격을 띤 휴먼 서비스이므로, 반드시 이에 따른 책임성이 뒤따르며 후원자에 대한 책임성을 입증할 수 있어야 한다. 재활서비스는 공식적·사회적인 목적에 의해 규정된 활동이므로 이에 대한 책임성을 입증할 수 있어야 한다.

4) 재활모델의 문제점

재활모델은 장애인 개인을 대상으로 장애발생 후 잔존능력과 잠재성 개발을 통해 사회적응에 초점이 맞추어져 있는데, 장애인이 지닌 장애상태는 고정되어 있으므로 기능을 회복하여 사회가 요구하는 수준의 능력에 도달할 수 있는가의 문제는 사회적 성찰이 요구된다.

「장애인복지법」 제2조에서는 장애인을 '신체적·정신적 장애로 오랫동안 일상생활이나 사회생활에서 상당한 제약을 받는 자'로 규정하고 있다. 이러한 규정에 근거해 보면 장애인은 장애를 지속적으로 지니고 살아갈 수밖에 없으며 그것도 장기간에 걸쳐 신체적·정신적 문제와 더불어 살아가야 한다. 따라서 장애를 단순히 치료의 대상이나 병적 측면으로 간주하여 재활의 개념을 적용한다면 모순에 직면하게 될 수밖에 없다. 즉, 재활모델의 개념에 따르면 의료적인 치료와 교육·훈련을 통해 장애가 회복되고 사회적으로 요구되는 능력을 배양하고 증가시켜야 하는데 일반적인 사회생활에서 대다수의 장애인들은 그렇지 못하기 때문이다. 사회적으로 장애인은 이미 신체적·정신적 장애로 인해 사회가 요구하는 경쟁력 회복이 어려움에도 재활모델에서는 그러한 문제를 극복하고 해소하는 데 주요 관심이 맞추어져 있다는 것은 문제가 아닐 수 없다.

2. 자립생활모델

자립생활이란 장애인 스스로가 생활의 주역이 되어 생활의 주체자로서 자기결정권과 자기선택권을 행사하며 자신의 생활 전반에 대하여 조정하고 관리하는 것을 의미한다. 즉, 장애인 자신이 어디에서 살 것인지, 누구와 함께 살 것인지, 어떤 생활방식을 택할 것인지, 자신의 시간과 경제적 상황 등을 어떻게 활용하고 소비할 것인지를 결정하고 그 결정에 대해 자신이 책임을 지는 행위를 자립이라 한다.

1) 자립생활 이념의 등장 배경

1960년대 후반, 미국에서 시작된 자립생활운동은 장애인을 환자이기 때문에 보호받아야 하며, 전문가에 의한 교육 · 훈련으로 변화시켜야 한다고 보는 재활모델에 반대하여, 장애인을 수혜자나 환자가 아닌 소비자로 여기는 소비자 중심주의와 장애인의 삶은 스스로 계획하고 서비스 공급에도 직접 참여해야 한다는 당사자주의를 지향하고 있다(이달엽, 2000). 자립생활모델(independent living model)에 따르면 장애를 유발하는 문제는 장애인에게 있는 것이 아니며, 오히려 재활모델에 의해 주어진 해결방안에 있다고 본다. 재활모델의 해결책은 의사와 환자 혹은 전문가와 클라이언트로 규정되는 관계의 의존성으로 묘사된다. 그러나 자립생활모델은 장애인의 문제를 장애인 당사자가 가장 잘 이해하므로 장애인이 삶을 영위하는 데 있어 스스로 선택권과 자기결정권을 신장하고 서비스 제공에 있어서 장애인의 주도적 참여가 보장되어야 한다는 이념에 기초한다.

2) 자립생활의 개념

전미국장애인자립생활협회(National Council on Independent living)는 자립생활을 "삶에 대한 자신의 결정에 대하여 타인의 개입·보호를 최소화하여 스스로의 삶에 대하여 선택·결정하는 모든 과정에 장애인 당사자가 참여하는 과정"이라 정의한다. 자립생활은 장애인들이 자신의 삶을 스스로 선택·조정하고, 관리하는 일로서 장애인들이 언제, 어디서나 자신들이 영위할 수 있는 자유를 가질 수 있음을 뜻한다. 이를 위해서 장애인들이 자신의 삶을 선택·관리할 수 있도록 필요한 기술과 원조를 제공하는 일이 필수적으로 요구되며, 장애인이 지닌 능력을 최대한 활용하여 직업적·경제적으로 자립생활을 영위하는 것을 의미한다.

따라서 진정한 자립이란 장애인 자신에게 내재된 잠재능력을 발전시키기 위한 끊임없는 노력과 스스로의 인생설계, 다양한 사회자원을 활용하고 창출하면서 스스로의 판단과 결정에 대한 주체적인 삶, 그 행동에 대해 스스로 책임지는 것을 말한다. 또한 경제적 자립과 자기실현을 위한 삶을 자립의 성취라 할 수 있으며 자립의 구체적인 형태는 완전한 사회참여로 가능하게 된다(오혜경·김미옥, 1999). 결국 자립생활은 장애인이 의존성을 벗어나 스스로 선택함으로써 만족하는 삶을 지역사회에서 실현하며, 자신의 생활을 관리할 수 있는 위치에 서는 것을 말한다(정립회관, 2003).

3) 자립생활서비스의 원리

자립생활모델이 지향하는 이념은 광범위하고 포괄적이므로 장애인의 독립생활을 위한 서비스 실천과정과 내용에 이러한 이념이 반영되도록 실천상의 원리와 지침을 마련해야 한다. 자립생활 연구가인 노섹(Nosek, 1988), 스튜어트(Stuart, 2000)는 장애인 자립생활의 합리적·효율적인 실현을 위한 서비스 제공에 있어서 중요한 원칙과 지침을 다음과 같이 제시하고 있다.

① 비차별성의 원리: 모든 연령의 장애인과 가족이 지원 서비스체계에 참여할 기회를 가져야 함을 의미한다.
② 포괄성의 원리: 제공되는 서비스 영역이 포괄적이어야 하며 모든 장애 영역을 포함해야 한다는 것을 의미한다.
③ 형평성의 원리: 장애인이 불균형적 부담이 없는 보장을 위해 소득수준·사회적 지위가 아닌 욕구에 기초한 서비스를 제공해야 한다.
④ 비용지불의 효율성 원리: 프로그램 제공과정에서 발생하는 행정비용을 최소화하는 것을 의미한다.
⑤ 소비자 통제의 원리: 장애인이 자신의 독립생활을 위한 서비스를 주체적으로 선택하고 결정할 수 있는 권한을 확보하는 것이다.

이상의 다섯 가지 실천 원리를 종합하면 자립생활지원서비스의 주요 원리는 서비스제공자가 전문가로서 우월적 지위를 갖고 시설 중심의 일방적 서비스를 제공하는 것이 아닌 이용장애인의 욕구를 바탕으로 스스로 서비스를 조절·통제하는 것임을 강조하고 있다(김종인 외, 2007).

4) 자립생활서비스 내용

자립생활서비스에는 장애인들이 가정이나 지역사회 내에서 자립적으로 생활하는 데 필수적인 동료상담·활동보조서비스·교통편의 제공·자립생활기술훈련·정보제공과 의뢰·권익옹호·주택서비스·장비관리·수리임대·복지혜택에 대한 상담 등의 서비스를 제공하는데, 주로 자립생활센터를 통해서 제공하고 있다. 미국 자립생활센터 사례를 통해 자립생활서비스 내용을 살펴보면 다음과 같다(김종인, 2007).

(1) 동료상담

장애인이 지닌 문제를 가장 잘 이해할 수 있는 사람은 문제를 공유하고 있는 장애인이므로, 같은 문제를 가진 장애인으로부터 적절한 조언과 정보를 얻는 것은 장애 극복에 유용한 도움이 될 수 있다는 입장에서 유사한 경험을 한 동료가 상담 활동을 한다. 동료상담가는 활동보조인 면접과 고용이나 활동보조서비스 관리, 옷입기, 목욕 등의 일상생활과 장비구입 · 조정 · 수리, 교육 · 법적 권리 · 직업 · 여가 등과 관련된 지역사회자원에 대한 정보제공 등의 문제와 관련하여 도움을 제공한다. 또한 신체에 대한 이미지, 성생활, 대인관계 문제나 불안 대처방법, 차별적 인식에 대한 대처법, 자신감과 의사표현 기술 등의 문제에 대해 서로의 감정과 정보를 공유하며 격려하는 역할을 담당한다.

(2) 활동보조서비스

중증장애인의 신변처리와 일상생활에서의 각종 활동을 도와주거나 대신해 주는 서비스로 유급을 원칙으로 한다. 유급이라는 것은 중요한 사항으로 장애인이 선택권과 결정권을 가지고 서비스를 구매하는 소비자의 입장에서 서비스 시간, 용도 등을 결정할 수 있는 근거가 된다. 활동보조서비스는 중증장애인이 지역사회에서의 생활에 활동적으로 참여하는 데 있어 선택과 참여 그리고 접근의 영역을 확장하여 그 결과 교육적 · 직업적인 목표를 추구할 수 있는 가능성이 증가된다(이준우, 2005).

(3) 이동편의서비스

자립생활과 사회참여를 가능하도록 하는 구체적이고 핵심적인 서비스는 이동서비스를 통한 이동권, 접근권의 자율성을 증진해 주는 것이다. 이동편의는 자립생활센터가 직접 제공할 수도 있고, 지역사회의 다른 조직이나 기관과 계약, 협조를 통해서 제공할 수 있다.

(4) 자립생활기술훈련

자립생활에 필요한 실질적이며 기능적이고 전략적인 기술훈련으로 동료교육을 기본방침으로 하고 있다. 장애에 대한 실질적인 이해와 경험에서 얻어지는 내용을 바탕으로 구성된 커리큘럼을 기반으로 자립생활을 달성할 수 있는 전략을 제공하는데, 그 구체적인 내용은 신변처리기술, 가정생활기술, 사회생활기술의 3개 영역으로 구성되며, 커뮤니케이션기술, 소비자권리, 생활기술, 가사기술, 주택선택과 개조, 활동보조인 관리, 건강관리, 여가생활, 성생활, 이동기술 재정관리 등이 있다.

(5) 정보제공과 의뢰

정보제공과 의뢰는 지역사회에 산재하는 기관으로부터 제공받을 수 있는 자원과 서비스 관련 정보를 알려주며 지역사회 및 기관들로 하여금 장애에 대한 인식을 제고하도록 도와준다. 정보의 종류로는 특정 건물의 접근가능성 · 활동보조 · 지역사회 자원 · 교육과 훈련 · 구직 · 보장구 · 주택 · 자조 및 개인의 성장 · 여가 · 이동서비스 등 자립생활 관련 중요 영역들에 대한 내용을 포함한다. 또한 세부 장애유형에 대한 정보, 권익옹호 관련 정보, 장애인의 생활에 영향을 미치는 법률에 관한 정보도 제공한다.

(6) 권익옹호

권익옹호서비스는 권리의 차원에서 문제를 지원해 주는 것으로 권리의 침해 해소와 법률적 지원을 포함한다. 장애인이 자신의 신념에 따라 행동하고 전통적 · 의존적인 규범을 탈피하여 스스로 소비자로서의 권리와 능력을 인정하는 것을 추구한다. 권익옹호 지원에는 이용자들의 자기옹호 능력 강화와 센터직원들이 이용자들을 대신해 직접 행동하는 것이 있다.

(7) 주택서비스

자립생활을 달성하기 위해 필요한 주택관련 권익옹호, 정보제공 및 기술적 지원, 주택소개 및 개조, 주택비용지원제도의 활용방법 교육 등이 이에 해당된다.

(8) 장비관리 · 수리 · 임대

장애를 최소화하는 각종 재활기구, 보장구의 유지 · 관리를 지원한다.

(9) 복지혜택에 대한 상담

공공부조, 연금, 의료보험 등 각종 제도의 수혜에 대한 일종의 정보제공으로 정기적인 정보의 신속한 업데이트가 요구된다.

제5절 권리옹호와 차별금지

1. 권리옹호

권리옹호(advocacy)서비스는 장애인들에게 이전의 지역사회 중심의 프로그램과는 확연히 다른 자립생활서비스로 인식된다. 장애인이 자신의 생활을 주도하고 선택권을 행사한다는 것은 장애인이 자신의 신념에 따라 행동하고 이제까지의 전통적이고 의존적인 규범을 탈피하여 스스로 소비자로서 권리와 능력을 인정하고 행사함을 의미한다(임종호, 2017).

2. 장애인차별금지법

「장애인차별금지법」은 장애를 이유로 한 차별을 금지하고, 장애를 이유로 차별받은 사람의 권익을 구제함으로써 장애인의 사회참여와 평등권 실현을 통해 사회구성원과 인간으로서의 존엄과 가치를 구현하기 위해 만든 법으로, 2008년 4월 11일부터 시행되고 있다. 장애인 당사자는 물론 장애인을 돕는 사람에 대한 차별을 금지하고, 보조견 및 장애인보조기구 등의 정당한 사용을 방해해서는 안 된다는 내용을 담고 있다. 차별 영역을 ① 고용, ② 교육, ③ 재화와 용역의 제공 및 이용, ④ 사법, 행정절차 및 급여와 참정권, ⑤ 모·부성권, 성 등, ⑥ 가족·가정·복지시설 및 건강권 등으로 구분하고, 이러한 생활상의 다양한 영역에 걸친 차별행위를 구체적으로 금지하도록 규정하고 있다.

장애인에 대한 차별은 다양하게 이루어지고 있는데, 몇 가지 유형을 살펴보면 다음과 같다(장애우권인문제연구소, 2011).

- 직접차별: 장애인을 정당한 이유 없이 배제, 거부하거나 불리하게 대우하는 경우를 의미한다.
- 간접차별: 형식상으로 공정한 기준을 적용했더라도 장애인에게 불리한 결과가 발생하였다면 간접차별에 해당된다.
- 편의제공 거부에 의한 차별: 과도한 부담이나 현저히 곤란한 사정과 같은 정당한 이유 없이 장애인에게 편의시설이나 서비스 제공을 거부하는 경우를 말한다.
- 광고에 의한 차별: 광고의 내용이 장애인에 대한 배제 내지 거부 등 불리한 대우를 나타내는 경우를 말한다.

CHAPTER 05

장애인복지실천의 접근 방법

장애인복지실천의 중요한 관점인 강점 관점과 임파워먼트(역량강화) 관점, 탄력성모델에 관해서 살펴보고, 최근 사회복지실천의 전 분야에서 강조되고 있는 사례관리모델의 등장 배경과 개념, 특징 및 장애인복지 분야의 사례관리 동향과 사례관리 과정 및 기술에 관해서 다루고자 한다.

제 1 절 강점 관점

1. 강점의 개념

강점모델이란 클라이언트를 독특한 존재로 다양성을 인정하고 존중하면서 클라이언트의 결점, 즉 장애 현상보다는 강점에 초점을 두어 가능한 모든 자원을 활용하여 역량을 실현해 나가도록 돕는 것이다. 강점모델은 장애인들의 과거 병력과 현재의 장애 그리고 그로 인한 다양한 문제가 걸림돌이 되지 않고 오히려 발전과 성장을 위한 기반이 되도록 돕는 실천 관점이라고 할 수 있다.

2. 강점모델의 내용

인간 존재에 대한 긍정적인 가치관은 장애인을 긍정적 측면에서 바라보게 만들었다. 즉, 어떤 약점이 있고 또 어떤 문제에 처해 있느냐가 아니라, 일정한 제약하에서도 일상생활을 이끌어 나갈 수 있게 해 주는 강점이 무엇인지를 강조하게 되었다.

강점모델의 전제를 살펴보면, 클라이언트는 원조과정의 주체로 배우고 성장하며 변화할 수 있는 잠재력을 지닌 존재로 이해하며 클라이언트와 사회복지전문가 간의 인간관계를 중요시하며 클라이언트의 강점, 관심과 열망, 욕구에 초점을 맞춘다. 그리고 원조과정에서 전문적 판단에 입각한 적극적인 현장접근(out-reach)이 필요하며, 지역사회는 원조과정에서 잠재적인 협력체제 자원으로 이해한다.

이러한 강점모델의 원칙을 정리하면 다음과 같다(Timberlake et al., 2008).

① 모든 개인 · 집단 · 가족 · 지역사회는 강점을 갖고 있다. 이 원칙은 원조전문가가 강점모델에서 일하기 위해 반드시 가져야 하는 신념 또는 태도에 해당한다.

② 정신적 외상과 학대, 질병과 투쟁은 해를 끼칠 수 있지만 도전과 기회의 원천이 될 수 있다. 문제 자체보다 그것을 어떻게 인식하고 처리하는지에 영향을 미치는 문제 요인에 더 초점을 둘 필요가 있다.

③ 이미 파악된 개인의 긍정적 능력을 강조함으로써 개인은 강점을 따라 발전을 계속할 가능성이 높아진다.

④ 개인이나 집단 · 지역사회의 능력에는 성장과 변화의 한계가 없으며, 그러한 열망을 중요하게 여긴다. 원조전문가는 실제로 각 개인의 성장에는 한계가 없다고 믿고, 클라이언트의 성장 잠재력을 믿는 것이

중요하다.

⑤ 원조전문가는 클라이언트와 협력함으로써 가장 잘 도울 수 있다.

3. 장애인과 강점모델

강점모델은 장애인이 지닌 제약보다는 능력 및 기능성에 초점을 둔다. 원조전문가는 장애인의 수행능력과 잠재력에 초점을 둘 것이 아니라, 개인의 능력을 강화하여 삶을 스스로 조절할 수 있도록 북돋아 주고 추진의 동력을 확인시켜 주어야 한다. 즉, 장애인이 모든 사회구성원과 동등하게 의사소통을 할 수 있도록 돕는 역할을 수행하는 것이다.

강점을 통하여 잠재적인 역량 및 자원이 인정되고, 스스로 삶을 결정할 수 있도록 권한이 부여될 때 개인의 변화가 일어나게 된다. 그러므로 장애인들은 어떤 서비스를 받을 것인지, 누구를 도우미로 선택할지에 대한 결정을 지역사회자원을 이용하여 스스로 내릴 수 있는 능력을 갖추어야 한다. 이러한 과정을 통해 장애인들은 자신이 느끼는 무력감·소외감 등의 심리적 문제에서 벗어나 자신의 가치를 재인식, 부정적인 인식을 변화시킬 수 있다. 또한 필요한 지식과 기술을 증가시킴으로써 자신의 문제가 장애를 가지고 있는 다른 사람들의 문제와 유사함을 깨닫게 되고, 이를 토대로 비판적 사고와 사회변화에 대한 참여와 책임의식이 증가될 수 있다. 이에 따라 다양한 방안을 모색하면서 타인과의 관계망을 조직하고 이를 바탕으로 조직적인 정치력을 형성하여 사회변화를 시도하는 행동으로 발전하게 되며, 스스로 문제해결의 주체인 옹호자로서 활동하게 된다.

제 2 절 임파워먼트 관점

임파워먼트(empowerment)는 우리말로 '역량강화'라는 용어로 사용한다. 역량강화 관점은 원조전문가로 하여금 클라이언트가 자신의 경험을 개인 차원에서만이 아니라 정치적 차원에서도 구성하도록 돕는다. 이때 원조 전문가의 핵심 가치는 인격존중과 인간존엄성 인식에 있고 이런 가치를 구현하는 방법은 자기결정 원칙이다. 바로 클라이언트 중심적 실천을 말한다(Kemp, 1995).

1. 역량강화의 개념

역량이란 심리적·경제적 자원을 소유하고 효과적으로 활용하는 것을 말한다(Hartman, 1994). 역량강화는 개인적 측면에서는 자존감과 통제감을 높이고, 권리의식을 증가시키므로 자신의 인식을 변화시키고 대인관계를 개선하는 한편, 지역사회 일원으로서 사회변화를 위한 참여와 책임의식을 증강하는 것이다. 이 접근법에서는 '개인이 사회에서 어떻게 취급되고 있는가?', '개인이 권력 및 자원에 얼마나 근접해 있는가?'에 초점을 맞추며, 불공평한 권력구조 타파를 본질로 삼는다(Simon, 1994). 사회복지에서 역량강화모델의 대상은 주로 요보호계층이나 권리와 혜택을 상실한 무력감을 경험하고 있는 사람들인데, 이들로 하여금 개인과 집단, 지역사회 수준에서 자신과 상황에 대한 통제력을 회복하도록 도와주는 개입·기술 및 과정을 포함하는 실천모델이다.

2. 역량강화모델의 특징

역량강화모델은 사회복지 역사에서 새로운 것이 아니며 '강점' 혹은

'역량'의 의미를 현대사회의 특성에 맞게 재강조한 것이다. 이러한 역량강화모델의 '기본 전제'는 세 가지로 제시할 수 있다(Cowger, 1994).

첫째, 클라이언트의 강점을 사정하고 활용한다. 역량강화모델에서는 현재 클라이언트가 처해 있는 상황에서 무력감의 정도를 파악하고 이를 극복하는 데 필요한 힘을 정확히 사정하는 것이 중요하다. 사정과정에서 사회복지사는 클라이언트를 병리적으로 보지 않으며, 그가 비록 상황적인 압력과 고통으로 인해 지금은 무능력을 경험하더라도 여전히 능력과 가능성 · 가치 · 희망을 지닌 존재로 인식한다(Saleebey, 2008). 둘째, 자기결정권을 존중하고 개별화원칙을 지킨다. 클라이언트가 자발적 · 주도적으로 문제를 정의하도록 하며, 클라이언트 스스로 자신의 상황을 이해하고 해결책을 결정하도록 돕는 과정에서 중요하다. 셋째, 상호 협력적 원조관계를 유지한다. 진단보다 사정에 기초한 개입을 선호하며, 문제 발생의 요인을 병리나 일탈, 심리적 결함보다는 클라이언트의 통제력을 방해하는 상황의 역동성과 통제력 상실로 인한 부정적인 결과에서 찾는다(Cowger, 1994).

이러한 전제하에 역량강화모델 실천은 두 가지 수준에서 이루어진다.

첫째, 개인적 · 대인적 수준에서의 실천이다. 목적은 클라이언트가 필요한 자원에 쉽게 접근하도록 돕고, 통제력을 회복할 수 있는 자기효능감을 증가시키며 타인과 관계에서 영향력을 행사할 수 있는 문제해결능력 증진에 있다. 둘째, 사회복지사와 소속기관 수준의 실천이다. 목적은 클라이언트의 이익을 대변하기 위해 사회복지사들이 기관 정책에 영향을 줄 수 있는 방법들을 집단적으로 채택하며, 기관이 통제 · 관리하는 서비스와 자원의 전달 · 활용에 클라이언트가 최대한 참여하도록 하는 데 있다.

3. 장애인과 역량강화모델

장애를 사회적 기능과 관련된 장애인의 가능성을 제약하는 것에 초점을 두는 것으로 재정의함으로써, 의료모델에서 탈피하여 활동모델로 전환하는 경향이 있다. 이 모델은 개인과 환경 양자에 대한 사정을 모두 강조한다. 이 모델에 입각한 사회복지실천의 과업은 장애인에게 더 이상 개인적 재난에 대한 적응을 강요할 것이 아니라 장애인들이 행복한 삶을 충분히 누릴 수 있도록 개인적 자원과 지역사회 내의 사회·경제적 자원을 찾아내도록 돕는 것이다. 원조전문가는 장애인들이 스스로 역량을 강화하는 과정에서 동맹자 역할을 수행해야 하며, 장애를 억압의 일종으로 이해해야 하며 사정 내용을 역량강화의 방향으로 잡아야 한다.

역량강화모델은 클라이언트들이 사회정의를 증진할 수 있는 사회정책과 자신을 둘러싼 환경의 변화를 촉진하고 또 자신의 능력을 성취하도록 돕는다(Lee, 1996). 특히 역량강화모델의 실천에서는 강점 사정이 유용한 도구로 활용될 수 있다. 원조전문가는 클라이언트가 동기를 스스로 부여하고 자신을 능동적 존재로 볼 수 있도록 돕는다. 또한 원조전문가가 클라이언트의 이익을 위해 행동하는 것보다 클라이언트가 직접 행동하도록 돕는 것을 강조한다(Rothman, 2003).

제3절 탄력성모델

1. 탄력성 개념

웹스터 사전에서는 탄력성(resilience)을 "극도로 긴장하거나 압박을 받은 후 되돌아오거나 회복되는 행동·힘·활기·좋은 기분을 회복하는 행위"로 정의하고 있다. 또한 다수의 연구자들은 탄력성을 역경을 통해 더 강해지고 더 많은 자원을 보유할 수 있는 능력이나 위기·도전에 반응하여 이를 감당하고 스스로를 바로 세우며 성장하는 적극적 과정으로 이해하고 있다.

프레이저와 갈린스키(Fraser & Galinsky, 1997)는 탄력성 개념의 핵심 요소로 세 가지를 제시하고 있다.

첫째, 높은 위험에 노출되어 있음에도 불구하고 성공적인 상태를 유지하는 것, 둘째, 어려움 속에서 자기효능감을 유지하는 것, 즉 위험한 상황에 성공적으로 적응하는 것, 셋째, 정신적 외상으로부터 회복하는 것, 즉 부정적인 사건을 성공적으로 조절하는 것이다. 이상의 사실은 탄력성을 위험한 상황에서 성공적으로 기능하는 능력으로 이해하며, 성공적 경험을 통한 배움과 자원의 확보라는 요소가 더해지는 과정을 의미한다.

2. 탄력성모델의 내용

가족을 연구하는 학자들은 고위험 상황에서도 적응적인 가족을 발견하고, 이들 가족이 고위험 상황에서도 얼마든지 생존하는 개인 탄력성 개념과 유사하다고 여겨 가족 탄력성이라 명명하게 되었다. 가족 탄력성은 가족 내의 개인에 초점을 두는 것이 아니라 가족을 하나의 전체적인 기능단위로 보고자 한다. 특히, 강점 관점이 가족 탄력성의 주요 관점으로 제기되면서 고위험 혹은 스트레스 상황에서 잘 적응하는 가족의 자질 혹은 가족의 적응적 능력이 무엇인지에 대한 관심이 높아지게 되었다. 탄력성을 정의하는 몇 가지 공통점을 살펴보면 다음과 같다(김미옥 외, 2005).

① 탄력성은 곤경에 직면해서 표면화된다. 즉, 가족 탄력성은 가족이 위기를 경험할 때 가족의 평형상태를 유지하려는 자질이다. 이것은 '체계변화' 개념과 유사하다.

② 탄력성은 탄성(buoyancy)의 특성을 갖는다. 실패로부터 회복할 수 있는 능력 혹은 이전의 기능상태로 되돌아가는 능력은 가족이 일시적 스트레스 상황에 있어도 기본 구조의 변화에 저항하면서 이전 기능과 유사한 상태로 되돌아가는 것을 의미한다. 즉, 탄력적 가족은 위기 이전 수준으로 되돌아가서 다시 시작할 수 있음을 의미한다.

③ 탄력성은 병리보다는 건강으로 보는 경향이 있다. 따라서 탄력성에 근거한 접근은 가족이 왜 실패하는지가 아니라 어떻게 성공하는지를 보려고 한다.

3. 장애인과 탄력성모델

장애는 탄력성 개념의 적용 가능성이 매우 큰 분야이다. 장애인은 선천적이든 후천적이든 장애인으로서의 정체성을 획득하고, 사회를 통합하는 과정에서 여러 가지 심각한 도전에 직면하게 된다. 이는 탄력성모델에서 논의하는 고위험 상황과 매우 유사한 상황이다(Rothman, 2009).

탄력성모델에 기초한 연구들은 장애라는 고위험에 직면한 개인이 어떻게 생존하며, 고위험에도 불구하고 어떻게 성공적으로 적응하는지를 탐색한다. 탄력성 접근은 장애인으로서 정체성을 확립해야 할 아동기 및 청소년기 중 갑작스러운 장애를 맞게 된 중도장애인들에게 적응을 지원하는 전략이 될 뿐 아니라, 발생 가능한 문제를 예방하는 데도 유효한 전략이 될 수 있다(김미옥 외, 2005). 그리고 장애인가족의 경우 장애 유형과 장애에 따른 가족의 스트레스 및 경제적 부담으로 인해 탄력적인 가족으로 성장하기 어려운 점이 있다. 따라서 원조전문가는 장애인과 그 가족의 탄력성 및 적응력 향상의 중요성을 인식하고 장애인가족들에게 직접적이고 실천 가능한 가족지원 프로그램을 개발·보급함으로써 장애인 개인과 가족이 상황을 잘 대처할 수 있도록 가족지원 대책을 마련해야 한다.

제4절 사례관리모델

최근 사회복지실천현장에서 사례관리(case management)가 강조되고 있는 추세이며, 특별히 장애인복지 영역에서 사례관리는 장애인들에게 제공되는 서비스의 질 향상을 위한 중요한 요소라고 할 수 있다. 중증장애인들은 장애를 지니고 평생을 살아야 하므로 변화하는 욕구에 대응하여 다양한 복지 서비스를 지속적으로 제공해야 하므로 장애인복지 분야에서 사례관리에 대한 개괄적인 이해가 필요하다.

1. 사례관리의 등장 배경

사람들의 다양한 욕구를 중심으로 다루어야 하는 대인복지 서비스 분야에 있어서 전문가와 서비스 이용자 간의 개별적인 도움을 제공하는 단편적인 차원을 넘어 보다 체계적이고 통합적인 방법이 필요하게 되었다. 우리나라의 경우는 장애인복지 · 노인복지 · 정신보건복지 분야 그리고 지역사회복지 분야에서 사례관리 개념을 적용하여 클라이언트에게 통합적 서비스를 제공하고 있다.

사례관리의 등장 배경으로는 첫째, 탈시설화 및 지역사회 보호기능의 강조, 둘째, 복합적 욕구를 지닌 서비스 인구의 증가, 셋째, 통합적인 서비스체계 필요성 증가, 넷째, 서비스 비용절감 필요성 증대와 복지 서비스의 비용효과 문제, 다섯째, 사회복지 환경의 변화로 서비스 전달의 지방분권화 등이 있다.

2. 사례관리의 개념 및 목적

목슬레이(Moxley, 1989)는 사례관리가 복합적이고 장기적이며 다양한 욕구를 가지고 있는 클라이언트를 대상으로 하며, 클라이언트의 개별적인 상황에 따른 원조계획을 세우는 것이 특징이라고 보았다. 특히, 사례관리는 자신의 자원 · 가족 · 친구 · 이웃 등의 비공식자원과 공식자원을 연계 · 조정하는 서비스체계라고 보았다. 따라서 사례관리는 클라이언트의 복지와 기능향상, 서비스의 효율성 증진을 위한 목적을 갖는 것으로 보았다. 엄명용 등(2000)은 사례관리를 복합적 · 장기적이며, 다양한 욕구를 지닌 클라이언트와 가족을 대상으로 개별적 상황에 따른 원조계획을 세워 클라이언트의 자원과 가족 · 친구 · 이웃 등의 비공식자원 그리고 각종 수당과 급여와 같은 공적 프로그램과 서비스를 연계하여 클라이언트의 복지추구와 기능강화, 서비스의 효과성 증진을 도모하는 서비스체계로 설명하고 있다.

이렇게 볼 때, 사례관리의 개념과 모델은 매우 다양하게 활용하고 있어서 이를 일관되게 규정하기란 쉽지가 않다. 초기에는 중증장애인과 치매노인 등이 갖고 있는 복합적이고 장기적인 문제를 효과적이고 효율적으로 관리하기 위해 사례관리가 도입되었다. 그러나 최근에는 구체적인 문제해결과 단기관리까지 포괄하고 여러 다양한 활동을 기술하는 매우 폭넓은 용어로 사용한다(한국사례관리학회, 2011)는 점을 이해함으로써 사례관리를 보다 유연한 개념으로 받아들이고 적용할 수 있어야 한다. 사례관리의 목적은 서비스 수요자인 클라이언트의 복합적인 욕구를 충족하여 궁극적으로 클라이언트의 삶의 질을 개선하는 데 있다.

3. 사례관리의 구성요소

사례관리의 구성요소는 다음과 같다(한국사례관리학회, 2011).

첫째, 클라이언트는 다양하고 복합적 욕구가 있어서 한 가지 이상 사회자원이 필요하지만 자원의 소재와 이용 방법을 모르는 사람을 말한다. 지역사회복지기관을 중심으로 저소득층가족 · 아동 · 청소년 · 노인 · 장애인 등 신체 · 정신 · 경제 · 사회문제 등 복합 문제를 가진 다양한 클라이언트가 대상이 될 수 있다.

둘째, 사례관리자는 클라이언트와 사회적 자원을 효과적 · 체계적인 방법으로 연계하는 역할을 수행한다. 다양한 서비스 공급주체에 의한 사회자원을 클라이언트가 활용하여 욕구를 충족해 갈 수 있도록 촉진하고, 조정 · 연결해 나감으로써 클라이언트 자신의 능력을 향상하고 서비스 공급

주체들의 능력을 발전시키는 것이 사례관리자의 역할이다.

셋째, 사회자원은 물적·인적 서비스를 제공하고 지원하는 다양한 차원의 공급주체를 말한다. 가족·친척·동료·이웃·자원봉사자 등 비공식 부문과 행정가·행정기관·공공복지시설·법인 등 공식자원이 클라이언트의 문제 해결을 위해 조정·통합되어 필요한 서비스로 제공된다. 사례관리가 성공적으로 운영되려면 사례관리자와 기관은 클라이언트의 문제와 욕구에 부합하는 자원을 조직화하고, 신속하게 조정하는 역량을 갖춰야 한다.

4. 장애인 사례관리의 필요성

장애인복지 분야의 사례관리는 복지재정의 축소 압박과 서비스의 분산성 극복, 장애인복지 서비스의 효율성 극대화 요구에 대한 대응방안으로 시작되었다. 이를 좀 더 자세히 살펴보면 다음과 같다.

1) 장애인복지 패러다임의 변화

사회통합·정상화·탈시설화·자립생활운동의 영향으로 장애와 장애인에 대한 관점뿐만 아니라 개입전략 또한 변화되었다. 장애인을 시혜적 대상으로 여기던 시각에서 탈피하여 장애인의 자기선택과 자기결정권을 강조하게 되었고, 생애주기와 장애 정도 등을 고려한 개별화된 개입과 지역사회자원 활용을 강조하게 되었다.

2) 장애인의 삶의 질 향상에 대한 강조

장애인의 인권에 관한 관심 확대와 함께 삶의 질 향상에 대한 관심 또한 확대되었다. 탈시설화 등의 영향으로 지역사회에서 생활하게 된 장애인구 규모가 확대되면서 다양한 지역사회서비스들이 확충되었으며, 이를 보다 체계적으로 장애인들에게 제공하는 것이 장애인의 삶의 질 향상에 도움이 된다는 점에 주목하게 되었다. 장애인과 가족에게 사례관리가 필요한 이유는 다음과 같다.

첫째, 심각한 장애를 지닌 경우 전통적 사회복지실천을 통해서는 상황이 개선되기가 어렵다. 둘째, 장애를 지닌 경우 장기간 서비스가 필요하며, 클라이언트의 문제가 완전하게 해결되지 않기 때문에 사례관리가 필요하다. 셋째, 클라이언트의 욕구가 가족 · 친구 · 클라이언트의 네트워크 내에 있는 사람을 통해서는 충족되기 어렵고, 클라이언트에게 가용한 사회적 지지체계가 클라이언트의 욕구를 충족시키기에는 부적절하므로 사례관리가 필요하다. 넷째, 클라이언트의 부족한 대처기술, 낮은 자존감, 자원과 서비스 정보 부족 때문에 클라이언트의 욕구가 충족되기 어렵기 때문이다(Rothman & Sager, 1998).

3) 장애인복지 분야의 사례관리 동향

장애인복지 분야에서 사례관리실천의 시도는 1990년대 중 · 후반부터 이루어졌음을 관련 연구들을 통해 확인할 수 있으며, 이러한 시도들은 주로 장애인복지관을 중심으로 이루어졌다(김신실, 1996; 이준상, 1999; 정진모 외, 2006; 복지시설협회 · 장애인복지시설발전위원회, 2000). 이후 최근 30여 년간 양적으로 확대되어 온 장애인복지기관들이 자신들의 기능과 역할을 모색하는 과정에서 사례관리에 관심이 확대되었다. 특히 장애인 거주시설의 경우 정상화 · 사회통합 · 자립생활 이념의 영향으로 장애인들의 지역사회 통합화와 선택권을 강화하게 됨에 따라 거주시설에서 생활하고 있는 장애인들의 지역사회참여와 서비스 제공 과정에서 사례관리를 적극적으로 도입해 나가고 있는 실정이다.

지금까지 장애인복지 분야의 사례관리는 기관장의 의지나 사회복지사들의 개인적 역량에 좌우됐고, 최근에는 장애인복지시설평가 항목에 사례관리가 포함됨으로써 비교적 규모가 작은 시설인 주간보호센터, 단기보호센터, 공동생활가정 등에서도 사례관리를 도입하고 있다. 이와 같이 많은 장애인기관들이 사례관리를 적용하고는 있으나 기관과 사회복지사들의 사례관리에 대한 이해 수준에는 차이가 있어서 최근 사례관리 교육이 다양하게 이루어지고 있다(백은령, 2010).

5. 장애인복지 분야의 사례관리 실천 방법과 기술

사례관리자는 돕고 있는 장애인의 장애가 무엇이든 간에 그들과 다양한 방식으로 자연스럽게 의사소통을 할 수 있어야 하는데, 이는 신뢰관계를 구축하는 데 매우 중요한 역할을 한다.

1) 초기면접 및 관계형성 기술

사례관리자가 장애인을 어떻게 도울 수 있을지를 결정하기 위해 초기면접을 실시하는 것이 사례관리의 첫 단계이다. 사례관리자는 장애인 및 가족과의 신뢰관계 형성을 위해 감정이입과 진실성을 가지고 의사소통을 하도록 노력해야 한다. 장애를 지닌 클라이언트와 신뢰관계 구축은 사례관리자의 능력에 대한 신뢰, 장애인의 변화능력에 대한 사례관리자와 장애인의 신뢰, 장애인을 가치 있는 존재로서 신뢰하는 것을 의미한다. 사례관리자는 장애인의 정체성과 경험에 대해 공감은 하되, 동정이나 불쌍한 감정은 피해야 한다. 또한 장애와 관련해서 클라이언트를 속단하지 않아야 한다. 이와 더불어 인내심과 이해력을 향상해야 한다. 장애가 있는 클라이언트들과 함께 일하게 될 때 불안이나 불편함을 경험할 수 있는데, 이러한 감정에 담담해질 필요가 있다(Rothman, 2003).

2) 자료수집 및 사정기술

초기단계에서 문제가 명확해지면 개입 목표 설정을 위해 욕구를 정교화하고 구체적인 자료를 수집해야 한다. 사정 목적은 무엇이 변화되고 어떤 요소들이 문제를 유지하고 통제하는지, 변화를 위해 어떤 자원들이 필요한지, 어떤 변화들이 평가될 수 있는지에 대한 평가 정보를 모으는 것이다(Rothman & Sager, 1998). 사정은 총체적 관점에서 장애인의 다양한 문제와 욕구·약점·강점과 가용자원을 확인해야 한다. 이를 위해서는 충분한 시간과 적절한 사정도구 사용이 필요하다. 자료수집과 사정과정에 장애 당사자가 참여해야 하며, 포괄적이면서도 체계적 사정이 요구된다.

사정은 장애인의 욕구와 독립적 기능 능력과 비공식 지지의 정도, 공식적 지역사회 자원체계와 클라이언트의 감정을 포함해야 하며, 이를 위해서 충분한 자료를 수집해야 한다. 즉, 장애인의 소득·주택·직업·건강·정신건강·사회 활동·여가 활동·일상 활동·이동수단·교육 욕구와 신체·인지·정서·행동 면에서의 독립적 기능 능력 사정을 해야 한다. 그리고 자원 사정을 위해서 장애인의 가족구성원·형제·동료·이웃·다른 지역사회 접촉·모임구성원·단체·휴먼 서비스기구 등 비공식 지지망의 구조·상호작용, 이들로부터 받고 있는 지지 유형(도구·물질·사회적 지지)을 파악해야 한다. 끝으로 지역사회와 공공서비스·서비스기관·전문화된 복지 프로그램 등 공식적 지역사회 자원체계를 파악하여 자원목록을 만드는 것이 중요하다.

3) 계획 수립 단계

계획 수립 단계는 클라이언트의 욕구충족을 위한 목적을 발전시키는 과정이며, 목적 성취를 위해 서비스를 구체화하는 과정이다(Holt, 2000). 또한 사정단계에서 밝혀진 내용을 기초로 달성하고자 하는 변화목표를 분명히 하며, 변화목표 달성에 필요한 전략과 방법으로서 서비스의 패키지를 구성해 가는 논리적인 과정이라 할 수 있다(사례관리학회, 2011). 따라서 이전 단계에서의 적절한 사정이 이루어져야 적절한 목표와 적절한 수행방법, 구체적인 활동계획을 수립할 수 있다.

4) 실행 단계

실행이란 이미 세워진 개별화된 서비스 계획에 따라 개입이 이루어지는 것으로, 실행 단계는 사례관리과정에서 가장 가시적인 과정이며, 서비스 조정이 강조되는 사례관리의 중심기능 단계이다. 실행 단계는 클라이언트의 상황에 변화를 위한 방향으로 초점화되어야 하고, 계획 내에 포함된 다양한 서비스 제공자와 협력관계를 바탕으로 서비스가 연결될 수 있도록 노력하며, 서비스 이용가능성을 높이기 위한 옹호 활동(Walsh, 2000)과 변화의 지속성을 보장하기 위한 다양한 활동이 요구된다.

5) 점검 및 조정

사례관리자는 점검 및 조정과정에서 서비스의 흐름과 클라이언트 그리고 클라이언트와 함께 사례관리에 참여하고 있는 원조집단의 기능에 민감성을 가지고 각 단계별로 진행되는 과업들을 잘 관리해 나가야 한다.

(1) 조정

조정이란 수립된 계획의 수행과정에서 각각의 서비스가 클라이언트의 삶에 변화를 위한 방향을 향해 정렬될 수 있도록 전체를 지휘하는 활동이다. 이는 각 기관의 제공방침의 범위 내에 있는 서비스를 연결·연계하는 활동을 넘어 각 기관이 새로운 수요를 적극적으로 수용할 수 있도록 하는 의미에서 사례관리자는 경계 확장자로서의 기능을 수행한다.

(2) 점검

점검은 사회복지 실천과정에서 중요한 단계이며, 특히 사례관리과정에서의 점검은 개입계획서(ISP)에 충실한 실천을 하고 있는지, 실천과정을 통해 변화목표를 잘 달성해 가고 있는지, 클라이언트의 상황이나 서비스 환경에 변화가 없는지를 종합적으로 점검하는 과정이다. 점검내용은 개별화 서비스지원계획(ISP)과 서비스계약서가 될 수 있다. 이때 점검은 더 많은 지원을 제공하기 위한 것에 초점이 있으며, 활동을 감시하거나 평가하는 활동이 아니라는 점을 분명히 해야 한다.

6) 평가 및 종결 단계

사례관리에서 평가 및 종결 단계는 클라이언트에게 제공된 서비스, 클라이언트의 진척사항, 보호계획, 서비스 활동 및 서비스체계의 효과성, 효율성을 종합적으로 판단하는 과정이다. 평가는 사례관리의 통합적 노력이며, 사례관리에서의 평가는 사례관리자를 위해 형성되고 조정되는 서비스 계획, 구성요소, 활동들의 투자가치 여부를 측정하기 위해 이용되는 과정이다(엄명용, 2000).

클라이언트에 제공된 서비스가 의도한 결과를 가져왔는지, 제공된 서비스에 대해 클라이언트가 만족하는지, 처음 의도한 목표대로 진척이 있는지, 목표달성이 효율적으로 이루어졌는지 등 서비스와 서비스체계에 대한 결과 평가를 포함한다. 또한 보호계획이 과연 클라이언트의 욕구충족에 효과적, 효율적으로 이루어졌는지, 클라이언트에게 적합했는지 등을 최종적으로 분석, 판단하는 것을 포함한다. 사례관리자는 직접적 개입과 간접적 개입과정 모두에서 자신과 기관의 노력이 평가와 직접 연결된다는 점을 인식해야 한다.

사례관리과정에서 종결은 사례관리과정을 통해서 사례관리의 목표가 달성되었거나, 사례관리서비스가 클라이언트의 복지향상을 위해 더 이상 필요하지 않거나, 클라이언트의 중요한 변화나 클라이언트의 적극적인 거부의사로 인해 사례관리과정을 계속할 수 없을 때, 사례관리자의 전문적인 판단에 근거하여 서비스를 종결하는 것이다.

Social Welfare For The Person With Disabilities

PART II

장애인복지실천과 정책

CONTENTS

CHAPTER 06

장애에 대한 생애주기 접근

인간은 생애주기에 따라 그 과정에서 요구되는 파입으로 성장 · 발달하는 보편적 삶의 과정을 살아가게 되며, 그로 인한 개인적 욕구와 사회적 욕구를 가지게 되는데, 장애인에 있어서도 생애주기에 알맞은 복지 서비스가 제공되어야 한다. 따라서 장애인 및 장애인가족의 생애수기별 특성과 주요 서비스에 대해 살펴보고자 한다.

제 1 절 생애주기 접근의 개념

사람들은 누구나 전 생애에 걸쳐 유사한 방식으로 발달하지만 개인적으로 직면하는 생의 적응시기와 패턴은 조금씩 다르다. 이런 점에서 장애인에 대한 생애주기 관점은 장애로 인해서 겪게 되는 문제점들을 발달주기에 맞게 이해하고 효율적인 서비스를 제공하기 위해서 매우 필요한 접근법이라 할 수 있다.

제2절 생애주기별 특성과 주요 서비스

인간은 전 생애에 걸쳐서 발달하는데 영유아기 · 아동기 · 청소년기 · 청년기 · 중년기 · 노년기를 거치게 된다. 생애발달 단계에 대해서는 학자들마다 조금씩 다르게 제시하고 있지만 여기서는 심리사회이론을 제시한 에릭슨(Erik Erikaon, 1950)의 발달 단계와 마스(Mass, 1984)의 맥락적 발달 상호작용이론을 참조하여 영유아기(0~6세), 아동기(7~12세), 청소년기(13~19세), 청년기(20~39세), 중년기(40~59세), 노년기(60세 이후)의 6단계로 구분하였다. 장애인의 경우에도 이와 같은 유형화에 근거하여 생애주기별 특성과 서비스 욕구에 대한 내용을 살펴보고자 한다(표 6-1 참조).

• 표 6-1 • 생애주기의 유형화

구분	신복지 체계 (안상훈)	EU 사회정책 핵심지표	개인 · 가족의 생애주기이론
생애주기	아동 · 청소년기 (0~24세)	0~17세	태아기
			영 · 유아기(0~6세)
			아동기(7~12세)
			청소년기(13~19세)
	성인기 (25~64세)	18~44세	성인기(20~39세)
		45~54세	중 · 장년기(40~64세)
		55~64세	
	노년기(65세 이상)	65세 이상	노년기(65세 이상)

출처: 박시내 외(2013).

1. 영유아기(0~6세)

영유아기의 장애는 출생이나 그 직후에 발생하는데, 장애와 관련하여 출생 전 모자보건사업과 같은 정책적 개입으로 선천적 장애 발생 요인을 사전에 예방·교육·의료 지원으로 차단해야 한다. 장애가 초기에 시작된 아동은 가족의 과보호 경향으로 타인 및 주변 환경과 충분한 상호작용을 통한 교류를 경험할 수 없는 환경에 처해 적절한 인지와 신체발달에 방해요인으로 작용할 수 있다.

영아기는 타인에 대한 관심이 증가하며 다양한 능력을 획득하게 되는데, 장애를 얻게 되면 스스로가 장애를 인식할 수 있는 인지능력을 갖기도 전에 장애가 있으므로(김용득 외, 2001) 일반 아동들과는 다른 사회적 인식과 편견 속에 성장할 수밖에 없다. 장애를 지닌 아동은 주변 환경에 대한 신체·인지적으로 통제와 자각능력 습득과 학습에 어려움이 있다. 장애아동 가족과 주변에서 바라보는 장애아동에 대한 낮은 기대감은 장애아동의 능력개발에 제약을 주게 되고, 이는 발달에도 한계를 초래하게 되므로 지지적 환경에서 적절한 양육과 교육을 받는다면 영유아기에 요구되는 발달은 비장애아동에 비해 뒤지지 않을 수 있다.

이 시기는 부모의 조기교육 욕구가 크게 나타나는데, 영유아기 조기교육은 부모의 참여와 적극적 지지가 이루어질 때 효과적으로 수행될 수 있다. 바람직한 조기교육은 장애아동이 일반적 상황과 다르다는 점을 알게 하고 대처 방법을 습득하게 하여 장애의 한계를 직면·극복하는 자세로 주어진 과업을 수행해 나가게 도와야 한다. 사회복지사는 장애아동과 가족들이 필요한 장애복지 서비스 관련 자료와 정보·조언을 제공해야 한다.

2. 아동기(7~12세)

아동기는 체력·운동기술이 향상하고 신체발달이 안정되는 시기이다. 학습능력이 발달하고 또래아동과 협력을 배운다. 그러나 장애아동은 가족의 과보호로 타인 의존성이 높아지거나 반대로 부적절한 양육환경과 비장애인과의 교류부족으로 장애에 대한 적응력과 사회적응력이 감소되며 다양한 경험을 제공받을 기회를 박탈당할 가능성이 발생한다.

이 시기의 발달과업을 성공적으로 수행하려면 장애아동과 비장애아동의 균형 있는 통합을 위한 지지적 환경과 기술을 제공하고(Mass, 1984), 교육 목표는 치료적 개입보다 장애아동의 강점을 개발하고 약점을 보완하여 역량강화를 해주는 것이 중요하다. 장애아동의 부모들은 장애자녀에 대한 정확한 평가나 예후와 상관없이 일반유치원이나 초등학교에 진학시키는 데 필요한 학습과 치료에 집중하여 에너지를 소진함으로써, 이 시기에 습득할 일상생활 · 신체활동 · 대인교류 기술들을 소홀히 하기 쉬운데, 장애아동의 생애를 전체적으로 바라보면서 생애 주기적 지원 대책을 마련하고 지원해 주는 것이 중요하다(이동귀, 2002).

3. 청소년기(13~19세)

청소년기는 신체변화가 급속도로 일어나고 생식기능 성숙으로 이차 성징이 나타나며 자아정체감을 탐색하게 된다. 장애청소년들은 비장애청소년들과 같은 변화를 겪지만 때로 발달은 사회환경에 의해 어려움을 겪게 된다. 장애청소년은 자신의 정체성을 스스로 찾아가는 것이 아니라 장애인으로 불리는 사회적 정체성을 강요당할 수 있으므로 정체성 발달에 곤란을 겪게 된다. 따라서 장애청소년들에 대한 지지적인 여건을 제공하고, 긍정적인 자아정체감을 형성할 수 있도록 하는 것이 매우 중요하다.

장애청소년들에게 청소년기는 장애로 인한 학교생활과 교우관계, 불투명한 미래에 대한 불안과 절망, 좌절감을 경험하기 쉽고, 이로 인한 심리 · 정서적 어려움을 겪게 된다. 또한 성적 발달로 긍정적인 성적 성숙에 적응해 가는 것이 중요하지만, 외적인 미를 중요시하는 사회분위기에서 장애청소년들은 부정적인 성 정체성을 갖게 될 수 있고, 장애인을 무성적 존재로 여기는 사회인식으로 인하여 성교육을 제대로 받지 못하는 경우도 있다. 청소년기는 자기 탐색에 대한 시간이 필요하며, 이 과정에서 성과 장애에 대한 교육 프로그램 제공은 긍정적인 성 심리발달에 도움을 줄 것이다. 장애청소년들에게 방과 후 이용할 수 있는 다양한 서비스를 지원하고 졸업 후 진로에 대한 적절한 상담과 지원이 필요하다.

4. 청년기(20~39세)

청년기는 신체·정서적으로 부모로부터 독립하여 원가족 외에 사랑하는 사람과 가정을 이루고 자녀를 출산·양육하며 새로운 가족관계를 만들지만, 장애를 지닌 성인은 사랑과 결혼, 직업 활동을 성취하는 과정에서 장애는 또 다른 장애가 될 수 있다. 원가족의 보호능력이 감소하면서 장애인 자신의 자립적 능력이 증가하게 되고, 부모 이외의 사회적 보호체계를 칮게 되는데, 청년기의 대표적인 발달과업은 대인관계기술을 통한 사회적응력, 직업 활동과 성적 적응이다. 특히, 장애인은 사회적 활동과 관계형성의 기회를 제한받아 왔으므로 관심의 초점을 사회생활과 다른 사람에게 확대해 가는 것이 필요하다(이선우, 2009).

청년기에 장애를 갖게 된 사람들은 일반적인 자기 생활과 이미 개발된 자기 이미지와 개성을 갖고 있으므로 사회적응에 어려움을 겪게 된다. 이 시기에 중요한 고려사항은 자립으로 인한 자기 삶을 부모에게서 독립하고 결혼과 취업, 주거와 생활의 안정을 꾀하는 일이다. 청년기 장애인을 위한 직업훈련과 취업알선 등 고용활성화 방안을 늘려야 하고, 고용주들은 장애인에 대한 편견과 차별적 태도를 버리고 교육과 취업훈련 기회를 제공하며, 장애인고용지원과 같은 제도적 지원을 확대해 나가야 한다.

5. 중년기(40~59세)

중년기에는 배우자와 가정을 유지하고, 직장에서 경제 활동, 사회적으로 시민의 의무를 다하는 역할들을 수행해야 한다. 또한 자녀와 노부모를 동시에 부양해야 하는 이중적 책임으로 스트레스가 늘어나고, 신체적 건강과 체력이 약화되며, 여성은 폐경을 경험한다. 중년에는 많은 사람들이 당뇨와 고혈압, 심혈관계 질환에 의한 합병증과 각종 상해·사고로 장애를 갖게 된다. 중도장애를 지닌 사람들은 자신을 비장애인으로 인식하는 경향이 있으므로 적절한 재활과 정보에 취약하며 사회적응이 어려울 수 있다. 그러므로 장애를 수용하고 주변의 유사한 장애인들의 긍정적인 삶의 모습을 보며 상호 긍정적인 교류를 갖는 것이 삶을 성장시키는 훌륭한 방법이라 할 수 있다.

중년기에 중도장애를 지니게 되거나 오랜 기간 장애를 가진 사람은 지역사회에서 또 다른 자원이 될 수 있다. 그들의 성공적인 과업수행에 의한 삶의 성숙과 안정은 지역사회에도 바람직한 영향을 줄 수 있는 기회를 제공하고, 적극적인 활동증가는 미래 세대의 장애인들에게 사회적 공헌과 유산을 증가시킬 것이다.

6. 노년기(60세 이후)

노년기에는 신체적·사회적 상실에 대처해야 하는데, 이는 체력과 건강이 저하되고 은퇴로 인해 수입을 잃게 되면서 경제적 상황이 악화되고 배우자와 친척·친구와의 이별로 상실의 아픔을 경험한다. 자신의 죽음과 생의 순간들에 대한 생각들로 노년기는 절망에 직면하기도 하지만 한편으로는 자아통합에 이르려 노력하게 된다. 노인 전기는 신체와 건강 능력이 다소 저하되기는 하나 의료와 보건복지 혜택과 같은 사회제도를 이용하며 건강하게 살아간다. 그러나 노인 후기로 갈수록 노화와 장애로 인한 이중위험에 노출되면서 노년기 삶은 위협을 받게 된다.

오랜 기간 장애를 가지고 살아온 고령화된 장애(aging with disability) 외에도 노년기가 되면 평범한 일상을 누리던 사람들도 노화와 질병으로 인하여 다양한 양상의 장애를 얻게 된다. 재니키(Janicki, 2010)는 고령장애인의 경우 건강에 대한 의존성과 사회적 장벽을 경험한다고 하였다. 이러한 고령장애인들의 의존성을 최소화하고 사회적 장벽 해소에 필요한 핵심서비스와 부가적 서비스를 제시하였다. 노승현(2014)은 재니키(Janicki, 2010)의 이해를 바탕으로 고령장애인을 위한 사회적 지원방향을 표 6-2와 같이 건강한 노화, 활동적 노화, 친숙한 환경에서의 노화로 제시하고, 고령장애인의 사회적 지원방향으로는 장애 영역과 노인 영역에 적합한 서비스로 구분하여 그에 알맞은 자원연계의 필요성을 강조하였다.

• 표 6-2 • 고령화된 장애 지원방향

	건강관련 의존성	사회적 장벽
노화관련 위험	• 질병: 심혈관질환, 암, 호흡기장애, 근골격계질환, 비만 관련 질환 • 기능감퇴: 근육량 손실, 체력변화, 감각손상, 이동문제 • 인지적 감퇴: 알츠하이머병, 인지적 감퇴 • 노화관련 변화: 일차적 장애상태와 노화의 상호작용	• 보호자 사망, 허약, 은퇴, 이동 등 • 사회정책의 부재 • 선택에 기초한 주거 공간 부족 • 사회적 관계망 축소 • 재정의 자립적 원천 부족

↓ ↓

	장애영역 및 노인영역 서비스 연계
서비스	• 핵심서비스: 건강, 지역사회 활동, 주거서비스 • 부가적 서비스: 가족지원, 장벽철회, 소득지원 및 연금지원, 의료서비스 연계, 노후준비서비스, 임종서비스 등

↓ ↓

지원방향	건강한 노화 (Healthy aging)	활동적 노화 (Active aging)	친숙한 환경에서 노화 (Aging in Place)

↓ ↓

목적	고령장애인의 행복한 노후생활 지원

출처: 노승현(2014).

고령화된 장애(aging with disability)에 대한 지원방안을 살펴보면 다음과 같다. 첫째, 건강한 노화에 초점을 둠으로써 고령장애인에게 지나친 의료적 의존성을 갖게 하지 않으며 건강한 노화를 지원하는 정책이 뒤따라야 한다. 둘째, 고령장애인이 활동적 노화를 지향할 수 있도록 낮 활동 프로그램을 이용한 사회적 관계증진과 건강증진 프로그램, 자원봉사 활동 참여, 종교와 여가 활동 참여 등을 지원할 필요가 있다. 셋째, 친숙한 환경에서의 노화를 지향할 수 있도록 원조한다. 친숙한 환경의 노화는 노년학에서 제기된 개념으로 노년기에 입소시설에서 생활하는 것을 피하고 가족과 함께 생활하면서 친구와 이웃 등과 친밀한 관계를 유지하며, 주변 환경과 상호작용할 수 있도록 지원하는 것이다. 거주지에서 생활하는 삶의 질은 중요한 요소로(노승현 외, 2014) 장애노인이 심리적·사회적 장벽을 극복하고 건강한 노화·활동적 노화·친숙한 환경에서 행복한 노후를 영위할 수 있도록 관련 정책과 실천적 서비스지원을 모색해 나가야 한다.

제3절 장애인가족과 생애주기

산업화와 의료발달로 인한 인구의 고령화와 각종 사고·약물 오남용·난치성 질환의 발생 등으로 장애인구가 지속적으로 증가하면서 장애인가족의 수도 함께 늘어나고 있으며, 가족구성원 중에 장애아동의 출생은 가족의 위기로 작용하여 심각한 스트레스가 될 수 있다.

가족은 장애아동 출생 시부터 충격·슬픔·분노와 같은 부정 정서를 경험한다. 장애인의 성장과정과 일상생활의 연속선상에서 슬픔과 스트레스가 지속되며, 이로 인한 부정적인 정서는 가족들의 사회 활동 시 대인관계에 대한 소극적인 자세와 수치심·자존감 저하를 가져오기도 한다. 심한 경우는 만성적 스트레스·불안·무기력감을 경험하며 장애자녀 출생에 대한 죄의식과 자기비난을 나타내기도 한다.

장애자녀를 양육하는 장애가족의 문제점은 다음과 같다. 첫째, 장애인의 부모는 부부간 불화를 많이 경험한다. 또한 장애자녀 돌봄과 관련한 역할분담문제, 직업 활동의 제약, 사회생활의 철회 등이 부부간 갈등을 증폭시킨다. 둘째, 형제들은 장애형제로 인하여 부모의 관심이 줄어드는 것에 대한 결핍과 질투의 감정, 낙인 가능성에 대한 두려움, 유전적 요인에 대한 불안감이 나타나며, 장애형제에 대한 수치감, 제대로 보살피지 못할 것이란 죄책감, 부모의 보상심리에 따라 장애형제를 대신하여 성공해야 한다는 과잉기대로 인한 심리적 부담감이 따른다. 심지어 자신의 결혼문제와 관련하여 장애형제 존재 여부에 대한 심리적 갈등과 부모 사후 보호 부담을 느끼기도 한다. 이러한 심리적 스트레스는 가족갈등과 역할에 대한 긴장을 불러오고 가족 간 역기능적 상호작용을 초래할 수 있으며, 이는 생애주기에 따라 표 6-3처럼 장애인가족의 관심사로 나타나며, 개인적 욕구와 사회적 욕구로 이어진다. 이러한 욕구를 반영한 정부정책과 사회서비스가 강화되어야 한다.

• 표 6-3 • 장애인가족의 생애주기에 따른 관심사

생애주기의 단계	부모의 관심사	형제들의 관심사
아동기 (0~12세)	• 형제나 친지에게 알리는 것 • 서비스 탐색 • 장애가 지닌 것에 대한 긍정적인 의미를 발견하는 것 • 의사결정을 좌우하는 개인적인 관점을 분명히 하는 것 • 낙인의 문제에 대처하기 • 커다란 기대를 갖는 것 • 가족기능 수행을 위해 일상적인 생활을 조정하는 것 • 교육에 관련된 문제들에 대해서 적응하는 것 • 일반학급 통합과 특수학급 분리에 따른 문제를 분명히 하는 것 • 개별화 교육 회의에 참여하는 것 • 지역사회자원을 찾고 활용하는 것 • 교과목 이외의 아동의 활동을 조정	• 형제들의 욕구에 대해 부모의 시간, 에너지 할애가 줄어드는 것 • 관심이 줄어드는 것에 대한 질투감정 • 장애에 대한 잘못된 이해와 관련된 두려움 • 신체적 보호의 욕구에 대한 책임 분담하기 • 여자 맏이들이 위기를 맞을 가능성 • 놀이와 여가를 위한 가족의 자원이 제한되는 것 • 친구나 선생님에게 장애형제를 알리기 • 동생이 장애를 가진 형이나 누나를 앞지를 가능성 • 장애형제의 통합에 따라 같은 학교에 다니게 되는 문제 • 장애에 대한 기본적인 정보의 욕구
청소년기 (13~19세)	• 장애조건의 만성화 가능성에 대해서 정서적으로 적응하는 것 • 성적인 문제의 등장에 대한 이해 • 또래의 거부와 배제 가능성에 대하여 대처하는 것 • 직업생활에 대해 계획하는 것 • 여가생활에 대해 계획하는 것 • 사춘기의 신체적, 정서적 변화에 대처하는 것 • 학교교육 이후의 생활에 대한 계획	• 형제에 대한 과잉 동일시 • 사람들 사이의 차이점에 대한 폭넓은 이해 • 장애의 영향이 직업선택에 미치는 영향 • 낙인의 가능성에 대해 대처하기 • 형제훈련 프로그램에 참여하는 것 • 형제 지지집단에 참여하는 것
성인기 20세 이후 (노인기 포함)	• 후견인의 필요성에 대한 준비 • 성인으로서 적절한 주거의 형태를 구성하는 것 • 성인에게 의존성이 갖는 함의에 대해서 정서적으로 적응하는 것 • 가족 밖에서 사회화의 기회를 가질 수 있도록 대처하는 것 • 취업 및 직업훈련 프로그램 시작하기	• 재정지원에 대해 책임을 질 가능성에 대한 문제 • 유전적 문제와 관련된 걱정을 해결하는 것 • 결혼으로 인한 새로운 가족을 장애인에게 소개하는 것 • 직업·주거문제에 대한 정보의 욕구 • 형제들이 옹호인 역할을 분명히 하는 것 • 후견인 문제의 가능성

출처: 정진모(2000).

장애인들의 다양한 연령층과 장애유형에 따른 신체활동의 어려움으로 일상생활과 취업, 사회 활동 욕구가 다르게 나타난다. 장애인 관련정책은 이처럼 다양한 특성을 반영하지 못하며, 서비스 또한 장애유형과 특성별 욕구에 맞게 제공되지 못하는 경우가 많다. 따라서 장애인복지 서비스 전달체계를 공급자 중심에서 이용자 중심 서비스로 강화해야 한다. 이 외에도 장애인의 가족들은 다양한 욕구를 반영한 개별화된 가족 중심 서비스 부족과 부적절한 전달체계로 인한 스트레스를 경험한다. 따라서 장애인을 위한 조기교육·방과후 프로그램·재가복지 서비스·단기보호·주간보호·그룹홈·보육서비스·법률서비스·교통수단 제공이 필요하며, 연성서비스로는 개별상담·사례관리·부모교육 등 개인적·사회적 서비스가 필요하지만 서비스의 부족은 장애인을 돌보는 가족들이 장애로 인해 발생되는 추가적 비용지출과 지속적인 돌봄에 따른 장애인의 재활을 더욱 어렵게 한다.

또한 서비스를 계획·전달하는 전 과정에서 가족 참여가 효과적이지만 현실적으로 부모 참여가 제한되는 경우도 있다. 예를 들면, 시간과 경비, 자원 부족, 계획과정에 참여할 수 있는 지식과 기술부족, 만성적인 무기력·절망·체념 등이다. 이런 요인들은 가족들이 제한된 사회서비스와 지원체계로의 연결을 원활치 못하게 만드는 이차적 문제를 초래하여 재활서비스의 효과성·효율성을 저해시키는 요인이다.

더구나 한국은 후견인제도·위탁보호·그룹홈 등 주거보호서비스가 활발하지 않으며, 재정적 지원정책이 취약하므로 가족들이 경험하는 불안과 부담은 가중된다. 장애인가족 지원정책에 관한 과제를 살펴보면 다음과 같다.

첫째, 장애인에 대한 혜택 범위를 확대해야 한다. 저소득 장애인은 「국민기초생활보장법」으로 기초생계가 보장되지만, 장애인의 특수 욕구에 따른 다른 생계보조수단의 제공이 미흡하므로 비보호대상자들을 위한 생계지원이 확대되어야 한다.

• 표 6-4 • 장애인가족 지원 정책

구분	주요사업	지원내용
소득 보장	소득경감정책	• 교통수단에 대한 감경시책 • 교통약자특별교통수단 및 대중교통수단과 관련한 할인제도 • 정보통신요금 관련 감경시책 • 세금관련 감경시책 • 기타 경제적 부담과 관련한 감경시책
	장애수당	• 만 18세 이상 등록장애인 중 중증장애인에 해당하지 않는 자(종전 3~6급) • 국민기초생활보장수급자 및 차상위계층 • 생계 또는 의료급여 수급자: 월 6만 원 • 주거 또는 교육급여 수급자, 차상위계층: 월 6만 원 • 보장시설 수급자: 월 3만 원
	장애아동 수당	• 만 18세 미만의 등록장애인으로 국민기초생활보장수급자 및 차상위계층 • 장애정도: 중증장애인에 해당하는 자(종전 1급, 2급 및 3급 중복), 경증장애인(종전 3~6급) • 생계 또는 의료급여 수급자 중증장애인: 월 22만 원 • 생계 또는 의료급여 수급자 경증장애인: 월 11만 원 • 주거 또는 교육급여 수급자, 차상위계층 중증장애인: 월 17만 원 • 주거 또는 교육급여 수급자, 차상위계층 경증장애인: 월 11만 원 • 보장시설 수급자(생계 또는 의료) 중증장애인: 월 9만 원 • 보장시설 수급자(생계 또는 의료) 경증장애인: 월 3만 원
	장애인자녀 교육비	• 만 0~만 12세 장애아동 - 장애소견이 있는 의사진단서(만 5세 이하만 해당) 제출자, 특수교육대상자 진단·평가결과 통지서 제출자(만 3세~만 8세까지만 해당) • 지원단가 - 종일반: 47만 8천 원/월, 방과 후: 23만 9천 원/월 - 만 3~5세 누리장애아보육: 47만 8천 원/월 ※ 가구소득수준과 무관
	장애인자립금 대여	• 자활·자립이 가능한 저소득 장애인에게 자립자금을 대여하여 자활·자립 및 생활안정 도모함 • 성년(만 19세 이상) 등록장애인 - 소득기준: 가구의 소득인정액이 기준중위소득 50% 초과 100% 이하, 금융기관의 여신규정상 결격사유가 없는 자 ※ 국민기초생활보장법상의 수급자 및 차상위계층은 미소금융재단의 자금대여상품을 이용(자영업자 관련 대출자금, 장애인 자립자금 대출자금) - 대여목적: 생업자금, 생업용 자동차 구입비, 출퇴근용 자동차 구입비, 취업에 필요한 지도 및 기술훈련비 등 ※ 생활가계자금, 주택전세자금, 학자금 등의 용도로 융자 불가 • 대여한도 - 무보증대출: 가구당 1,200만 원 이내. 단, 자동차 구입자금의 경우 특수설비 부착 시 1,500만 원 이내) *요건: 재산세 2만 원 이상 또는 연간소득 600만 원 이상 - 담보대출: 5천만 원 이하 - 대여이자: 최고 2%('21년 3월 이전 3%) - 상환방법: 5년 거치, 5년 분할 상환

<table>
<tr><th>구분</th><th>주요사업</th><th>지원내용</th></tr>
<tr><td rowspan="3">의료 보장</td><td>장애인 의료비 지원</td><td>• 장애인 의료비 지원은 장애인의 장애 정도와 경제적 능력 등을 고려하여 의료비 부담을 덜어주고자 의료에 소요되는 비용을 지원하는 제도임
• 의료급여법에 의한 의료급여 2종 수급권자인 등록장애인
- 건강보험의 차상위 본인부담 경감 대상자인 등록장애인(만성질환 및 18세 미만 장애인)
• 의료기관 이용 시 발생하는 급여항목 본인부담금의 일부 또는 전액 지원(비급여 제외)
- 1차 의료기관 외래진료 본인부담금 750원 일괄지원
- 2차, 3차 의료급여기관 진료
• 의료(요양)급여수가적용
- 본인부담진료비 15%(차상위 14%, 암환자 5%, 입원 10% 등) 전액을 지원하되 본인부담금 식대 및 약제비는 지원하지 않음</td></tr>
<tr><td>보조기기 건강보험급여 적용</td><td>• 건강보험대상자: 적용대상 품목의 기준액 범위 내에서 구입비용의 90%를 공단에서 부담
*전동휠체어 · 전동스쿠터 · 자세보조용구는 기준액 · 고시액 · 실구입가액 중 낮은 금액의 90%를 공단이 부담(차상위는 100%)
• 의료급여수급권자: 적용대상 품목의 기준액 · 고시액 · 실구입가액 중 낮은 금액을 기금에서 부담</td></tr>
<tr><td>장애아동 의료재활 시설 운영</td><td>• 지원대상은 등록장애인으로, 지원내용은 장애의 진단 및 치료, 보장구 제작 및 수리, 장애인 의료재활상담 등
• 의료급여수급권자 및 시 · 군 · 구청장의 무료진료추천자는 무료, 그 외의 자는 실비부담</td></tr>
<tr><td rowspan="3">주거 보장</td><td>장애인 생활시설</td><td>• 장애인이 필요한 기간 동안 생활하면서 재활에 필요한 상담, 치료, 훈련 등의 서비스를 받아 사회 복귀를 준비하거나 장애인이 장애로 인하여 장기간 요양하는 시설 서비스를 제공하는 곳으로 국민기초생활수급자 우선 입소로 하며, 실비는 소득에 관계없이 입소 가능함</td></tr>
<tr><td>장애인 공동생활가정</td><td>• 등록장애인: 가정과 같은 주거환경에 거주하면서 독립적인 생활에 필요한 서비스 지원 받음</td></tr>
<tr><td>공동주택 공급 시 특별 분양</td><td>• 공공기관 및 민간업체가 국민주택 규모에 해당하는 공동주택 공급을 분양하거나 임대할 때, 등록장애인 중 무주택 세대주에게 특별공급함으로써 장애인의 주거안정을 지원함</td></tr>
<tr><td rowspan="3">양육 및 부양 지원</td><td>주간보호시설</td><td>• 재가장애인들이 해당지역 주간보호시설 등을 이용하는 것으로 낮 시간 동안 안전하게 보호함</td></tr>
<tr><td>장애인 재활지원센터</td><td>• 장애인의 재활을 위한 각종 재활정보 제공 및 정보화 지원, 장애인복지 조사 · 연구를 통한 관련정책 개발 및 장애인복지 전문인력 등에 대한 교육지원 등을 수행하며 장애인과 그 가족을 지원함</td></tr>
<tr><td>장애인 재가복지 봉사센터</td><td>• 가정에서 생활하는 장애인을 순회 방문하여 상담, 훈련, 교육, 치료 등의 종합적인 재활서비스를 제공하여 재가장애인의 재활과 자립을 돕고, 지역사회조직 등을 통한 지역사회 중심 재활의 사회적 분위기 유도 및 해결을 통해 전 장애인의 사회통합을 도모함</td></tr>
<tr><td rowspan="3">고용 보장</td><td>장애인고용 서비스 제공</td><td>• 장애인 구직자를 위한 맞춤훈련, 장애인고용기업을 위한 고용장려금 지원, 재택근무 지원 등의 실질적인 장애인 고용창출을 위한 것으로 한국장애인고용공단의 구직자를 위한 4가지 서비스는 구인구직 서비스, 직업능력평가, 보조공학기 지원, 근로지원인 지원 서비스 등이 있음</td></tr>
<tr><td>장애인 의무고용</td><td>• 상시 50명 이상의 근로자를 고용하는 사업주: 의무적으로 상시근로자의 일정비율(정부 · 공공기관 3.8%, 민간기업 3.1%) 이상을 장애인으로 고용
• 의무고용률 미준수 사업주에게 장애인고용부담금 부과(상시 100인 이상 사업체)
• 장애인 의무고용률을 초과 고용한 사업주에게 장애인 고용장려금 지급</td></tr>
<tr><td>장애인 직업재활시설</td><td>• 등록장애인으로 일반사업장의 취업이 어려운 저소득 중증장애인이 능력과 적성에 맞는 직업 활동을 할 수 있도록 보호고용 실시함</td></tr>
</table>

둘째, 장애인고용의 보편화를 위해 법적·제도적 조치를 강화해야 하며, 직업재활 사업은 장애 정도·유형별로 개별화된 직업재활 프로그램을 제공해야 한다. 또한 비장애인과 함께 지역사회에서 생산 활동을 할 수 있는 환경이 제공되어야 하므로 지역주민의 장애인에 대한 인식개선과 정책차원에서의 사업운영비 등 경제지원이 확대되어야 한다.

셋째, 장애인가족의 사회적 지지망을 강화해야 한다. 장애인가족은 사회적 편견으로 인해서 심리·정서적으로 위축되고 스트레스가 많으므로 장애인가족모임 및 가족교육 등 가족이 함께하는 사회적 지지망을 구축하여 심리·정서적인 지원체계를 강화해야 한다.

넷째, 일상생활 지원을 강화해야 한다. 중증장애인의 일상생활을 지원하는 장애인 활동보조 및 노인장기요양서비스 혜택을 늘려 장애인의 복지욕구를 충족시키고 자립생활과 사회참여를 지원하며, 가족의 수발부담을 줄임으로써 장애인가족 삶의 질을 향상해 나가야 한다.

CHAPTER 07

장애인복지 서비스와 장애인

이 장에서는 장애인복지의 특성과 장애유형별 장애인복지 서비스의 내용을 살펴보고자 한다. 장애인복지와 사회복지의 목적과 방법은 같으나 장애유형별로 장애인이 지닌 특성과 신체적 조건 및 처한 상황이 각기 다르므로 장애의 유형에 알맞은 적절한 서비스가 지원되어야 한다.

제 1 절 장애인복지의 특성

장애인복지는 넓게는 사회복지 틀 속에 공통된 특성을 가지고 있지만, 특정 장애인을 대상으로 하기 때문에 독특한 특성을 가질 수 있으며(남상만 외, 2003; 이채식 외, 2013), 장애인복지의 특성은 장애문제의 포괄성 · 종합성 · 역동성 · 책임성 · 생애주기성 · 지역성 등으로 정리해 볼 수 있다.

1. 포괄성

장애인복지는 전 생애(total life cycle)를 총체적으로 보아야 한다. 즉, 장애별 발달 단계에 따른 복잡성, 발달 단계별 서비스 영역의 다양성 및 시간성·대상의 종합성·장애유형 및 등급별 개별화·장애별로 나타나는 현상·연령을 동시에 고려해야 한다. 장애인은 의학·생리학적으로 불편할 뿐만 아니라 취학·취업·결혼 문제 등 전 생애에 걸쳐 나타나기 때문에 다중적이고 복잡한 구조를 지닌다.

장애는 손상부위에 따라 지체·시각·청각·언어·발달·장루 및 요루·심장·신장·정신장애로 분류되고, 손상정도에 따라 1~6등급으로 분류되며, 재활서비스 측면에 따라 정의되는 등 장애유형과 장애로 파생되는 문제도 다양하다. 장애문제는 사회가 가지고 있는 잘못된 장애인관, 사회·문화적 환경과도 깊은 관련이 있는데, 이러한 장애문제의 다양성과 복잡성은 장애인복지를 어렵게 하므로 복잡성과 포괄성이라는 특성을 가진다(이채식 외, 2013). 따라서 장애인복지 서비스를 수행하고 있는 모든 영역의 전문가들은 장애인의 전 생애를 총체적으로 다룰 수 있어야 하며, 인간발달 단계별로 나타나는 정상적인 발달 단계와 장애인과 가족이 겪게 될 단계별 문제를 다룰 수 있는 포괄적인 지식이 필요하다(손광훈, 2013).

2. 종합성

장애문제는 다양하고 복잡하기 때문에 해결방법도 다양하고 종합적으로 고려되어야 한다. 장애인복지를 수행하기 위해서는 사회복지의 거의 모든 방법이 동원되어야 하므로 각 분야에 대한 이해와 지식이 요구된다. 또한 장애인복지는 전인재활을 통해 성취될 수 있기 때문에 의학·교육학·심리학·사회학·공학·건축학·노동·사회보장·재활학 등 학문의 종합성을 요구하는 다학제간(interdisciplinary) 접근이 필요하다. 따라서 장애인복지는 한 분야의 전문가만으로는 서비스 목적을 이루기 힘들고, 각 분야의 전문가들이 한 팀으로 협력하여 조직적인 활동과 종합적인 서비스를 동시에 제공함으로써 그 효과성을 높일 수 있다(정영숙 외, 2003).

3. 역동성

장애인복지정책 실시 초기에는 정책수립자, 전문가 등이 중심을 이루었으나, 점차 장애인들의 의식이 높아지고 사회의 경제적 수준이 향상되어 가고 있으며, 장애요인의 증가 등으로 장애인 당사자들의 장애운동을 통한 장애인복지의 흐름들이 바뀌는 특징을 보이면서 장애인 스스로 참여할 수 있는 권리성을 확보하였다(양희택 외, 2011). 따라서 장애인복지는 모든 정책 · 제도 · 방법 · 기술 등이 장애인의 욕구에 따라 수시로 유연성 있게 적용되어야 하며, 사회변화와 환경에 역동적으로 적절하게 움직여야 하므로 역동성이라는 특성을 가진다(남성만 외, 2003).

4. 책임성

장애인복지는 한 인간의 재활문제를 다루는 공공적 성격을 띤 복지이기 때문에 책임성이 요구된다. 책임의 한계는 첫째, 장애인의 재활문제는 한 인간의 삶이 연계된 문제이기 때문에 이에 따른 책임이 부여된다. 둘째, 후원자에 대한 책임으로 최근 장애인복지는 국가뿐 아니라 민간, 특히 장애인복지기관에서 수행되는 경우가 많으므로 기관은 후원자에 대한 책임성을 입증할 수 있어야만 운영이 가능하다. 셋째, 사회적 책임성이다. 장애인복지는 개인이나 사적이 아닌 공적 · 사회적 목적에 의해 규정하는 활동이라는 점에 대해 입증할 수 있어야 한다(권선진, 2005).

5. 생애 주기성

장애는 특정 연령에만 해당하지 않는 특성이 있고 태어나는 순간부터

전 연령층에 해당된다. 따라서 아동·청소년·노인과 같이 다양한 인구학적 특성을 갖기 때문에 대책이나 접근이 복잡하다. 생애주기별로 유아·청소년·성인·노인에 이르기까지 각 주기에 따른 다양한 욕구를 가지므로 장애인정책 또한 생애 주기적 접근을 해야 한다(고명석 외, 2016).

6. 지역성

사회복지 서비스의 활성화로 장애인들의 활동이 시설이나 가정에서 지역사회복지관으로 그리고 지역사회로 확장되고 있다. 장애인을 일정한 테두리 안에서만 살게 할 것이 아니라 가능한 한 조기에 모든 재활서비스를 제공함으로써 사회에 통합될 수 있도록 해야 한다. 특별히 지역사회는 장애인을 구성원으로서 존중하고 그들이 살아가고 있는 지역사회 내의 물리적 장애장벽을 개선하여 자유로운 접근 환경을 조성해 주고 각종 문화 활동과 체육 활동 등 지역의 자원을 활용하여 삶의 질을 향상할 수 있도록 적극적으로 노력해야 한다.

제2절 장애인복지 서비스

1. 장애유형별 장애인복지 서비스

1) 지체장애

지체장애인의 경우 근육이나 관절을 오래 사용하지 않거나 마비가 장기간 지속되면 대부분 근력이 약해지거나 위축, 경직이 일어나기 때문에 정상적으로 움직일 수가 없다. 대부분 운동상의 제약이 가장 큰 문제로 나타나기 때문에 지체장애인에 대해서는 운동과 이동을 지원하는 서비스가 가장 필수적이다. 따라서 활동보조인서비스, 전동휠체어 및 전동스쿠터 지원, 휠체어리프트 및 엘리베이터 설치, 장애인 저상버스 지원, 장애인 콜택시 운행 등을 통한 이동권 보장, 공공기관이나 대중시설의 출입구 높이 차이 개선, 진입판 경사로 등의 장애인 편의시설 설치, 휠체어 이동통로 등을 확보하는 것이 절대적으로 필요하다(유동철, 2009). 지체장애인에 대한 공적 서비스 내용은 다음과 같다.

- **장애인보조기기 교부**: 등록장애인 중 「국민기초생활보장법」상의 수급자 및 차상위계층에게 보행차·좌석형 보행차·탁자형 보행차, 음식 및 음료섭취용 보조기기, 식사도구·젓가락 및 빨대·머그컵·유리컵, 컵 및 받침대, 접시 및 그릇, 음식보호대·기립훈련기·목욕의자·휴대용경사로·이동변기·독립형 변기 팔 지지대 및 등 지지대, 환경조정장치, 미끄럼 보드, 미끄럼 매트 및 회전 좌식, 휠체어이용 탑승자 고정장치 등을 지원하고 있다.
- **장애인보장구 구입 시 부가가치세 감면**: 부가가치세 감면 물품으로는 의수족·휠체어, 지체장애인용으로 특수제작된 키보드 및 마우스, 보소기(팔·다리·척추 및 골반 보조기에 한함), 지체장애인용 지팡이, 목발, 성인용 보행기, 욕창예방 물품(매트리스·쿠션 및 침대에 한함), 인공후두, 장애인용 기저귀 등이 있다.

2) 뇌병변장애

뇌병변장애는 두 가지 이상 중복장애를 갖는 경우가 있으므로 다른 장애와 달리 물리치료·작업치료·언어치료 등 의료서비스가 장기간 요구되는 범주이다. 특히, 중복 중증 뇌병변장애는 돌봄 부담에서부터 재활치료 및 교육에 관한 부담, 과도한 의료비 등 양육비용으로 인한 경제적 부담, 자녀의 장래에 대한 불안, 가족 본인의 심리적 불안정, 사회적 활동에서의 제약, 가족 내의 갈등 요인 증가 등의 어려움을 갖고 있는 것이 특징이다(이명희 · 김안나, 2012).

뇌병변장애는 다른 장애유형에 비해 취업과 고용유지가 어려운 장애로 분류되므로 직업적응훈련을 강화할 필요가 있다. 뇌성마비장애인들이 성인이 돼 직업을 찾을 때는 대근육을 요하는 직종이나 재활보조공학기기를 활용한 정신적 노동(사무직, 첨단하이테크 산업 관련 업종)을 하는 직종이 적합하다. 뇌병변장애인에 대한 공적 서비스 내용은 다음과 같다.

- 장애인보조기기 교부: 등록장애인 중 「국민기초생활보장법」상의 수급자 및 차상위계층에 대하여 욕창방지용 방석 및 커버 · 보행차 · 좌석형 보행차 · 탁자형 보행차 · 음식 및 음료섭취용 보조기기 · 식사도구 · 음식보호대 · 기립훈련기 · 목욕의자 · 휴대용경사로 · 이동변기 및 독립형 변기 팔 및 등 지지대, 환경조정장치로는 미끄럼 보드 · 미끄럼 매트, 휠체어용 탑승자 고정장치, 대화용장치 등을 지원하고 있다.

3) 시각장애

시각장애인에게 가장 필요한 것은 정보접근을 도와주는 장치이다. 점자 · 독서확대기 · 음성전환장치 등이 필요하다. 그리고 TV나 영화 등의 화면을 음성언어로 해설해 주는 화면해설방송도 매우 필요하다. 또한 이동을 지원해 줄 수 있는 활동보조인서비스, 흰 지팡이 및 GPS[1])를 장착한 지팡이, 점자 안내 표지판, 점자 블록 설치, 음향신호기 등의 지원이 필요하다. 경우에 따라서 시각장애 도우미견을 지원할 필요도 있다(유동철, 2009). 시각장애인에 대한 공적 서비스 내용은 다음과 같다.

- 장애인보장구 구입 시 부가가치세 감면: 부가가치세 감면 물품으로는 시각장애인용 점자정보단말기와 점자프린터 · 시각장애인용 특수 제

1) GPS는 'Global Positioning System'의 줄임말로 위성항법장치라고도 한다. 시각장애인이 사용하는 지팡이에 GPS를 장착하면 위치와 시간정보는 물론 만나는 사람들의 얼굴을 파악하여 음성언어로 알려주므로 외출이나 일상생활에 편리함을 도모할 수 있다.

작된 화면낭독 소프트웨어 · 흰 지팡이 · 인쇄물 음성변환 출력기 · 전자독서확대기 · 음성독서기 · 화면해설방송수신기 등이 있다.

- 방송수신기 지원: 저소득층 및 중증장애인에게 방송수신기(자막방송수신기 · 화면해설방송수신기 · 난청노인용 수신기)를 우선 보급하고 있고 한국방송통신전파진흥원에서 화면해설방송수신기를 보급하고 있다. 장애인 방송 시청지원을 위한 자막방송 · 화면해설방송 · 수어방송을 지원하고 있으며, 시각장애인 학생을 위한 EBS교육방송물을 자막 · 화면해설방송으로 제작하여 웹을 통해 지원하고 있다.

4) 청각장애

청각장애는 듣지 못하기 때문에 언어장애라는 또 다른 장애가 발생할 가능성이 있다. 따라서 수어통역센터를 확대할 필요가 있으며 일반인에게도 일정 정도 수어를 익힐 수 있는 기회를 제공해야 한다. 또한 음성언어를 이해할 수 없으므로 음성언어를 수어나 자막을 통해 다양한 정보를 습득할 수 있도록 방송 프로그램에 수어통역 및 자막방송을 지원해야 한다. 그리고 공연장, 상영물 접근을 위해 보청시스템 설치와 장애인 통신중계서비스(Telecommunications Relay Service, TRS)[2] 지원을 통해 전화를 자유롭게 이용할 수 있도록 해야 한다(유동철, 2009). 청각장애인에 대한 공적 서비스 내용은 다음과 같다.

- 장애인보장구 부가가치세 감면 혜택: 부가가치세 감면 혜택이 주어지는 물품은 청각장애인용 골도전화기와 인공달팽이관 시스템, 텔레비전 자막수신기, 청각장애인용 음향 표시장치 등이 있다.
- 청각장애인을 위한 방송수신기 지원: 방송수신기(자막방송수신기 · 화면해설방송수신기 · 난청노인용 수신기)를 저소득층 및 중증장애인에게 무료로

2) TRS란 청각 · 언어 장애인이 전하고자 하는 메시지를 수어통역사에게 문자나 수어영상으로 전달하면 수어통역사가 그 메시지를 통화 상대방에게 실시간으로 중계(통역)해 주는 것을 말한다.

우선 보급하고 있다.

- 인공달팽이관 수술비 지원: 청력회복이 가능한 저소득 청각장애인에게 인공달팽이관 수술비 및 재활치료비를 지원하고 있다.
- 수어통역센터 운영: 수어통역센터를 통하여 청각장애인이 관공서·법률 관련 기관 방문, 의료기관 진료 등의 경우에 수어통역 필요시 출장통역서비스를 실시하고 있다.

5) 언어장애

언어장애의 공통점은 의사소통이 부자유스러워 사회생활이 어렵다는 것이다. 선천성이나 유·아동기에 청각장애가 발생하는 경우 언어장애가 동반된다. 언어장애는 청각장애와 중복적으로 나타나는 경우가 대부분이므로 사회적 지원책도 거의 유사하다. 언어장애만 있는 경우 언어를 합성해 낼 수 있는 언어보조장치가 있으면 효과적이다. 예를 들어, 컴퓨터 자판을 두드리면 소리로 합성되어 음성언어로 전달되는 것이다(유동철, 2009). 공적으로 지원하는 서비스는 다음과 같다.

- 언어발달지원: 시각, 청각, 언어, 지적, 자폐성, 뇌병변 등록장애 부모 및 등록장애 조손가정의 만12세 미만 자녀에게 필요한 언어발달진단, 언어·청능 등 언어재활서비스, 독서지도, 수화지도 제공, 아동의 건강한 성장지원 및 장애가족의 자체 역량 강화
  - -신청자격: 만12세 미만 비장애아동(한쪽부모 및 조손가정의 한쪽 조부모가 시각·청각·언어·지적·자폐성·뇌병변 등록장애인)
  - -소득기준: 기준 중위소득 120% 이하
- 장애인보조기기 교부: 등록장애인 중 「국민기초생활보장법」상의 수급자 및 차상위계층에게 대화용장치를 지원하고 있으며, 수어통역센터 운영을 통하여 관공서·법률 관련 기관 방문, 의료기관 진료 등의 경우 수어통역 필요시 출장통역서비스를 실시하고 있다.

6) 신장장애

지속적인 의료서비스가 필요하므로 고액의 의료비 부담은 가정경제를 어렵게 만들어 빈곤에 빠지게 할 수 있다. 장애 정도에 따라 욕구 차이가 있는데, 중증은 의료비 감면, 장애수당 등 경제지원 필요성이 높고 경증은 직업재활 욕구가 높아 개별적 특성에 따른 지원대책이 필요하다(유동철, 2009). 공적으로 지원하는 서비스 내용은 다음과 같다.

- 투석비 지원 사업: 장기 투석 신장장애인은 투석에 따른 경제적 부담이 있으므로 1~2급 신장장애인으로 가구 소득인정액이 기준중위소득의 120% 이하 계층에 혈액 및 복막투석비를 지원하고 있다.
  - 혈액 투석비: 월 175,000원, 6개월 지원
  - 복막 투석비: 복막관류액 구입 지원대상자는 월 175,000원 한도 내 6개월 지원
  - 혈관수술 및 시술비는 최대 50만 원/이식검사비는 최대 100만 원 지원

7) 심장장애

심장장애는 호흡곤란으로 일상생활과 사회생활 및 직업생활이 어려워 대인관계가 축소되고, 경제능력이 상실되어 생활 곤란까지 경험하게 된다. 운동기능이 떨어지므로 이를 향상할 수 있는 운동 프로그램과 가사 관련 활동을 지원할 수 있는 서비스가 필요하다(유동철, 2009). 심장장애인에 대한 공적 서비스 내용은 다음과 같다.

심장장애인으로 국민기초생활보장수급자 및 차상위계층에게 수동휠체어 · 전동휠체어 · 스쿠터 · 욕창방지용 방석 및 커버 · 와상용 욕창예방 보조기기 · 미끄럼 보드 · 미끄럼 매트 및 회전 좌석 · 휠체어용 탑승자 고정장치, 독립형 변기 팔 지지대 및 등 지지대 · 환경조정장치 · 대화용장치 · 장애인용 의복을 지원하고 있다.

8) 호흡기장애

호흡기관에 장애가 있는 경우 일상적 거동이나 사회생활에 필요한 이동이 어려워 경제 활동을 유지하기가 힘들다. 따라서 호흡기장애는 의료비 지원이 필수적이며, 운동성이 현저히 떨어지기 때문에 운동기능을 향상할 수 있는 운동 프로그램과 가사활동을 지원할 수 있는 서비스가 필요하다(유동철, 2009). 공적 서비스로는 국민기초생활보장수급자 및 차상위계층에게 미끄럼 보드 · 미끄럼 매트 및 회전 좌석 · 휠체어용 탑승자 고정장치 등을 지원하고 있다.

9) 간장애

구토 · 식욕부진 · 헛배 부름 · 소화불량 · 체중감소 등이 나타나며, 진한 소변과 황달증상이 있고 잇몸과 코에서 피가 나고 성욕이 감퇴되며, 여성은 생리가 없어지기도 하고, 남성은 고환이 수축되기도 한다. 말기증상은 간세포 기능장애와 합병증이다. 간암으로 발전할 가능성이 많다. 간장애 또한 일반 내부장애인과 비슷한 서비스들이 요구된다(유동철, 2009).

10) 안면장애

안면장애는 계속되는 성형수술에 들어가는 의료비용의 사회적 분담이 필요하고, 안면장애가 줄 수 있는 거부감을 해소하기 위한 사회적 인식개선이 필요하다(유동철, 2009). 밀알복지재단에서는 안면장애아동 수술비 지원 사업을 실시하고 있다. 지원대상은 안면의 변형, 화상, 섬유종, 구순구개열 등을 지닌 전 연령 안면장애 대상자로, 안면장애 관련 수술 및 시술비로 최대 500만 원의 의료비를 지급한다.

11) 장루 · 요루장애

장루 · 요루장애인은 암 치료를 위해 수술을 받고 재발을 걱정하면서 살아가는 상황에 있다. 치료비용을 지속적으로 지출하는 부담을 안게 되며 장루 · 요루의 변형으로 수시로 배설되는 분비물로 사람들이 꺼리는 경향이 있다. 의료비 지원이 필수적이며, 사회적 인식개선을 위한 활동과 함께 주위의 눈치를 보지 않고 배뇨주머니를 바꿀 수 있도록 환경을 조성해 주는 것이 중요하다(유동철, 2009).

기준중위소득 120% 이하 장루 · 요루장애인 가구에게 보호판, 장루요루 주머니 등 의료케어제품 구입비 1인 연 230천 원 이내에서 지원한다.

12) 뇌전증장애

뇌전증(간질)은 뇌에 전기가 발생해 발작과 경련을 일으키는 질환으로 환자의 70%는 완치수준으로 치료가 가능하며, 난치성 환자를 제외하고 수술을 통해 정상생활을 영위할 수 있지만, 취업 · 결혼 등의 사회참여에서 많은 차별을 경험하고 있다. 난치성 소아뇌전증은 성인뇌전증으로 이행되며, 뇌전증으로 인한 지적장애의 사회적 비용이 유발된다. 따라서 뇌전증 수술에 소요되는 전극비용의 건강보험 수가적용, 소아뇌전증 및 난치성 뇌전증에 대한 산정특례 적용, 소아암 치료 지원 등이 필요하며, 사회적 인식개선, 취업 · 경제생활의 어려움 해소를 위한 지원이 시급하다.

13) 지적장애

지적장애는 유아기나 아동기에 발견되므로 이 시기부터 집중적 조기 특수교육과 재활 활동이 중요하다. 유아기와 아동기는 신체적 · 정신적 발달이 가장 왕성하므로 적절한 자극과 교육을 통해 발달을 지원할 필요가 있다. 학령기에는 통합된 환경에서 특수교육과 재활 활동지원을 받으면서 생활할 필요가 있다. 전환기 및 성인기 지적장애인에게는 사회적응 활동과 취업 활동지원이 필요하다. 이외에도 활동보조인 지원 및 자기결정권을 신장시킬 수 있는 활동이 필요하다(유동철, 2009). 공적으로 지원하는 서비스 내용은 다음과 같다.

- **지적장애인 자립지원센터 운영:** 지적장애인 자립지원센터를 통하여 상담지원, 지적장애인의 자기권리 주장 활동 및 사회참여 활동지원, 지적장애인 부모 및 종사자교육, 지적장애인 자립지원 프로그램 개발·보급을 실시하고 있는데, 도움이 필요하면 (사)한국지적발달장애인복지협회(☎ 02-592-5023)로 문의하면 된다.

14) 자폐성장애

자폐성장애인은 혼자서 생활하기 어려우므로 활동보조인서비스가 필요하며, 단순하고 반복적인 업무로 구성된 직업을 찾아줄 필요가 있다. 중요한 것은 중년기 발달장애인을 위한 특화된 복지 서비스가 마련되어야 한다. 중년기는 생애주기적 관점에서 볼 때 독립생활이 필요한 시기지만, 발달장애인에게 이 시기는 부모의 보호능력 감소와 조기 노화로 인해 타인 의존성이 높아지는 시기이므로 공적 지원이 확대되어야 한다. 중년기 발달장애인과 보호자의 사회적·경제적 활동보장을 위해서는 간병부담을 줄여줄 수 있는 장애인주간보호시설의 역할이 중요하다.

정부에서는 중·장년 장애인들이 지역사회에서 살아갈 수 있도록 지원체계를 마련하고, 증가하는 중년기 발달장애 인구수를 고려하여 특화된 정책마련과 전문적인 서비스를 제공해야 한다. 구체적으로 낮 시간 동안 제공되는 재활서비스를 통하여 신체적·심리적·사회적 향상을 유도할 수 있도록 주간보호센터를 세분화하여 성인장애자녀들을 수용할 수 있는 중장년 장애인주간보호센터를 확충해야 한다(중부일보, 2017.9.4). 공적으로 지원하고 있는 서비스 내용은 다음과 같다.

- **보조기기 교부**: 국민기초생활수급자 및 차상위계층에게 대화용 장치를 지원하고 있다.
- **발달재활서비스**: 지원대상은 만 18세 미만 뇌병변 · 지적 · 자폐성 · 언어 · 청각 · 시각 등록장애아동이며, 소득기준은 기준중위소득 180% 이하이다. 지원내용은 매월 17~25만 원의 발달재활서비스 바우처를 지원하되, 언어 · 청능 · 미술심리 · 음악 · 행동 · 놀이심리 · 감각발달 · 운동발달재활, 재활심리, 심리운동 등 발달재활서비스를 선택하여 이용할 수 있다(2023 장애아동가족지원 사업안내).

  발달장애인 공공후견인 심판청구 비용지원: 연령기준: 만 19세 이상 발달장애인(지적 · 자폐성장애인), 공공후견인 선임을 위해 가정법원 심판청구 시 소요되는 인지대와 행정비용 지원(청구 건당 최대 50만 원)
- **발달장애인 공공후견인 활동비용지원**: 가정법원에서 발달장애인의 공공후견인으로 선임 결정을 받은 자. 공공후견인 선임(월 150천 원)

  월 지급 상한(월 400천 원) : 1인 150천 원, 2인 : 300천 원, 3인 이상 : 400천 원. 공공후견법인에서 활동비 지급
- **발달장애인 부모 상담지원**: 발달장애인(지적 · 자폐성) 자녀를 가신 부모 및 보호자에게 상담서비스를 지원하고 있다.
  - 지원내용: 상담(개별/단체) 서비스지원, 1인당 월 160천 원 바우처 지원(초과금액은 본인부담). 월3~4회, 회당 50분~100분, 12개월간 제공 (특별한 경우 연장 최대 12개월 가능)
- **발달장애인가족휴식을 위한 지원**: 지원대상은 발달장애인 및 가족으로, 지원내용은 힐링캠프(가족캠프 · 인식개선캠프 · 동료상담캠프), 테마여행(역사 · 문화 · 기관 방문 등)으로 1인당 최대 지원금액 240,000원, 돌보미 및 캠프(여행도우미)를 발달장애인 2인당 1명까지 지원한다.
- **발달장애인용 방송 프로그램 지원**: 발달장애인이 쉽게 이해할 수 있도록 기제작된 영상물을 '알기 쉬운 자막 · 음성해설방송'으로 재제작하여 보급하는 서비스이다.
- **청소년 발달장애인 방과후활동서비스**: 청소년 발달장애인에게 방과후활

동서비스를 제공하여 의미있는 여가활동 및 성인기 자립준비지원, 다양한 참여 프로그램으로 방과후 돌봄사각지대를 해소하고 부모의 원활한 사회·경제적 활동 지원

-서비스 대상: 만6세 이상 만18세 미만 「장애인복지법」상 등록된 지적 및 자폐성 장애인. 이용자는 수급자격(제공시간)을 받아 원하는 지역 내 방과후활동 제공기관에 등록 후 소그룹을 구성하여 방과후활동서비스 이용, 제공기관은 취미·여가, 자립준비, 관람·체험, 자조활동 등 이용자의 욕구 및 상황을 고려한 다양한 방과후활동서비스 제공

-월 66시간(월~토, 일요일·공휴일 제외) 제공, 월~토(09~21시), 일일 최대 9시간

15) 정신장애

우리 사회는 정신질환에 대한 편견이 크므로 국민들의 인식전환을 위해 정신보건센터와 자치단체, 정신보건 의료인들은 정신장애의 이미지 변화를 위한 홍보와 교육에 주력해야 한다. 정신장애 분야는 그 어떤 분야보다 서비스 전달체계의 확립이 필요하다. 특히 병원과 정신보건센터, 사회복귀시설, 요양시설의 연계성을 보장해 주는 일련의 체계가 요구된다(유동철, 2009). 공적인 서비스로는 지역사회서비스 투자사업의 일환으로 바우처(voucher)제도를 활용한 정신건강 토탈케어서비스를 실시하고 있는데, 정신질환자의 조기 발견과 개입(생활관리)을 통한 입원 예방, 지역사회 적응, 취업 및 자립생활을 지원하는 것이다.

• 정신건강토탈케어 서비스(바우처)

지역사회 정신질환자 조기발견과 개입을 통하여 병원입원을 예방하고 지역사회에 적응하여 취업 및 자립생활을 할 수 있도록 지원하고자 함

- 대상: 정신장애인 또는 정신건강의학과 치료가 필요하다는 전문의 소견서 및 진단서 발급가능자로 기준중위소득 140% 이하
- 서비스 내용: 이용자의 증상과 기능수준에 따라 필요한 서비스 제공
- 제공주기와 시간: 주1회(월4회), 회당 60분, 1:1 재가방문 서비스 제공
- 기본서비스(질환의 증상을 고려하여 선택제공)
  - 초기 상담: 신뢰관계 형성 및 증상의 정도와 기능수준, 생활에 필요한 서비스 욕구, 지역사회 자원 등 점검
  - 위기상황 개입: 위기상황에서 안정할 수 있도록 가족 및 이용자에게 전문상담서비스를 제공하며, 입 퇴원 상황에서 필요로 하는 보건복지의료서비스들 연계
  - 증상관리: 증상이 악화되지 않도록 지속적인 확인관리 및 의료시스템과 연계하여 전문가가 처방한 약물의 규칙적인 복용을 지원함으로써 재발 방지, 현실과 증상을 구분할 수 있도록 인지치료 제공과 함께, 역할과 과제부여로 증상 완화 지원
  - 일상생활지원: 의식주와 관련된 생존의 욕구를 충족하는 데 필요한 기능을 회복할 수 있도록 다양한 생활매체를 이용하여 지원함
  - 사회적응 및 취업지원: 지역사회와 교류하며 관계를 만들어 갈 수 있도록 사회 참여에 필요한 기능을 익히고, 참여경험을 통하여 관계망을 확대할 수 있도록 지원, 취업에 필요한 기술 및 스트레스 대처법을 익히고, 자신에게 적합한 일자리를 탐색할 수 있도록 지원, 취업 후 안정적 적응을 위해 취업기관과 협력하여 상담서비스 제공

2. 장애인에 대한 공통적인 복지 서비스

장애인에 대한 공통적인 복지 서비스 내용을 살펴보면 다음과 같다.

1) 연금 · 수당

(1) 장애인연금

장애로 인하여 근로상실 또는 현저한 감소로 생활이 어려운 중증장애인에게 매월 일정 금액을 연금으로 지급하여 생활안정을 지원하는 사회보장제도로 지원대상은 만 18세 이상의 등록한 중증장애인 중 본인과 배우자의 소득인정액이 선정기준액 이하인 장애인연금법상의 중증장애인이다.

• 표 7-1 • 장애인연금 지원내용

구 분	65세 미만	65세 이상
기초생활보장수급자 (일반재가/ 생계, 의료수급)	9만 원	432,510원
보장시설수급자 (일반/ 생계, 의료수급)	0원	0원
보장시설수급자 (급여특례/ 생계, 의료수급)	0원	8만 원
차상위계층 (일반/ 주거, 교육수급) ※생계·의료급여 수급자 제외	8만 원	8만 원
차상위계층 (급여특례/ 주거, 교육수급) ※생계·의료급여 수급자 제외	0원	15만 원
차상위초과(일반)	3만 원	5만 원

참조: https://www.mohw.go.kr/

(2) 장애수당 및 장애아동수당

① 지원대상

- 장애수당: 18세 이상의 등록장애인 중 장애인연금법상 중증장애

인에 해당하지 않는 자로 국민기초생활보장 수급자 및 차상위 계층. 단, 18~20세로서 「초 · 중등 교육법」 제2조에 따른 학교에 재학(휴학 및 의무교육대상자 중 유예자도 포함) 중인 자는 제외.

- 장애아동수당: 국민기초생활보장수급자 및 차상위계층(기준중위소득 50% 이하)의 만 18세 미만 장애아동. ※ '20.1.1일부터 18~20세의 「초 · 중등 교육법」 제2조에 따른 학교에 재학 중인 중증장애인은 중증장애아동수당과 장애인연금 선택신청 가능

② 지원내용

- 장애수당
  - 기초생활보장 생계 · 의료급여 수급자: 월 6만 원
    기초생활보장 주거 · 교육급여* 수급자 또는 차상위계층: 월 6만 원
    *주거 또는 교육급여 수급자(생계 또는 의료급여 미수급자)는 법적으로 기초생활수급자이나, 차상위계층에 해당하는 혜택을 부여
  - 보장시실 수급자(생계 · 의료급여): 월 3만 원
- 장애아동수당
  - 생계 또는 의료급여 수급 중증장애인: 월 22만 원
  - 생계 또는 의료급여 수급 경증장애인: 월 11만 원
  - 주거 또는 교육급여 수급* 중증장애인: 월 17만 원
  - 주거 또는 교육급여 수급* 경증장애인: 월 11만 원
    *주거 또는 교육급여 수급자(생계 또는 의료급여 미수급자)는 법적으로 기초생활보장 수급자이나, 차상위계층에 해당하는 혜택을 부여
  - 보장시설 입소(생계 또는 의료) 중증장애인: 월 9만 원
  - 보장시설 입소(생계 또는 의료) 경증장애인: 월 3만 원

  ※ 장애정도
  - 중증장애인: 장애인연금법상 중증장애인에 해당하는 자(종전 1급,

2급, 3급 중복)

- 경증장애인: 장애인연금법상 중증장애인에 해당하지 않는 자(종전 3~6급)

2) 보육 · 교육

(1) 장애아 보육료 지원

장애인복지카드(등록증)를 소유한 미취학 만12세 이하의 장애아동을 지원한다. 다음 아동에 대해서는 예외적으로 지원될 수 있다.

① 장애인 등에 대한 특수교육법 제15조에 따라 특수교육 대상으로 선정된 만3~5세 아동이 특수교육대상자 진단/평가결과 통지서를 제출한 경우

② 취학연령이 되었음에도 부득이하게 질병 등의 사유로 일반 초등학교 및 특수학교에 취학하지 못한 장애 아동

③ 장애인복지카드 또는 특수교육 대상자 진단, 평가 결과 통지서를 미소지한 만 5세 이하 영유아기 장애 소견이 있는 의사진단서를 제출할 경우

④ 장애아가 부득이하게 휴학한 경우에도 보육료 지원 가능

(단, 장애인복지카드 소지자는 6세 이상 12세까지 지원, 특수교육 대상자 진단/평가 결과 통지서를 제출한 경우, 6세 이상 8세까지 지원 가능)

• 서비스 내용

- 장애아반 편성아동은 587,000원 지원
- 만 3~5세 누리반(장애아)아동은 587,000원을 지원
- 일반아동반 편성 장애아동은 시/도지사가 고시한 연령별 보육료 수납한도액 지원
- 해당 읍면동 행정복지센터 직접 방문 신청
- 복지로 홈페이지(www.bokjiro.go.kr): 로그인 > http://www.moe.go.kr서비스 신청 > 복지서비스 신청 > 복지급여 신청 > 영유아 > 보육료(어린이집)

(2) 여성장애인 교육지원

지원대상은 등록 여성장애인이며, 지원내용은 여성장애인 사회참여 교육 지원으로 역량강화교육프로그램(정서안정, 사회성 향상, 기초 경제적 역량강화 등 자립능력 향상을 위한 프로그램), 상담 및 사례관리, 자조모임, 지역사회 연계 등이다.

3) 의료 및 재활지원

(1) 장애인 의료비 지원

지원대상은 「의료급여법」에 의한 의료급여 2종 수급권자인 등록장애인 및 건강보험의 차상위 본인부담 경감 대상자인 등록장애인이며, 지원내용은 의료기관 이용 시 발생하는 급여항목 본인부담금의 일부 또는 전액을 지원(비급여 제외)한다.

- 1차 의료기관 외래 진료 시 본인부담금 750원 지원
- 2차, 3차 외래 및 1 2 3차 의료기관 입원은 본인부담금 전액 지원

(2) 건강보험 지역가입자 보험료 경감

지원대상은 등록한 장애인이며, 지원내용은 장애인 소유 자동차는 건강보험료 산정 시 제외하며, 국민건강보험공단 지사에 신청한다.

- 건강보험료 책정 시 지역가입자인 등록장애인에 한해 연령·성별에 상관없이 기본구간(1구간)을 적용
- 산출 보험료 경감: 지역가입자 중 등록장애인이 있는 세대로 소득이 360만 원 이하인 동시에 과표 재산이 1억 3천 5백만 원 이하이며, 장애정도가 심한 경우 30% 감면, 장애정도가 심하지 않은 경우 20% 감면해 줌

- 장기요양보험료 경감: 장애정도가 심한 장애인은 장기요양보험료의 30% 감면

(3) 장애인 등록진단비 지급

지원대상은 「국민기초생활보장법」상의 생계급여 또는 의료급여 수급자로서 신규 등록장애인 및 재판정 시기가 도래한 장애인으로, 진단서 발급비용(지적장애 및 자폐성장애는 4만 원, 기타 일반장애는 1만 5천 원)을 지원하며, 장애판정을 위한 검사비용은 본인부담이다.

(4) 장애검사비 지원

지원대상은 등록장애인 중 장애인연금 및 중증장애아동수당 신청으로 서비스 재판정 및 의무 재판정으로 재진단을 받아야 하는 수급자 및 차상위계층인 자, 행정청 직권으로 재진단을 받는 자이며, 지원내용은 다음과 같다.

- 생계급여 · 의료급여 수급자: 소요비용이 5만 원 이상 초과금액 중 최대 10만 원 범위 내에서 지원
- 주거급여 · 교육급여 수급자 또는 차상위계층: 소요비용이 10만 원 이상 초과금액 중 최대 10만 원 범위 내에서 지원
- 직권 재진단 대상: 소요비용 관계없이 10만 원 이하 범위에서 지원

(5) 발달재활서비스

① 지원대상: 성장기 장애아동에게 정신적 · 감각적 기능향상과 행동발달을 위한 발달재활서비스를 지원하고 경제적 부담 완화(장애아동복지지원법 제21조)를 위하여 기준중위소득 180% 이하, 18세 미만의 시각 · 청각 · 언어 · 지적 · 자폐성 · 뇌병변 등록장애아동 대상

* 장애 조기개입을 위하여 장애등록되지는 않았지만 시각·청각·언어·지적·자폐성·뇌병변 장애가 예견되는 9세 미만 아동의 경우, 전문의가 작성한 발달재활서비스 의뢰서, 세부영역검사결과서 및 검사자료로 대체하여 서비스 신청 가능

② 지원내용: 매월 17~25만 원의 발달재활서비스 바우처를 지원하며, 언어·청능, 미술·음악, 행동·놀이·심리, 감각·운동 등 발달재활서비스를 선택하여 이용할 수 있다.

소득기준	총 구매력	바우처 지원액	본인부담금
기초생활수급자 (다형)	월 25만 원	월 25만 원	면제
차상위 계층 (가형)		월 23만 원	2만 원
차상위 계층 초과 ~ 기준 중위소득 65% 이하 (나형)		월 21만 원	4만 원
기준 중위소득 65% 초과 ~ 120% 이하 (라형)		월 19만 원	6만 원
기준 중위소득 120% 초과 ~ 180% 이하(마형)		월 17만 원	8만 원

(6) 언어발달지원

① 지원대상

- 감각적 장애 부모의 자녀에게 필요한 언어발달지원서비스를 제공하여 아동의 건강한 성장지원 및 장애가족의 자체 역량 강화하기 위한 목적으로 서비스 대상은 만 12세 미만 비장애 아동으로 연령은 신청일을 기준으로 판정하되, 대상자로 선정된 달의 다음 달부터 수급 대상아동이 만 12세가 되는 달까지 지원, 동일 가구 내 서비스 대상 아동이 두 명 이상인 경우에도 각각 바우처 지원
- 부모의 장애유형은 한쪽 부모 및 조손가정의 한쪽 조부모가 시각·청각·언어·지적·자폐성·뇌병변 등록장애인, 양쪽 부모 및 조손가정의 양쪽 조부모가 시각·청각·언어·지적·자폐성·뇌병변 등록장애

인인 경우 우선 지원

- 소득기준: 기준중위소득 120% 이하 (소득별 차등 지원)

② 지원내용: 언어발달진단서비스, 언어발달, 청능발달 등 언어재활서비스 및 독서지도, 수어지도, 논술지도 · 학습지도 등 교과목 수업 불가, 학습지를 이용한 지도 불가, 1회당 서비스 제공시간은 50분(부모상담 포함)이며, 매월 16~22만 원의 발달재활서비스 바우처를 지원한다.

(7) 장애인보조기기 건강보험급여(의료급여) 적용

① 지원대상: 등록장애인 중 건강보험 가입자 및 피부양자, 의료급여는 등록장애인 중 의료급여 수급자이다.

② 지원내용: 건강보험대상자는 적용대상 83개 품목에 대해 지급기준 금액의 90%까지 국민건강보험공단에서 지원(차상위는 100%), 의료급여 수급권자는 전동휠체어, 의지 · 보조기, 자세보조 용구 등 88개 품목에 대해 지급기준 금액의 100%까지 의료급여 기금에서 지원하며, 신청기관은 국민건강보험공단이며, 의료급여는 시 · 군 · 구청에서 담당한다.

(8) 장애인 의료재활시설 운영

지원대상은 등록장애인이며, 지원내용은 장애의 진단 및 치료, 보장구 제작 및 수리, 장애인 의료재활상담 등이며, 의료급여 수급권자 및 시 · 군 · 구청장의 무료진료 추천자는 무료, 그 외의 자는 실비를 부담한다.

(9) 여성장애인 출산비용 지원

① 지원대상: 「장애인복지법」 제32조에 의한 등록 여성장애인 중 출산한 자 및 4개월 이상의 태아를 유산 · 사산한 자이다.

② 지원내용: 출산(유산 · 사산 포함) 태아 1인 기준 120만 원(현금지원). 읍

· 면 · 동에 신청하면 된다.

4) 서비스

(1) 장애인 활동지원

신체적 · 정신적 이유로 원활한 일상생활과 사회활동이 어려운 장애인에게 활동보조서비스를 제공함으로써, 장애인의 자립생활과 사회참여 증진이 목적이며, 만 6세 이상~만 65세 미만 등록 장애인은 소득 기준과 무관하게 신청가능하며, 장애인생활시설 등에서 생활하는 장애인, 노인장기요양급여 이용 장애인 등은 신청할 수 없다.

서비스 내용은 신변처리 지원(목욕, 대소변, 옷갈아입기, 세면, 식사보조 등), 가사지원(쇼핑, 청소, 식사준비, 양육 보조 등), 물품구매, 복지시설 이용보조, 관공서 등 방문 및 귀가 시 동행, 외출 시 신체활동 지원, 이동의 보조(시각장애인 안내도우미 · 대리운전지원), 학교 등 · 하교지원, 직장 출 · 퇴근 지원, 야외 · 문화활동 지원 등이다.

- 월 한도액은 활동지원급여 월 936,000원(15구간, 60시간)~7,475,000원(1구간, 480시간)이며, 한시적 지원으로는 출산(월 1,247,000원), 자립준비(월 313,000원), 보호자 일시부재(월 313,000원)

(2) 장애아가족 양육지원

중증장애아동에 대해 양육자의 질병, 사회활동 등 일시적 돌봄서비스 필요시 일정한 교육과정을 수료한 돌보미를 파견하여 장애아동 보호 및 휴식지원을 하며, 가족관계 회복 및 돌봄부담 경감을 위해 장애아가족 문화 · 교육프로그램, 휴식 박람회, 가족캠프 등 휴식지원 프로그램을 운영한다.

신청자격은 18세 미만의 「장애인복지법」상 등록 장애정도가 심한 장애아와 생계·주거를 같이하는 가정으로 기준 중위소득 120% 이하 가정 무료, 소득 초과 가정은 이용료의 40% 본인부담을 한다.

서비스 제공기관에서 돌보미를 장애아동 가정에 파견하여 서비스 제공하며, 돌보미 기본임무는 학습, 놀이활동, 안전 · 신변보호 처리, 외출지원 등 장애아 양육지원, 장애아의 건강관리 및 응급조치 등 지원, 아동학대 발견 및 신고 역할을 한다.

(3) 언어발달지원

지원대상은 부모 또는 조손가정의 조부모 중 어느 한쪽 (조)부모가 시각 · 청각 · 언어 · 지적 · 자폐성 · 뇌병변 등록장애인의 경우, 만 12세 미만의 비장애자녀에게 지원하며, 소득기준은 기준중위소득 120% 이하이며, 지원내용은 매월 16만 원~22만 원의 언어재활 등 바우처 지원, 언어발달진단서비스, 언어 · 청능 등 언어재활서비스, 독서지도, 수어지도서비스를 제공한다.

(4) 장애인 거주시설 운영

지원대상은 무료이용 대상자의 경우 등록장애인으로서 국민기초생활보장수급권자 및 부양자가 없거나 부양을 받을 수 없는 자이며, 지원내용은 일반가정에서 생활하기 어려운 장애인에게 일정 기간 거주 · 요양 · 지원 등의 서비스를 제공하며, 시 · 군 · 구에서 담당한다.

(5) 실비 장애인 거주시설 입소 이용료 지원

지원대상은 실비 장애인 거주시설에 입소한 장애인으로 입소비용 중 매월 294,000원을 이용 중인 장애인 거주시설로 시 · 군 · 구에서 지원한다.

(6) 장애인 자동차 표지 발급

지원대상은 장애인 또는 장애인과 주민등록표상의 주소를 같이 하면서 함께 거주하는 배우자, 직계존 · 비속, 직계비속의 배우자, 형제 · 자매, 형제·자매의 배우자 또는 자녀의 명의로 등록하여 장애인이 주로 사용하는 자동차 1대이며, 장애인복지시설 및 단체 명의로 등록하여 장애인복지 사업에 사용하는 자동차, 지방자치단체 명의로 등록하여 장애인복지시설이나 장애인복지단체가 장애인복지 사업에 사용하는 자동차이다.

(7) 농어촌 장애인 주택개조 지원

지원대상은 농어촌에 거주하는 등록장애인인 주거약자로서 자기주택 소유자 및 임대주택 거주자이며, 지원내용은 농어촌지역 주택개조 지원으로 장애인 주거안정권을 확보하기 위하여 편의시설 개선에 소요되는 비용을 지원하며, 읍·면·동 주민센터에 신청한다.

(8) 공동주택 특별 분양 알선

지원대상은 무주택세대구성원인 장애인(지적장애 또는 정신 및 장애정도가 심한 뇌병변 장애인과 배우자 포함)이며, 지원내용은 청약저축에 상관없이 전용면적 85m^2 이하의 공공분양 및 공공임대주택 분양을 알선해 주고 있다.

(9) 무료 법률구조제도 실시

지원대상은 기준중위소득 125% 이하인 등록장애인이며, 법률구조공단에서 심의하여 무료 법률구조를 결정한 사건에 한한다. 지원내용은 중증장애인이 소송 시 법원에 소요되는 일체의 비용(인지대·송달료·변호사 비용 등)을 무료로 법률구조서비스를 제공하며, 무료 법률상담, 무료 민사·가사사건 등 소송 대리(승소가액이 2억 원 초과 시 소송 비용 상환), 무료 형사변호(단, 보석보증금 또는 보석보증 보험 수수료 본인 부담)이며, 4급 이하 등록장애인은 변호사 비용만 지원하고 인지대 등 소송비용은 본인부담이며, 대한법률구조공단 관할 지부에 유선 또는 방문상담(☎ 132, www.klac.or.kr)을 통해 지원받을 수 있다.

5) 일자리 융자지원

(1) 장애인 고용서비스

지원대상은 등록장애인이며, 지원내용은 장애인 취업지원서비스 제공인데, 장애인 직업상담과 직업능력평가를 통한 집중 취업 알선, 취업지원 프로그램 등 구직역량 강화 지원, 장애인 직업훈련 실시 및 훈련비 지원, 보조공학기기 및 근로지원인 서비스지원 등이다. 자세한 사항은 고용노동부(한국장애인고용공단 ☎ 1588-1519나 홈페이지 www.kead.or.kr 참조)의 도움을 받으면 된다.

(2) 장애인생산품 판매시설 운영지원

지원대상은 장애인직업재활시설 등에서 물품을 생산하는 장애인들이다. 지원내용은 장애인들이 생산한 물품의 판로 확보로 장애인 취업 확대 및 소득보장이며 설치지역은 시 · 도당 1개소(17개 지역)이며, 한국장애인직업재활시설협회(☎ 02-921-5053/1670-1030)에 문의하면 도움을 받을 수 있다.

(3) 장애인 창업점포 지원사업

지원대상은 장애인예비창업자 및 업종전환자이며, 지원내용은 장애인이 창업 시 점포 임대보증금을 5년 기간 이내, 1억 3천만 원 한도에서 대여하는데, 창업점포는 센터 명의로 전세권설정이 가능한 점포에 한한다. 자세한 내용은 장애인기업종합지원센터(☎ 1588-6072/02-2181-6555)의 도움을 받으면 된다.

CHAPTER 08

장애인복지실천 방법과 기술

장애인복지실천은 장애의 특성 자체가 복잡하고 다양하므로 매우 체계적이고 통합적인 노력을 필요로 한다. 장애를 지닌 남성과 여성이 직면하는 문제가 서로 다르고, 장애유형이나 연령, 장애 정도에 따라서 서비스 내용이 달라져야 하므로 상이한 접근 방법이 필요하다. 이 장에서는 장애의 사정과 도구, 개인 및 집단·지역사회 차원의 장애인복지실천과정에 대해서 살펴보고자 한다.

제 1 절 장애의 사정과 도구

1. 사정의 개념 정의

장애인복지실천과정에서 사정은 장애인의 문제를 이해하고 분석하며 해결하는 데 필요한 자료수집과정을 거쳐 수집된 자료를 바탕으로 분석·종합하는 과정을 말한다. 사정은 개입과정 전체에서 가장 핵심적인 부분으로서 문제를 판단하고 개입계획을 세우는 과정으로 장애인이 직면하고 있는 문제 상황을 확인하고 이해하며, 이를 해결하는 데 필요한 자료를 수집해서 장애인이 지닌 문제의 원인을 분석·추론하는 포괄적인 과정이다. 또한 사정은 장애인의 강점과 능력을 더욱 강화하고, 그 과정에 장애인과 가족의 참여를 이끌며, 장애인과 사회복지사가 동료관계의 파트너십을 갖는 과정을 말한다(정무성 외, 2015).

2. 사정의 기본방향

장애인에 대한 사정의 기본방향은 다음과 같다(정무성 외, 2015).

첫째, 사정은 개별화되어야 한다. 사정 절차와 방법을 적용할 때 개인별 특성에 따라 상호작용방식을 수정할 수 있어야 하며, 특히 클라이언트의 변화점검은 개인별서비스 지원계획에 기술된 각각의 목적이나 목표에 따라 이루어져야 한다.

둘째, 사정은 가족 중심 차원에서 이루어져야 한다. 클라이언트를 둘러싼 환경, 특히 가족은 클라이언트의 성장발달에 중요한 영향을 미치므로 그들의 발달을 촉진·향상하기 위해서 가족의 요구·강점·위험요인 등을 확인, 이를 클라이언트의 서비스에 반영할 수 있어야 한다.

셋째, 사정은 장애의 예방 및 최소화에 초점을 두어 이루어져야 한다. 장애를 조기에 발견하고 이들을 적절한 서비스 기관에 의뢰하거나 추적, 선별 및 진단 활동이 이루어질 수 있도록 배려해야 한다.

넷째, 사정은 대상에 맞는 서비스를 제공하는 데 유용한 방법으로 이루어져야 한다. 사정은 장애명칭에 관계없이 '어떤 도움을 필요로 하는지'를 구체적으로 결정하는 것이다.

다섯째, 사정은 다양한 출처·도구·영역 및 상황에서 얻은 정보에 기초하여 이루어져야 한다. 클라이언트의 전체적인 상태를 파악하기 위해서는 표준화된 검사도구와 부모와의 상호작용, 자녀에 대한 관심, 부모의 관찰 등에 의해 사정이 이루어져야 한다.

여섯째, 사정은 사회적으로 가치 있고, 수용 가능한 방법으로 이루어져야 한다. 사정은 목표를 확인하고 사정내용, 도구 및 방법이 클라이언트와 가족에 의해 수용가능하며, 그들의 관심사와 만족도를 사정하는 데 이용할 수 있는 방향으로 이루어져야 한다.

일곱째, 사정에 의한 의사결정은 다학문적 팀구성원들의 합의를 통해 이루어져야 한다. 즉, 사정에 의한 의사결정은 장애인의 조기발견 및 사정·평가와 관련된 교육·의료·보건 및 복지분야 등의 포괄적이고 다학문적 팀 구성원들의 합의를 통해 이루어져야 한다.

3. 사정에 포함될 내용

장애인복지실천은 사정을 통해 목표를 수립하고 개입을 통해 문제를 해결해 나가게 되므로 사정이 잘 이루어져야 한다. 효과적 개입목표를 설정하고 문제를 해결하려면 클라이언트에 대한 지속적인 사정과 클라이언트와 관련된 다양한 정보수집과 분석, 클라이언트 개인에 대한 상호이해와 신뢰는 물론 욕구나 문제, 개입방법에 대한 전문적인 접근이 필요하다.

1) 사정을 위한 영역 구분과 내용

장애인과 부모 또는 서비스 의뢰인이 기관에 처음 찾아오면 초기면접 후 얻어진 자료를 토대로 장애인과 가족의 개별지원계획 수립을 위한 사정 영역이 결정되고 사정팀이 구성·운영된다. 표 8-1에서는 사정을 위한 영역 구분과 내용을 제시하고 있다.

• 표 8-1 • 사정을 위한 영역 구분과 내용

구분	대상	영역	담당인력	내용
장애인 및 가족욕구, 지원체계, 강점지원 및 지지망	• 초기 사정을 거친 대상자	사회 영역	사회복지사	• 개인: 발달력, 교육력, 직업력, 건강상태, 주요 욕구 및 우선관심사, 희망지원 서비스 내용, 행동·심리적 특성 • 가족: 가족력, 경제력, 직업, 종교, 장애에 대한 지지도, 가족관계, 가족의 심리·사회적 상태 • 환경: 거주환경, 사회적 관계망, 사회보장 및 지원, 이동
기능 및 잠재적 능력	• 지체, 뇌병변장애 • 영유아기발달장애 • 일상생활에서 신체활동에 문세를 지닌 경우	의료 영역	의사 물리치료사 작업치료사 재활운동사 (특수체육)	• 신경학적 요인 및 기능평가 • 일상생활과 관련된 움직임/패턴 파악
	• 지적, 자폐성장애, 정신장애 • 정서적 어려움을 지닌 경우	심리 영역	심리치료사	• 지적능력 및 개인내력 편차와 잠재력 평가, 기질특성, 기능적 특성 파악, 행동특성 파악 • 장애인 및 가족 간의 관계 특성, 심리정서적 특성, 부모-자녀 간의 상호작용
	• 영유아 및 아동이 주 대상 • 인지, 사회성, 언어 등 발달지체를 지닌 사례	교육 영역	특수교사	• 전반적 발달수준 평가
	• 지적, 자폐성, 청각, 언어, 뇌병변장애 등 • 언어이해, 언어표현 문제	언어 영역	언어치료사	• 어휘력(수용언어, 표현언어 수준) • 조음장애 • 유창성장애 판별
	• 성인기의 지적, 자폐성장애 • 모든 유형의 성인 장애인	직업 영역	직업재활사	• 직업능력 평가 • 직업흥미도 및 준비도 평가 등 • 직업재활 가능성 탐색

출처: 권진숙 외(2012). 사례관리론. p. 350 재구성.

2) 사정의 구체적 영역

사회복지실천현장에서 사정의 구체적인 내용은 표 8-2와 같이 장애인과 가족의 욕구, 장애인의 기능적 능력, 비공식 지지망과 지지의 정도, 공식적 지역사회자원체계, 장애인과 가족의 강점 분석이 포함된다. 장애인과 가족의 소득·주택·직업, 건강 및 정신건강, 일상생활과 사회 활동·

여가 활동 · 이동수단 · 법률 · 교육적 요구를 파악해야 한다. 그리고 장애인의 신체 · 인지 · 정서 · 행동 측면에서 독립적인 기능 능력 사정이 이루어져야 한다. 장애인가족구성원 · 동료 · 이웃 · 타 지역사회 접촉 · 모임구성원 · 단체 · 학교, 대인서비스 조직 등 비공식 지지망의 구조, 상호작용, 이들로부터 받는 지지 유형(도구 · 물질 · 사회적 지지)을 파악해야 한다. 또한 지역사회 공공서비스, 대인서비스 기관, 전문적 복지 프로그램과 같은 공식적 지역사회자원체계 파악이 중요하다. 이때 각 자원의 유용성 · 적당성 · 적절성 · 수용성 · 접근성 등에 대해서도 파악해야 한다(권진숙 외, 2012).

• 표 8-2 • 사정의 구체적 영역

사정 내용	클라이언트 욕구	클라이언트 능력	공식적 지역사회자원체계	비공식적 사회적 관계망 및 지지
사정의 난위	1. 소득	1. 신체적 기능	1. 자원목록	1. 사회적 관계망의 구조
	2. 주택	2. 인지적 기능	2. 유용성	2. 사회적 관계망의 상호작용
	3. 고용 · 직업	3. 정서적 기능	3. 적당성	3. 정서적 수단
	4. 건강	4. 행동적 기능	4. 적절성	4. 수단적 지원
	5. 정신건강		5. 수용성	5. 물질적 지원
	6. 사회 활동		6. 접근성	
	7. 여가 활동			
	8. 일상 활동			
	9. 이동수단			
	10. 법률			
	11. 교육			

출처: 권진숙 외(2012). 재구성.

클라이언트의 개별적인 욕구를 보다 구체화하기 위한 욕구사정표는 표 8-3과 같다.

• 표 8-3 • 클라이언트 욕구사정

욕구 영역	사정 항목	
1) 소득	• 월소득과 출처 • 주요 부양자	• 사회보험 및 공적부조 수급 여부
2) 주택	• 주거소유형태(전·월세, 자가, 친척집 등) • 주거의 불편사항 • 주거설비구조(양옥·한옥, 화장실 형태, 층수, 방수 등)	
3) 고용·직업	• 현재 직업 및 직종 • 취업 혹은 이직 욕구	• 이전 직업 경험 • 직업소득 • 직업 관련 계획
4) 건강	• 현재 질병상태 • 건강에 관한 자기 인식	• 과거 병력 • 건강관리 방법
5) 정신건강	• 정신질환 여부 • 정서상태 및 성격	• 음주문제
6) 사회 활동	• 가족 및 대인관계	• 지역사회 활동
7) 여가 활동	• 여가 활동 기회 • 희망 여가 활동	• 여가 활동 종류
8) 일상 활동	• 자기관리(세면, 목욕, 옷입기 등) • 주거관리	• 음식준비
9) 이동수단	• 거동상태	• 교통수단
10) 법률	• 법적인 보호나 상담 욕구	
12) 교육	• 교육수준	• 교육 욕구 및 욕구 분야

3) 사정 방법

사정은 장애인과 그 가족의 능력, 환경자원 등에서 강점에 초점을 맞춰야 하고 긍정적인 면과 능력, 재능과 자원, 관심과 열망을 종합적으로 살펴야 한다. 사회복지사는 장애인과 가족의 문제에 집중하면서 이들의 욕구, 정신적·신체적 손상, 증상에만 집중하는 문제 중심 사정에서 벗어나 장애인과 가족의 협력이 요구된다. 즉, 장애인과 가족은 수동적인 입장에서 벗어나 자신의 문제를 해결하기 위해 사정과정에 적극적으로 참여할 필요가 있다. 사정은 이들의 강점과 탄력성에 근거하고, 이들과의 평등하고 협력적인 관계 속에서 이루어져야 한다(권진숙, 2012). 장애인과 그 가족을 사정하는 데 있어 연령에 따른 사정양식을 사용하여 각 영역별 사정에 필요한 정보를 획득할 수 있다(표 8-4 참조).

• 표 8-4 • 사정을 위한 정보제공서의 구성요소

구분	연령	항목	세부내용
아동용	0~15세	• 개인력 • 발달력 • 진단내용 • 교육사항 • 지역사회 이용 • 가족이 서비스 이용으로 달성하고자 하는 꿈 • 사회적 관계망 • 가족요구 조사서	• 출생 전·후 관련사항 • 발달력: 신체발달, 신변처리, 언어발달, 인지발달, 행동심리 영역 • 보육 및 교육기관, 적응도, 타 기관 진단내용, 치료내용 • 과거 또는 현재 이용하고 있는 지역사회기관 • 서비스 이용을 통해 궁극적으로 가족이 변화 또는 성취하려는 내용이 무엇인지 기술 • 이름, 관계, 물리적·정서적 지지, 유용한 정보·조언, 비판, 도움의 방향, 친밀도, 만남 정도, 알고 지내는 기간 등 • 자녀에 대한 정보, 가족과 사회적 지원, 경제적 문제, 타인에게 설명하기, 유아 돌보기, 전문적 지원, 지역사회서비스, 옹호, 기타
청소년/성인용	14세 ~성인	• 개인력 • 현 상황 • 개방질문 • 사회적 관계망 • 장애인 및 가족 요구 조사서	• 교육사항, 병력, 치료, 교육력, 취업경력, 지역사회이용, 기타 • 기초학습능력, 일상생활능력, 이동능력, 의사소통능력, 심리·사회정서 영역 • 향후 당신(또는 자녀)의 인생에서 가장 걱정하는 부분 • 본인(자녀)에 대한 생각 • 서비스 이용을 통해 달성하려는 꿈 • 이름, 관계, 물리적·정서적 지지, 유용한 정보·조언, 비판, 도움의 방향, 친밀도, 만남 정도, 알고 지내는 기간 등 • 경제적·소득 지원, 교육 지원, 문화·여가 활동지원, 의료·재활 건강 지원, 심리·정서·사회적 지원(법적 권리, 제도, 이동 등 관련서비스 내용 등), 돌봄, 휴식지원, 직업·고용 지원, 기타

출처: 박경수 외(2013).

4) 사례관리 사정표 작성방법

사정을 통해 획득된 정보들은 사례관리 사정표와 같은 형식을 사용하여 정리할 수 있다. 이는 개별화지원계획서를 만드는 기초자료로 사용된다. 표 8-6에 나타낸 사정표에 들어갈 구성요소와 작성방법은 다음과 같다(정무성 외, 2015).

(1) 장애인과 가족 사정 영역

① 강점과 능력

- 현재 장애인과 가족이 갖고 있는 개인능력과 환경자원 기록
- 장애인과 가족이 과거의 문제로부터 벗어나게 하고 현재와 미래의 변화 가능한 요소를 찾아 기록
- 긍정적 측면, 가족구성원의 효능감 및 자존감, 위기대처능력 등으로 표현되는 가족탄력성, 가족이 갖고 있는 내부자원 기록

② 요구 및 우선순위

- 욕구사정을 통해 파악된 장애인과 가족의 요구 정도, 객관적 긴급성, 해결 가능성, 현실 가능성을 고려하여 장애인 및 가족과 합의된 욕구를 우선 순위화하여 기록
- 문제해결을 위해 선택되는 욕구의 수는 실현 가능성을 고려하여 조정하여 기록

③ 장애인 및 가족의 자원(공식적 · 비공식적 자원, 지역사회자원, 지지망, 부가적 지원내용 등)

- 자원과 관련하여 장애인 및 가족에게 얻은 사회적 관계망을 기록(생태도 활용)
- 사회관계망 파악 후 장애인 · 가족구성원이 각각의 관계망과 어떤 관계를 맺고 있는지에 대한 내용 기록
- 장애인과 가족에게 제공되는 자원의 강도와 유형에 대해 기록
- 지원내용이 필요한 자원과 관련하여 파악된 지원의 내용

④ 장애인 및 가족의 고려점(내적 · 외적 장애물)

- 제시된 욕구의 해결에 방해되는 장애요인에 대한 기록
- 가족의 신체적 · 정신적 장애물 등의 내적 장애물에 대해 기록
- 가족 자신보다는 외적 환경이 어려움이나 장애를 초래하는 경우 외적 장애물에 대해서도 기록

⑤ 가계도 및 생태도(현재 · 미래) 작성

(2) 개인의 기능 및 잠재능력 사정

개인의 기능 및 잠재력 사정은 초기면접을 통해 장애인과 가족에게 필요한 해당 사정 영역을 선정하여 해당 영역 전문가가 실시하는데, 그 내용과 작성방법은 표 8-5와 같다.

• 표 8-5 • 개인의 기능 및 잠재능력 작성방법

항목	내용
영역	사정 영역 기록(예: 의료, 교육, 심리, 언어 등)
사정도구	각 영역에서 사용한 검사도구 및 방법 기재
사정결과	사정 영역에서 평가한 장애인 및 가족의 기능 및 잠재력 평가내용 기재
차기 선결과제	사정결과를 중심으로 영역별 차기 선결과제 기록
평가자	진단 및 평가자의 기록(※ 개별지원계획의 참여자가 되기도 함)
비고 및 특이사항	외부소견 자료나 기타 참고할 사항에 대한 기재

출처: 박경수 외(2013).

5) 사정회의

사정회의는 사정에 참여한 사람들이 모여서 표 8-6과 같이 '사례관리 사정표'의 영역별 사정내용을 공유하고 각 사정의 결과를 근거로 한 지

원목표들과 그에 따른 지원내용·역할 점검·재사정 시기 등에 관하여 결정한다. 또한 사정회의에서는 장애인 및 가족과 함께 하는 '개별지원계획'을 수립하기 위한 회의에 참석할 사람을 결정한다. 이는 개별지원 목표를 수립하는 데 있어 목표달성을 돕는 중요한 역할이나 자원이 되는 사람을 참석시켜 함께 개별지원계획을 작성하고 목표를 공유하며, 역할을 나누고 실행을 지원하기 위해서이다(정무성 외, 2015).

4. 사정도구

1) 사례관리 사정표

사정은 과학적이고 객관적이며 표준화된 검사를 토대로 이루어진다. 검사는 측정내용에 따라 능력을 측정하는 지능·적성·학습·적응·시각 등과 같은 검사와 경향성을 측정하는 성격·적응·흥미·동기·자아개념·태도·가치관·가정환경 등의 검사로 구분된다. 개인의 장애 및 문제는 복합성을 가지고 있기 때문에 한 가지 검사만으로 이해할 수 없다. 따라서 장애인에 대한 사정은 장애종류나 상태·특성·연령에 따라 적절한 검사를 실시해야 하고, 정확하게 채점·해석해야 하며, 여러 가지 검사를 동시에 실시하여 개인의 역동성을 파악해야 한다. 재활영역별 사정도구는 종류가 매우 다양하지만 의료재활 영역과 사회심리적 재활 영역에서 주로 사용되는 검사도구는 다음과 같다(정무성 외, 2009).

• 표 8-6 • 사례관리 사정표

이름		성별		연령	
사정 일시		유형	☐ 신 규 ☐ 재사정	사례 관리자	
장애인 및 가족 사정 영역					
1. 장애인 및 가족의 강점과 능력					
2. 장애인 및 가족의 주요 욕구 및 우선순위					
3. 장애인 및 가족의 지원, 자원(비공식적 자원, 지역사회자원, 공식적 자원, 지지망)					
4. 장애인 및 가족의 고려점(장애물: 내부/외부장애물)					
5. 가계도 및 생태도					
☐ 가계도					
☐ 생태도(현재 생태도/미래 생태도)					
개인 기능 및 잠재적 능력 사정 영역					
☐ 사회 ☐ 의료 ☐ 심리 ☐ 교육 ☐ 언어 ☐ 직업 ☐ 기타( )					
사정내용					
영역	사정도구	사정 결과	차기 선결과제	평가자	비고 및 특이사항
사례관리수준		☐ 일반 ☐ 집중 ☐ 긴급 ☐ 잠재적 사례관리자			

출처: 박성수 외(2013).

2) 가계도

가계도는 3세대 이상에 걸친 가족구조를 도식화하고 구성원에 관한 정보를 보여주기 때문에 가족유형과 장애 클라이언트가 가족과 어떤 관계를 맺으며 성장했는지를 쉽게 알아볼 수 있으므로, 현재 제시된 문제의 근원을 파악할 수 있고 클라이언트가 지닌 성격특성이나 문제의 원인에 대한 통찰력을 갖도록 하는 데 유용한 도구이다.

가계도 작성방법은 먼저 장애인 및 가족과 함께 그리며, 자신들의 가계도가 어떻게 생겼는지 확인하고, 각자 자신의 위치를 확인하도록 한다. 그리고 장애인 및 가족과 관련하여 가족의 정서적 관계와 다양한 정보를 담아낼 수 있도록 부호화시킨 많은 정보를 그려 넣은 다음에 가계도를 통해 장애인 및 가족과 함께 찾아낸 필요한 욕구를 기록한다.

3) 생태도

생태도는 클라이언트의 상황에서 의미 있는 체계들과의 관계를 그림으로 표현하여, 특정 문제에 대한 개입계획을 세우는 데 유용한 도구이다. 예를 들면, 장애 클라이언트나 가족의 지역사회자원의 이용, 비공식적 자원과 자연적 사회관계망, 사회 활동과 흥미, 종교 활동, 모임, 상호작용에서 지지와 스트레스 등을 그림으로 보여 준다. 생태도는 종이와 필기도구만 있으면 쉽게 그릴 수 있는데, 사회복지사는 장애인 및 가족과 함께 사람 및 사회적 관계망을 파악하여 작성하면 된다. 생태도 작성은 다음과 같다.

- 종이의 중앙에 클라이언트 체계를 상징하는 원을 그리고 원 안에 가족구성원들이 표시된 간단한 가계도를 그린다.
- 원 주변에 가족체계에 영향을 미치는 주변 환경체계들을 그린다.
- 가족체계와 주변 환경체계들과의 교류상황을 파악한다(외부체계들이 가

족구성원들을 지지하는 자원인가, 아니면 갈등이나 스트레스를 주는 요인인가에 대한 에너지의 흐름을 화살표로 나타낸다).

- 직선은 긍정적 관계, 선이 굵으면 강한 관계, 선이 가늘면 약한 관계, 점선은 미약한 관계, 선 위에 그려진 사선은 긴장이나 갈등관계를 나타낸다.

현재의 지원을 알아보기 위한 생태도 외에도 장애인과 가족이 자신의 환경이 어떻게 변화되기를 바라는지 보여주는 '미래생태도'를 함께 만들어 볼 수 있으며, 생태도는 추후 다시 보면서 관계와 지원이 어떻게 변했는지 알아보는 데 유용하다. 생태도 작성을 끝낸 뒤에 확인된 문제점을 사회복지사와 클라이언트가 공동으로 인식한 후, 변화시킬 점과 이에 필요한 자원 및 행동목록을 확인할 수 있으며, 이들 목록 가운데 우선순위를 정해서 사회복지사와 클라이언트가 문제해결을 도모해 나가게 된다.

제 2 절 개인 차원의 장애인복지실천

1. 개인 차원의 실천원칙

개인 차원의 장애인복지실천은 예방보다는 치료와 재활에 중점을 두기 때문에 개별적인 면접을 통해 장애인의 인격을 성장·발달시키고 사회적 기능 향상에 목표를 두며, 사회복지사는 장애인 클라이언트를 대할 때 개별화의 원칙, 의도적 감정표현, 통제된 정서적 관여, 수용, 비심판적 태도, 자기결정권, 비밀보장 등의 원칙을 준수해야 한다. 이러한 실천원칙을 바탕으로 장애인과 부모 또는 서비스 의뢰인이 서비스 기관에 처음 찾아왔을 때, 초기면접을 실시한 후 각각의 사정과정을 거쳐 서비스를 이용하게 된다. 일반적으로 사정의 과정을 개별 사회복지실천에서는 초기과정·조사 · 진단 · 치료의 과정으로 구분하고 있다.

2. 실천과정

1) 사례발견과 접수상담

장애에 대한 진단 및 평가의 최초의 단계이면서 매우 중요한 단계이다. 이 단계에서는 클라이언트를 빨리 발견하는 것이 중요한데, 서비스 기관에서 주로 대상자의 의뢰에 의해 접수상담이 이루어지는 것이 일반적이다. 현재의 사례발견이나 클라이언트의 접근성을 제고하기 위하여 직접 발견하는 아웃리치 방식도 최근에는 증가하고 있다. 이 단계에서 클라이언트와의 라포를 형성하는 것은 주된 문제를 명확히 파악하고, 다양한 영역에서 진단을 실시할 때 필요한 전반적인 정보를 수집하고, 기관의 역할과 기능, 관련서비스, 진단과정에 대한 정보를 제공하게 된다. 이러한 단계에서 사회복지사의 역할은 면접 · 관찰 · 질문지를 통해 이루어진다(윤선오 외, 2013).

인테이크란 서비스 기관에 의뢰된 클라이언트로부터 어떤 욕구가 있는지, 어떠한 서비스를 이용하는지 동기를 구체화하는 것을 말한다. 인테이크에서 얻을 수 있는 다양한 정보는 다음과 같다.

① 개인정보: 클라이언트의 이름 · 생년월일 · 주소 · 전화번호 · 학력 · 장애유형 · 부모 · 연령 · 직업 · 학력 · 경제상황 등에 관한 정보를 포함한다.

② 의뢰사유: 의뢰자나 보호자가 문제라고 지각한 것을 드러낸다는 점에서 중요하다. 실제로 클라이언트의 환경에 대한 측면만이 문제 상황으로 보이기 쉽기 때문에 의뢰사유가 평가결과와는 전혀 관련이 없다 하더라도 해당 양식에 직접 기재해야 한다.

③ 생육사(발달과정): 클라이언트를 가능한 정확하게 잘 이해하기 위해서

는 기본적, 실제적 정보를 정확히 파악해야 한다.

- 임신 및 출생초기: 출생 전 · 출생 시 · 출생 후 일들을 조사하고 발달과정 초기에 클라이언트의 신체적 · 사회적 · 경제적 · 심리적 · 환경적 활동에 대해 파악하는 것이 중요하다.
- 초기행동: 클라이언트가 성장, 발달함에 따라 신경을 써야 하는 영역들이 많이 있다. 섭식 · 수면, 발달과정 첫 수행, 즉 앉기 · 기기 · 서기 · 걷기 · 말하기 등과 같은 주요 발달시기 · 배변훈련, 만일 이런 수행들이 늦거나 빠르면 아동발달에 대한 부모의 감정과 반응 등을 파악해야 한다.
- 건강상태: 질병 · 상해 · 투약 · 입원 등을 파악해야 한다.
- 학교(유치원)생활: 학교(유치원)경험은 클라이언트의 전반적인 발달에서 매우 중요하다. 학교성적, 싫어하는 과목 등 학업문제뿐만 아니라 무단결석, 또래와의 상호작용, 발현행동 등을 조사해야 한다.
- 가성환경: 클라이언트의 문제와 밀접하게 관련되어 있으므로 주의 깊게 살펴보아야 한다. 부모의 양육태도와 방법, 양육자 · 부부상태 · 부모의 학력수준 · 직업 · 사회경제적 지위 · 연령 · 건강상태 등을 파악해야 하고, 형제의 수 · 나이 · 기질 · 상호작용 · 성격 · 질병 등도 파악해야 한다.

2) 진단

진단은 종합판정을 위한 준비 단계이다. 개입전략을 계획하고 수행하기 위하여 필요한 각 영역의 전문가들에 의해서 가족 · 교육 · 의료 · 심리 · 언어진단 등에 필요한 면접 · 검사 · 관찰 등이 이루어진다. 장애인 서비스기관에서 진단의 목적은 치료 및 교육 프로그램에 장애인을 적절히 배치시킬 수 있도록 판정해야 할 장애인의 상태에 대해 충분한 정보를 제공하는 데 있다. 진단의 내용은 의학적 · 발달적 · 교육적 상태를 사정하고, 심리적 · 사회적 · 직업적 능력과 강점 · 약점을 파악하고, 프로그램의 배치와 치료를 결정하는 중요한 정보제공을 한다. 진단의 각 영역은 다음과 같다.

① 의료진단: 의료적 측면을 진단·처방하고 재활방향을 제시한다.
② 교육진단: 학습준비도나 기초학습능력을 파악하여 가족에게 정보를 제공하고 필요한 교육과 적합한 교육 지원을 하도록 도움을 준다.
③ 사회진단: 생육사·가족력·사회력조사와 접수상담을 통해 수집된 정보를 중심으로 종합적 의견을 제시한다.
④ 직업진단: 직업 흥미·욕구·잠재된 기술 등에 대한 정보를 얻는다.
⑤ 언어진단: 언어발달기능의 정도를 알 수 있다.
⑥ 청력진단: 가장 적합한 보조기를 선택하는 역할을 한다.

3) 사정

사정은 클라이언트와 가족을 전체적인 관점에서 바라보며, 생활문제를 파악하고 접수된 정보를 종합적으로 해석하는 총체적이고 체계적인 과정이다. 사정은 진단과정에 참여했던 전문가들이 함께 실시하고, 그 결과로 장애인에게 적합한 종합적인 개별서비스 계획을 수립하고 서비스를 실시하도록 결정하며, 이를 토대로 평가를 실시한다.

4) 서비스 계획 수립 및 실시

사정에 의해 개별화된 서비스 내용이 확정되면 총괄 계획을 더 세분화하여 단계별 서비스를 실시하고, 그 과정을 기록, 관리하게 된다. 그러나 서비스 진행과정에 어떤 문제가 발생하거나 클라이언트에게 부적절한 서비스로 판단되는 경우에는 바로 피드백이 이루어져 재진단이나 재사정이 이루어지는 것이 바람직하다.

5) 평가

프로그램 계획에 의해 이루어진 서비스에 대해서 점검의 기능을 갖도록 하며, 그 내용에 대한 기록, 관리를 통해 추후 서비스 계획을 세우는 데 자료로 삼을 수 있다. 또한 서비스 종료에 따른 평가내용에 따라 클라이언트에게 진행된 서비스를 종료할 것인지 다른 서비스를 지원할 것인지 등을 결정하게 된다.

제3절 집단 차원의 장애인복지실천

1. 집단의 개념

집단은 공통된 관심사를 지닌 장애인들이 공동의 목표를 달성하기 위해 지속적으로 상호작용하는 두 사람 이상의 구성원으로 이루어지고, 성원들은 소속감과 공통의 목적이나 관심사를 갖는다. 집단은 집단구성원들 사이의 정서적 결속과 함께 상호작용이 이루어지며, 집단구성원의 기능과 역할을 규제하는 규범을 갖고 있는 집합체를 말한다. 또한 집단은 구성원들이 사회복지사의 관여와 개입에 찬성하고 이를 선택한 사람들의 모임으로 집단지도자는 집단형성에 책임이 있든 없든 구성원들에 대해 전문가로서의 의무와 책임을 지고, 구성원들이 함께 집단목적을 달성할 수 있도록 돕는 역할을 하게 된다.

2. 집단의 목적과 목표

사회복지실천에서 집단 개입의 목적에 대해 미국사회사업가협회(NASW,

1962)는 여섯 가지로 제시하고 있다. ① 활동적인 시민으로서의 책임감 형성, ② 개인적 성장과 풍요로운 생활, ③ 자아인식과 사회적 소속감의 증진, ④ 스트레스를 받는 시기의 지지와 새로운 상황에 적응능력 배양, ⑤ 만족할 만한 사회적 기능유지, ⑥ 사회적 해체나 질병의 교정 및 치료를 목적으로 한다.

집단 프로그램의 목표는 집단의 유형이나 특성에 따라서 다양하게 설정할 수 있으나, 일반적인 목표는 다음과 같다(Corey, 조현춘 외 역, 2005). ① 자신과 타인을 신뢰하는 것을 학습한다. ② 자기인식을 성취하고 자신의 독특한 주체성을 발달시킨다. ③ 참여자들의 요구와 문제의 공통성을 인식하고 보편성을 발달시킨다. ④ 자기 자신에 대한 새로운 관점을 성취하기 위하여 자기수용 · 자기신뢰 · 자기존중을 증가시킨다. ⑤ 자기 방향성 · 자율성 · 자신과 타인에 대한 책임 등을 증가시킨다. ⑥ 행동을 변화시키기 위해 계획을 구체적으로 세우고 그 계획에 전념한다. ⑦ 효과적인 사회기술을 학습한다. ⑧ 단순히 타인의 기대를 충족시키려는 것에서 벗어나 자신의 기대에 맞춰 살아가는 것을 학습한다.

3. 집단의 유형

집단의 유형으로는 치료집단, 과업집단, 자조집단 등이 있으며, 치료집단의 하위유형은 지지집단 · 교육집단 · 성장집단 · 치유집단으로 세분할 수 있다. 구체적인 내용은 다음과 같다(사회복지교육연구센터, 2012).

1) 치료집단

치료집단은 교육 · 성장 · 치유 · 사회화를 목적으로 하며, 한 가지 이상의 목적을 동시에 갖기도 한다. 토스랜드와 리바스(Toseland & Rivas, 허남순 외 역, 2004)는 치료집단을 주요한 목적에 따라 세분화하여 제시하고 있다.

(1) 지지집단

삶에서 장차 일어날 사건에 좀 더 효과적으로 적응하기 위해 대처기술을 발달시킴으로써 집단구성원들의 삶의 위기에 대처하도록 돕는 집단을 말하며, 비슷한 문제를 경험한 사람들로 구성되므로 유대감 형성이 쉽고, 자기개방 수준이 높다. 집단지도자인 사회복지사는 집단구성원들이 상호원조하면서 지지와 정보를 제공하고, 대처기술을 향상할 수 있도록 동기화시키는 역할을 한다. 지지집단의 예로는, 중도장애인과 그 가족으로 구성된 장애의 영향과 대처방법을 다루는 집단, 장애아동 양육의 어려움을 함께 나누는 부모집단 등이 있다.

(2) 교육집단

집단 목적은 집단구성원들의 지식과 정보 및 기술향상과 성원들이 자신과 자신이 속한 사회를 잘 이해할 수 있도록 원조하며, 직접적인 교습활동을 통해 기술을 가르치고 정보제공과 지식습득을 돕는 데 있다. 집단구성원들은 정보를 주고받기도 하지만 전문가의 강의형태로 정보제공이 이루어지는 경우가 많으며, 집단구성원 간 토론을 활용하기도 한다. 집단지도자인 사회복지사는 특정 분야의 전문가로서 교사기능을 하고 집단상호작용이나 토론을 장려하며, 구성원들의 자기표출은 비교적 낮은 편이다. 교육집단의 예로는, 장애청소년 성교육집단, 결혼을 앞둔 장애여성의 부모역할 훈련집단, 비장애 형제자매를 위한 집단 등이 있다.

(3) 성장집단

집단구성원들의 자기인식 증진과 사고를 변화시키는 것을 목적으로 하며, 개인의 능력과 자의식을 넓히고 개인적인 변화를 이끌어 낼 수 있는 기회제공 및 자아향상에 초점을 둔다. 성장집단은 병리치료보다는 심리적 건강증진에 중점을 두며, 구성원들이 자신의 능력을 최대한 발휘하기 위해 집단을 활용한다. 다양한 장애를 지닌 구성원들로 집단을 구성하며, 자기개방 수준이 높다. 성장집단의 예로는, 장애부부를 위한 참만남집단, 결혼생활 향상집단, 장애인의 자기탐색 및 자아성찰집단, 잠재력 개발집단, 장애 대학생을 위한 예비 진로설계집단 등이 있다.

(4) 치유집단

집단구성원 스스로 자신의 행동을 바꾸고 개인문제를 완화하거나 대처할 수 있도록 원조하며, 사회적 외상이나 건강상의 외상 이후에 스스로 원상복귀시킬 수 있도록 돕는다. 특징으로는 다소 심한 정서적 부적응문제를 지닌 구성원들로 구성되며, 상호지지를 강조하고 치유와 회복에 중점을 둔다. 집단의 공동목적이 있지만, 구성원들 개개인의 증상이나 문제가 다양하므로 개인마다 상이한 목적을 갖게 된다. 치료집단의 예로는, 심리적 부적응을 겪는 장애인의 심리치료집단, 인지행동치료집단, 중도장애인 장애수용치료집단 등이 있다.

2) 과업집단

조직이나 기관이 직면한 문제에 대해 해결책 모색, 새로운 아이디어 개발, 효과적인 원조전략 수립 등 과업수행을 목적으로 한다. 특징은 집단과 함께 일하고 노력할 주제에 대해 관심이 많은 사람들이나 특별한 재능을 지닌 사람들로 구성되며, 조직적인 문제에 대한 해결책을 찾고 새로운 아이디어를 내며 결정하고, 집단구성원의 개인적인 성장보다는 방침을 만들어 나가면서 의사를 결정하고 산출물을 만들어 내는 것에 초점을 둔다. 과업집단의 예로는, 치료회의 · 팀 처리위원회 · 직원발전집단 · 위원회나 자문위원회 · 이사회 · 사회행동집단 · 대표위원회 · 협의체 등이 있다.

3) 자조집단

자조집단(self-help group)은 유사한 어려움이나 관심사를 가진 구성원들이 자발적으로 집단을 만들어 동료 간에 경험을 나누며 개인적으로 바람직한 변화를 가져오도록 노력하는 상호 원조집단으로, 집단구성원 상호 간에 문제상황에 대처할 수 있는 능력을 고양하도록 돕는 것을 목적으로 한다. 특징은 전문가의 도움보다는 집단구성원의 경험에 기초하여 도움을 주고받으며, 리더십과 통제는 집단구성원들에게 있고 대인 간의 상호지지, 자신의 삶을 책임질 수 있는 능력개발과 향상에 초점을 둔다. 예를 들면, 모임장소 물색, 기금마련 원조, 개인을 집단에 소개 또는 의뢰하기 등이 있다.

제 4 절 지역사회 차원의 장애인복지실천

지역사회에서 장애인들이 비장애인과 동등하게 사회참여와 자립을 하기 위해서는 장애인의 변화보다는 사회·문화적 환경 조건이 장애인의 인간다운 삶을 보장할 수 있도록 변화되어야 한다. 이를 위해 장애인들이 자조집단을 조직, 세력화함으로써 자신의 권리와 요구를 자발적으로 해결할 수 있다. 사회복지사는 문제를 도출하고 목표 설정 및 전략과 전술을 수립하며, 장애인의 역량강화, 정치적 행동과 옹호와 같은 여러 영역에서 전문능력을 가지고 있어야 한다. 지역사회실천을 하는 사회복지사는 조력자·격려자·전문가·옹호자·행동가 등 다양한 역할로 개입하게 되며, 이는 사용하는 실천모델에 따라 다양해질 수 있다(양희택 외, 2011).

1. 지역사회 장애인복지실천을 위한 준거틀

지역사회 차원의 실천을 위한 개념적 준거틀은 지역사회 내에 존재하는 문제와 인구집단, 문제 영역인 조직과 지역사회의 특성을 이해해야 하며, 이를 둘러싼 정책적 맥락과 정치적 환경을 이해해야 한다. 지역사회에서 장애인과 함께 실천을 위해서는 표적집단(focus group)과 연관된 조직체에 대한 접근이 필요하다. 이를테면 지역사회에서 문제를 발생시키는 집단이 누구인지, 그 규모가 어느 정도인지, 문제집단과 연관된 조직체가 어떤 조직인지 파악해야 한다. 그리고 클라이언트 집단의 욕구나 문제 파악을 위해 인구조사·인터뷰·관찰·초점집단 면접 등 대상자의 특성에 따라 여러 가지 조사 방법이 사용된다.

2. 지역사회 장애인복지실천을 위한 개입전략 개발과정

지역사회 장애인복지실천을 위한 개입전략 개발과정은 다음과 같다(양희택, 2011). 첫째, 인과관계 가설과 개입 가설을 개발한다. 지역사회의 장애인 문제 해결을 위한 거시적 개입을 위해 먼저 문제의 원인과 결과의 관계를 설명할 수 있는 요인을 문제 분석, 인구집단 분석을 통해 찾아내 구체적인 작업가설을 만들어야 한다. 예를 들면, 지역사회에서 주민들이 장애인에 대한 편견으로 장애인 공동생활가정 설치를 거부하는 일이 발생할 때, 공동생활가정을 희망하는 장애인들을 표적집단으로 하고, 이들의 안정적인 주거 해결을 위한 개발 방법을 고려하고 그 결과를 추측해 본다.

둘째, 참여자를 정의한다. 초기에 지역사회문제를 인식하고 관심을 확산시킨 개인이나 집단을 '변화시작체계'라고 하고 지역사회 문제해결이나 변화를 위해 요구되는 인력·자원·시간 등은 '변화매개체계', 변화를 요청하는 사람이나 직접 수혜자를 '클라이언트체계(표적체계)'라고 한다. '지원체계'는 지역사회의 변화나 문제해결을 위해 활동하는 개인·집단을 말하며, '통제체계'는 지역사회의 변화 및 문제해결을 위한 실행을 승인하고 지시할 수 있는 공식적인 권한이나 권위를 가진 개인·집단을 의미한다. '변화수행체계'는 지역사회의 변화 및 문제해결을 위한 실행에 책임을 지는 집단·조직을 의미하고, '표적체계'는 지역사회의 변화 및 문제해결이 요구되는 개인·집단·조직·정책 등을 의미한다.

셋째, 체계변화를 위한 준비상태를 점검한다. 즉, 지역사회 각각의 변화에 대한 기대나 반응, 변화에 필요한 자원의 활용 가능성과 지역사회의 변화나 문제해결에 개인이나 집단이 반대할 가능성을 점검한다.

넷째, 변화를 위한 접근 방법을 선택한다. 이는 표적체계로서 정책·프로그램·프로젝트·사람·실천을 대상으로 한다.

다섯째, 정치·경제적 요인에 대해 고려한다. 지역사회에서 누가 변화를 위해 효과적으로 대변할 수 있을지, 또한 변화나 문제를 해결하는 현실적인 비용의 산출과 대안을 비교하여 최종적인 의사결정을 한다

여섯째, 성공 가능성을 검토한다. 지역사회의 변화나 문제해결을 위한 목표를 설정하고 개인·집단·조직 차원에서 누가 또는 어떠한 요인으로 목표를 반대하거나 지지하는지를 검토한다.

일곱째, 목적과 목표를 설정한다. 목적은 변화 노력으로부터 기대되는 결과에 관한 일반적인 진술이며, 목표는 각각의 목적을 측정 가능한 용어로 구체적으로 진술하는 것이다. 일반 목적이 진술되면 다음 단계는 목표를 구체화해야 하며, 목표에는 과정목표와 결과목표가 있다.

3. 지역사회 차원의 실천모델

지역사회실천모델은 지역사회 욕구충족이나 문제해결과정에서 조직 간 협력이나 지역사회의 참여, 사회행동 및 변화에 이르기까지 다양한 지식과 기술·방법 등을 포괄하고 있다. 대표적인 실천모델에는 지역사회 욕구사정모델, 자조집단모델, 임파워먼트모델, 사회행동·기능적인 지역사회모델이 있는데 그 내용은 다음과 같다(Rothman, 2008).

1) 지역사회 욕구사정모델

지역사회 욕구사정은 필요한 개선안을 도출할 수 있는 변화를 향한 전문적 실천과정의 하나이다. 욕구사정은 질적·양적 방법을 모두 사용해서 이루어져야 하며, 다양한 변수들과 요인들을 파악할 수 있는 통계방법을 활용하여 정확하게 진행하되 장애인집단과 장애인 당사자들의 협력과 연계 속에서 이루어져야 한다. 효과적인 사정을 위해서는 '누구에 의해, 무엇을 사정할 것인가'를 결정해야 한다. 즉, 누가 사정 대상자이며, 지역사회의 구성원인지에 대한 확인과 함께 욕구사정이 이루어져야 한다. 사정의 내용은 '누가, 어떻게 영향을 받는가'를 확인하는 일이다. 가능하면 지금까지 문제를 다루는 데 어떤 노력들이 이루어졌는지, 그 결과는 무엇인지, 문제를 다루기 위해서는 지역사회에 어떤 자원들이 있는지를 확인하는 것이 중요하다.

지역사회 사정에서 고려해야 할 내용은 첫째, 지역사회의 특징을 이해해야 한다. 둘째, 각기 다른 다양한 측면과 지역사회의 특성에 따른 욕구사정을 위해서 다양한 도구를 사용해야 하는데, 서베이조사·우편 질문·센서스 자료 활용·개인 혹은 전화면접·관찰·주목을 받고 있는 집단이나 다른 집단을 활용하는 방법들을 포함하며, 사정방법을 선택할 때는 장애인들에게 적절하고 편안한 방법을 사용해야 한다. 셋째, 사정을 담당하는 사회복지사는 경청하고 이해하기 위한 의지와 열린 마음으로 욕구사정 과정에 자연스럽게 접근해야 한다. 넷째, 지역사회의 강점과 활용 가능한 자원 확인이 중요하다. 그리고 지역사회의 역동적인 구성과 급속한 변화추세에 맞춰, 조사 역시 효과적이며 시기적절하게 이루어져야 한다.

2) 자조집단모델

자조집단은 구성원들이 공통된 문제를 해결하기 위해 경험과 대처기술 등의 정보와 희망을 공유하는 자발적인 모임을 말한다. 집단구성원들은 같은 문제와 경험, 어려움을 겪으면서 아픔을 나누고 정보를 공유함으로써 집단학습과 집단행동을 함께한다. 또한 구성원들에게 자조정신을 강조하고 참여를 장려함으로써 문제해결능력을 강화시키는 데 초점을 둔다. 동료들을 이끌며 자원정보와 다른 이들에게 영감과 지지를 끌어내기 위해서 공통된 문제와 관심을 공유한 사람들에게 기회를 제공한다(양희택 외, 2011). 많은 자조집단들은 장애 동료를 지원하기 위해 사회행동을 통해 갈등 상황을 반전시키고, 장애인의 권리를 확보해 나갈 수 있게 된다. 자조집단에서 사회복지사는 구성원들을 자극하고 자문하며, 훈련과 지원을 제공한다. 또한 활용 가능한 자원을 찾아내고 잠재적 지도자를 확인하는 역할을 하며, 집단구성원들과 개인적 정보나 관심, 경험을 공유하는 데 편안한 마음으로 참여해야 한다.

자조집단들은 장애인의 인권이 침해되거나 보장되지 않는 영역에 대한 문제점을 제기하고, 해결책을 집단적으로 강구하는 사회행동을 한다. 자조집단의 구성원들은 역량강화집단 혹은 의식화집단으로 발전하며, 집단의식화에 따라 장애인들이 문제를 새로 규정해 해결책을 찾고 집단행동을 하게 된다. 장애인 지역사회는 강한 자조집단의 역사가 사회행동을 이끌고 있다.

3) 임파워먼트모델

장애인들의 지역사회 조직과 활동의 활성화를 목표로 하는 임파워먼트 모델은 장애인 개인의 역량강화와 함께 집단·조직 등 지역사회의 여러 구성 요소들까지도 역량을 강화할 수 있는 유용한 실천접근으로 모든 집단구성원들의 활동적인 참여를 격려하며, 구성원들은 시민 혹은 소비자로 인식되고 있다. 역량강화집단이 지역사회 활동으로 발전하기 위해서는 개인구성원들이 자신의 문제나 욕구를 이해하고 있는지에 관한 토론의 초점으로부터 어떻게 정치적·사회적인 과정을 이해할 수 있는지에 대한 토론, 예를 들어 억압이나 피해 혹은 무엇이 개인에게 영향을 미치는 일인지 등의 구성원 전체가 직면하고 있는 문제를 해결하기 위한 내용으로 토론의 초점이 바뀌어야 한다. 집단은 일반적인 구성원들의 경험을 다뤄야 하며, 전체의 공통적인 주제를 인식해야 한다. 집단 활동과정에서 집단구성원들은 강한 결속력을 만들어 내고, 집단의 정체성을 확인하며 구성원들 각자가 역량강화될 수 있도록 한다.

사회복지사는 클라이언트들이 신뢰와 믿음을 가질 수 있도록 헌신적인 태도를 보여야 하며, 심판적인 태도를 보이지 않아야 한다. 그리고 집단구성원들을 지원하는 것, 자원이나 강점들에 관한 정보제공, 개입기술과 방법 교육, 집단의 활동을 돕는 역할을 한다.

4) 사회행동 · 기능적인 지역사회모델

사회행동모델은 사회정의 달성에 초점을 맞추고 있다. 예를 들어, 지역사회구성원들은 사회행동집단을 구성하여 지역사회의 관심과 관련된 아직 해결되지 않은 욕구를 확인하고 효과적으로 변화하기 위해 조직한다. 사회행동집단들은 억압을 당한 사람들의 욕구를 강조하기도 한다. 사회복지사와 집단구성원들은 기능주의 지역사회모델을 사용함으로써 사회 안에 존재하는 자원들이 모든 사람들의 욕구를 충족시키기에는 부족함을 인식하고 집단구성원들의 충족되지 않은 욕구를 확인 · 강조하며, 집단구성원들이 활용할 수 있도록 집단구성원들이 사회자원들을 재배치해야 한다는 것을 인식하도록 하는 것은 매우 중요하다.

사회행동이 함축하고 있는 의미는 사회적 주류의 사람들이 항상 지배할 수 없다는 것이다. 예를 들어, 장애인들의 욕구가 중요시되어야 한다는 것이며, 장애인의 요구나 권익은 반드시 사회정의 기능 수행을 위해 다뤄져야 할 문제이다. 기능주의 지역사회들은 사회적인 행동과 관련되어 있으며, 사회행동은 일반적인 지역사회가 자신들의 관심에 관여해야 할 것을 교육하고 있다. 기능주의 지역사회들은 지역사회구성원들에게 서비스를 제공하고 있는데, 이들 구성원들의 욕구는 지역사회 혹은 정부

기관에 의해 해결되지 않는 욕구들이다.

사회행동·기능적인 지역사회모델에서 사회복지사는 장애 클라이언트들을 조직하는 일을 지원하고 동시에 장애문제에 대해 관심이 많은 사람들의 모임을 촉진하고 활성화함으로써 장애문제를 발생시키는 잘못된 제도 개선을 위한 계획을 수립하도록 돕는 역할을 하는데, 구체적인 내용은 다음과 같다.

① **조직가**: 집단을 구성하고 결속력을 만들어 나가는 데 도움을 준다. 동시에 지역사회집단 활동을 통해 무엇을 다룰 것인가, 어떻게 다룰 것인가에 관한 여론의 일치를 찾는다.

② **옹호자**: 특별한 관심을 지닌 사람들을 옹호하거나 집단의 활동을 옹호한다.

③ **협상가**: 특별한 관심을 지닌 집단의 사람들과 함께 활동을 하며, 공적 업무를 수행하는 사람들을 선발하고, 기금출치, 욕구를 충족할 수 있는 방법을 찾기 위해 활동한다.

④ **교육자**: 집단의 구성원들을 가르치며, 연습하고 준비하도록 한다. 이를 위해 다른 사람들과 접촉하기도 하고, 자신의 의견을 말하도록 하고 새로운 회원들을 가입시키도록 한다.

사회행동집단들은 지역사회구성원들의 관심을 위해 결속되어 있다. 내·외부 자원 등 모든 자원들은 집단에 의해 특별한 문제를 확인하는 것을 다루기 위해서 정리되어 있고, 순위가 정해져 있다. 어떤 집단이 활동을 함께하는가 하는 시간 틀, 예를 들어, 법률적인 회의 준비, 선거를 위한 준비, 지역사회 회의 등 반드시 행해야 할 다른 일들이 마련되어 있다. 지역사회 사회행동집단들은 지역사회구성원과 지역사회에 속하지 않은 다른 사람으로 구성되어 있는데, 다른 사람들은 특별한 관심을 함께 다루기 위해 합류하였고, 특정한 쟁점을 옹호하기 위해 함께 참여하고 있다. 장애인 사회행동집단의 구성원들은 일반적으로 각기 다른 문제들에 의해 영향을 받는 장애를 가진 개인들로 구성되며, 혹은 다른 장애인 · 가족 · 친구 · 전문가 이외에도 일반시민으로서 장애문제에 관심을 가지고 있는 사람들이 장애와 관련된 쟁점들에 대해 관심을 가지고 함께하기 위해 참여한다.

CHAPTER 09

장애인복지행정과 전달체계

장애인 사회복지제도가 아무리 안벽하게 설계되어 있다 하더라도 그것을 장애인에게 전달하는 체계가 잘 정립되어 있지 않다면 제도가 목적하는 바를 효과적이고 효율적으로 달성할 수 없게 된다. 이 장에서는 장애인 행정 전달체계를 효율적이고 효과적으로 전달하기 위한 공공 전달체계와 민간 전달체계의 전반적인 흐름과 그 내용에 대하여 살펴보고, 문제점 및 개선과제와 개선방안에 대하여 살펴보고자 한다.

제 1 절 장애인복지행정 전달체계

1. 전달체계 개념

장애인복지 서비스의 전달체계란 장애인복지 서비스 공급자들 사이 그리고 장애인복지 서비스 공급자와 이용하는 수요자를 연결하여 서비스를 효율적으로 제공하는 조직적이고 체계적인 장치를 의미하며, 서비스의 제공방법과 절차에 관련된 영역을 서비스 전달망이라고 한다. 즉, 장애인 복지 전달체계는 서비스 이용자의 다양한 문제와 욕구, 서비스 제공자의 기술과 지식 및 자원 등이 상호작용을 이루며 전개되는 일정한 조직적 과정이다.

전달체계를 통해서 대상자의 선정이나 보호의 내용이 실제적으로 표현되기 때문에 어떻게 구성되어 있느냐 하는 것이 매우 중요하다. 따라서 장애인복지정책과 서비스를 누구에게(장애인), 무엇을(서비스의 내용), 어느 정도로(서비스의 수준과 비용), 어떻게 제공하느냐(전달체계)로 구성되어야 한다. 서비스 자원에는 인력, 시설이나 기기, 재원, 지식·정보 등이 포함되며, 이들 자원을 조합하여 서비스가 조직화된다.

장애인복지 서비스는 장애발생의 예방 및 조기발견·치료, 의료재활, 특수교육, 직업재활, 시설서비스, 생활환경서비스 등의 모든 영역을 포함하며 이러한 서비스는 서로 밀접한 연관성을 지니고 있다.

장애인복지 서비스의 전달체계 수립 시 기본적인 요소를 고려해야 하는데, 먼저 장애인의 문제와 욕구에 맞는 서비스를 제공하는지, 장애인이 필요로 하는 서비스를 얼마나 쉽게 이용할 수 있는지, 전문지식과 기술을 갖춘 전문인력이 서비스를 담당하는지, 장애인의 다양한 욕구에 적절한 서비스가 서로 연계성을 지니며 통합적으로 제공되고 있는지, 국가와 사회제반 자원의 활용가능성은 어떠한지를 고려해야 한다(손광훈, 2006).

2. 전달체계의 원칙

장애인에게 필요한 서비스를 적절히 제공하기 위해 효과성과 효율성을 극대화시키기 위한 전달체계 원칙이 요구되고 있으며, 이러한 원칙에서 고려해야 할 기본적 원칙으로 중요한 것은 전문성·접근용이성·통합성·지역참여·공정성과 책임성 측면에서 살펴볼 수 있다.

1) 전문성의 원칙

장애인복지를 위한 각종 사업이나 서비스는 전문지식과 기술이 요구된다. 전문성은 사회복지 서비스 전달체계의 경우 복지 대상자와의 관계에서 일어나는 심리·기술적 과정이 중요하므로 해당 분야의 전문가에 의한 전문성을 보다 기본 요소로 하여 이루어져야 함을 의미한다(신애영, 2007). 따라서 장애인의 욕구와 문제를 전문적으로 진단·평가하고, 장애의 조기발견·치료, 직업재활, 심리상담, 사회참가 활동지원 등 전문영역별로 전문지식과 기술을 가진 사람이 전문적 방법으로 서비스를 제공해야 한다.

2) 접근용이성의 원칙

접근성이란 사회복지 서비스가 필요한 사람이 얼마나 쉽게 원하는 서비스를 받을 수 있는가에 대한 것이며, 서비스 제공자인 전문가 입장에서는 잠재적 복지대상자를 발견할 수 있는 전달체계가 확립되어야 함을 의미한다(Grates, 1980; 신애영, 2007 재인용). 따라서 장애인에게 필요한 서비스를 어느 정도 쉽게, 가까이 골고루 이용할 수 있도록 접근하는지가 문제이다. 장애인이 서비스에 접근하는 데는 서비스 정보부족, 교통수단 부재 등 지리적 장애, 자신의 문제노출에 대한 불안감으로 인한 심리적 장애, 자원부족 등 다양한 장애요인이 있다. 장애인이 사회에 통합되고 사회인으로서 가치 있는 일에 종사하려면 이동권과 접근권이 확보되어야 한다. 접근성에는 서비스 제공 장소와 이용자의 거주지 간 지리적 근접성, 심리적 친밀감, 동등한 권리를 보장하는 편의성을 포함하고 있다.

3) 통합성의 원칙

통합성이란 다양한 욕구를 갖는 복지대상자들을 만족시키기 위해 다양한 서비스를 유기적으로 연계·통합하여 전달할 필요성을 의미하는 것으로, 서비스의 통합은 물론 조직의 통합과 지역사회를 기반으로 다양한 조직과 기관들 간 연계·조정을 포괄하는 개념이다(신애영, 2007). 장애인의 문제는 의료·정서·사회·교육·직업·대인관계 영역들이 복잡하게 얽혀 있는 상황이다. 따라서 장애인에게는 다양한 서비스를 동시에 제공하는 것이 복잡한 문제해결에 효과적이므로, 서비스를 통합적으로 제공하려면 한 행정책임자 아래 보건의료체계, 공공·민간복지체계, 교육 및 훈련체계, 이송 및 후송체계, 직업체계 등 다양한 서비스를 통합 관리해야 한다.

4) 지역참여의 원칙

지역참여를 통한 장애인복지 전달체계의 근본적인 목적은 장애인이 서비스를 이용함으로써 지역사회 내 활동과 참여기회를 극대화하고, 이로 인하여 사회통합을 실현하는 데 있다(양희택 외, 2011). 장애인이 지역사회에서 적극적 활동으로 일상생활을 영위하기 위해서는 지역주민이 장애인을 동등한 권리를 가진 주체로 인식해야 한다. 또한 사회적으로 장애인의 능력을 존중하고 당당한 생활인으로 참여할 수 있도록 사회환경을 적극적으로 조성해야 한다.

5) 공정성과 책임성의 원칙

장애인복지 서비스는 공공사업이므로 서비스를 담당하는 기관이나 담당자가 서비스에 대해 공정하게 임하며 서비스 제공에 따른 재정 책임을 누가 어떻게 지느냐가 중요하다. 재정과 관련하여 경제적 효율성도 고려해야 한다. 사회복지 전달체계는 중앙정부나 지방정부, 공공기관이 직접 관리·운영하는 공공 전달체계와 민간단체, 개인이 직접 관리·운영하는 민간 전달체계로 구분할 수 있다. 공공 전달체계는 보건복지부를 중심으로 정부조직 관할부서들이 위계적 체계망을 갖고 사회보험과 공공부조와 관련된 서비스 업무를 수행하고 있으나, 대부분 대인적 사회복지 서비스들은 민간서비스 전달체계에 위탁하거나 의존하고 있다.

민간 전달체계는 복지재단·자원봉사단체·사회복지협의회·이용 및 수용시설들, 단체·개인 등의 수평적인 체계망을 갖고 있으며, 소비자들과 직접적인 서비스를 수행하고 있다(신애영, 2007). 그러나 공공부문과 민간부문이 서로 나뉘어져 별개로 존재하는 것이 아니라 밀접히 관련되어 있다. 민간부문은 공공부문으로부터 지원을 받아 장애인복지 서비스를 생산하고 공공부문은 장애인복지 서비스 전달의 궁극적인 책임을 맡으며 재정부문을 담당한다. 결론적으로 공공부문과 민간부문이 밀접한 관계를 유지해야만 전달체계의 효율성·효과성을 극대화할 수 있다(이선우, 2009).

제 2 절 장애인복지행정 전달체계의 유형

1. 공공 전달체계

1) 중앙정부 행정 전달체계

전통적으로 공공 전달체계는 중앙정부와 보건복지부를 정점으로 각 광역시·도 이하에서는 행정안전부 일반 행정체계에 편입되어 시·군·구, 읍·면·동으로 이어지는 이원적 조직체계로 구성되어 있다. 중앙행정부서인 보건복지부에서 사업계획 및 예산을 배정하면, 광역시·도, 시·군·구와 읍·면·동의 지방행정기관을 통하여 집행되고 있다(임종호 외, 2016). 장애인복지의 행정기관은 하나로 통일된 것이 아니고 제도와 사업별로 분할하여 담당하고 있으며, 중앙정부의 부처는 보건복지부 이외에 고용노동부와 교육부가 있고, 국가보훈처, 국방부 등에서도 장애인 관련 업무를 수행하고 있는데 각 부처별 주요 업무는 표 9-1과 같다.

• 표 9-1 • 장애인복지행정기관의 담당업무

행정기관	부처	주요 업무
중앙정부	보건복지부 장애인정책국	장애인복지심의관실이 장애인복지 서비스 담당
	고용노동부	산업재해보상보험법에 의한 장애보상업무
	교육부	특수교육업무, 사립학교 교원연금법에 의한 폐질보상업무
	국가보훈부	국가유공자 등 예우 및 지원에 관한 법률에 의한 상이보상업무
	국방부	군인연금법에 의한 상이연금 및 장애보상금과 관련한 업무
지방정부	광역자치단체(서울특별시)	장애인복지과
	광역시 · 도	장애인계
	기초자치단체	장애인복지팀
	읍 · 면 · 동	사회복지공무원

(1) 장애인정책조정위원회

장애인정책조정위원회는 국무총리 산하의 조직으로 장애인종합정책을 수립하고 관계부처 간의 의견을 조정하며, 그 정책의 이행을 감독 · 평가하는 조직이다. 구성을 보면 위원장 및 부위원장 각 1명을 포함한 30명 이내의 위원으로 구성되며, 국무총리가 위원장, 보건복지부장관이 부위원장이며, 당연직 위원으로는 기획재정부장관, 교육부장관, 행정안전부장관, 국가보훈부장관, 문화체육관광부장관, 산업통상자원부장관, 고용노동부장관, 여성가족부장관, 국토교통부장관, 국무조정실장, 법제처장 및 위원회의 심의사항과 관련되어 위원장이 지정하는 중앙행정기관의 장이 된다. 위촉위원은 장애인 관련 단체의 장이나 장애인문제에 관한 학식과 경험이 풍부한 자 중에서 위원장이 위촉하되, 위촉위원 중 2분의 1 이상은 장애인으로 구성되어 있다.

장애인정책조정위원회는 장애인복지정책의 기본방향에 관한 사항, 장애인복지 향상을 위한 제도개선과 예산지원에 관한 사항, 중요한 특수교육정책의 조정에 관한 사항, 장애인 고용촉진정책의 중요한 조정에 관한 사항, 장애인 이동보장 정책조정에 관한 사항, 장애인정책 추진과 관련한 재원조달에 관한 사항, 장애인복지에 관한 관련 부처의 협조에 관한 사항, 그 밖에 장애인복지와 관련하여 대통령령으로 정하는 사항을 심의·조정한다.

(2) 보건복지부

보건복지부는 장애인복지정책을 총괄하며, 장애인정책국과 그 아래 장애인정책과, 장애인권익지원과, 장애인자립기반과, 장애인서비스과, 장애인건강과를 두어 장애인소득보장·장애인복지시설·장애인복지 서비스 등 고용·특수교육·이동권 등 일부를 제외한 대부분의 장애인복지정책을 다루고 있다. 보건복지부 장애인복지정책 전달체계와 각 부처의 주요 업무내용을 제시하면 그림 9-1과 표 9-2, 표 9-3과 같다.

• 표 9-2 • 보건복지부 장애인정책국 업무내용

부서명	주요 업무내용	
장애인 정책과 (복지)	• 장애인복지 관련 종합계획의 수립 및 조정 • 장애인복지 관련 정책의 수립 및 평가 • 장애인복지 관련 법령에 관한 사항 • 장애인등록 및 판정에 관한 사항 • 장애인 복지업무 평가에 관한 사항 • 장애인단체에 관한 사항	• 한국장애인개발원 운영 지원 • 장애예방과 발생에 관한 사항 총괄 및 조정 • 외국인 장애인복지서비스에 관한 사항 • 장애인차량 LPG지원 사업 • 장애인복지 전문인력의 양성 및 지원 • 그 밖에 국내 다른 과의 주관에 속하지 아니하는 사항
장애인 권익지원과 (재활)	• 장애인거주시설의 지원 및 육성 • 장애인복지관 등 지역사회재활시설의 지원 및 육성 • 장애유형별 재활프로그램의 개발 및 지원 • 장애인 자립생활센터 및 관련 서비스의 지원·육성 • 장애인차별 관련 관리·운영 및 종합대책 수립 • 장애인차별금지 관련 법령 및 제도개선에 관한 사항	• 장애인의 권익증진 및 사회적 인식개선에 관한 사항 • 「장애인의 권리에 관한 협약」 등 국제협력에 관한 사항 • 장애인의 사회참여 평가에 관한 사항 • 장애인 편의증진에 관한 계획의 수립 및 평가 • 장애인 편의증진 관련 법령에 관한 사항 • 장애인의 이동편의 지원에 관한 사항
장애인 자립기반과 (소득보장)	• 장애인의 직업재활 및 소득보장에 관한 계획의 수립 및 조정 • 장애인 소득보장 관련 법령에 관한 사항 • 장애인의 일자리 창출 관련 사항 • 장애인 직업재활시설의 지원 및 육성 • 장애인 직업재활 프로그램의 실시 및 평가	• 장애인 직업재활 전문인력제도의 운영 및 지원 • 장애인연금 관련 법령 및 제도에 관한 사항 • 장애인연금 운영에 관한 사항 • 장애인연금 국비·지방비 부담 기준 관리 등 재정운영에 관한 사항 • 장애인연금 수급자의 선정 및 적정관리에 관한 사항

	• 장애인생산품의 판매촉진 및 우선구매제도에 관한 사항 • 장애인의 창업 지원 및 자립자금의 대여사업 등 생활안정 지원에 관한 사항	• 장애수당 및 장애아동수당 운영에 관한 사항 • 장애아동 특별보호연금에 관한 사항 • 장애인 자산형성 및 경제적 지원대책에 관한 사항
장애인 서비스과	• 발달장애인 지원 기본계획의 수립 및 평가에 관한 사항 • 여성장애인 관련 정책의 개발 및 지원에 관한 사항 • 장애아동 및 장애인가족 지원에 관한 사항 • 장애인 후견제도 지원에 관한 사항 • 장애인활동지원 관련 법령 및 제도에 관한 사항 • 장애인활동지원 수급자의 관리 및 지원정책 수립·조정에 관한 사항 • 장애인활동지원급여의 기준 및 급여비용의 산정에 관한 사항 • 장애인활동지원 관련 이용지원에 관한 사항 • 장애인활동지원기관 운영 및 활동보조인 양성에 관한 사항	• 장애인활동지원기관의 현지조사 및 관리·평가 등에 관한 사항 • 장애인활동지원급여의 사후관리에 관한 사항 • 장애인활동지원사업 관리기관의 관리·감독에 관한 사항 • 장애인활동지원사업 국비·지방비 부담 기준 관리 등 재정운영에 관한 사항 • 장애인활동지원사업에 관한 조사·연구·홍보 및 통계관리에 관한 사항 • 발달장애인 주간활동서비스 및 방과 후 활동서비스에 관한 사항 • 발달장애인지원센터 운영에 관한 사항 • 발달장애인 권리보장 및 지원 사업에 관한 조사·연구·홍보 및 통계관리에 관한 사항
장애인 건강과	• 장애인 건강권 및 의료접근성 보장에 관한 법령에 관한 사항 • 장애인 건강보건관리 전달체계의 구축 및 지원에 관한 사항 • 장애인 건강보건관리사업에 관한 사항 • 장애인 의료재활에 관한 사항 • 국립재활원의 운영 및 지원에 관한 사항	• 여성장애인 건강 관련 정책에 관한 사항 • 장애아동 발달재활서비스에 관한 사항 • 장애인 보조기기에 관한 사항 • 장애인 의료비 지원에 관한 사항 • 발달장애인 거점병원 및 행동발달증진센터에 관한 사항

• 표 9-3 • 서비스 전달체계 운영부처

서비스 전달체계	운영부처
직업재활서비스	• 정책 및 제도 운영: 보건복지부, 고용노동부 • 사업집행: 광역시·도, 시·군·구 지방자치단체, 고용노동부 지방사무소 • 일선 전달체계: 장애인 공단 및 시·도지부, 직업훈련기관, 장애인복지기관 및 시설
의료재활서비스	• 정책 및 제도 운영: 보건복지부 • 사업집행: 시·군·구 지방자치단체 • 일선 전달체계: 보건소 등 보건기관, 병원
공적부조 및 사회적 서비스	• 정책 및 제도 운영: 보건복지부 • 공적부조, 시설보호, 재가장애인서비스, 상담지소 등의 서비스: 지방행정기관, 장애인복지기관, 시설 등

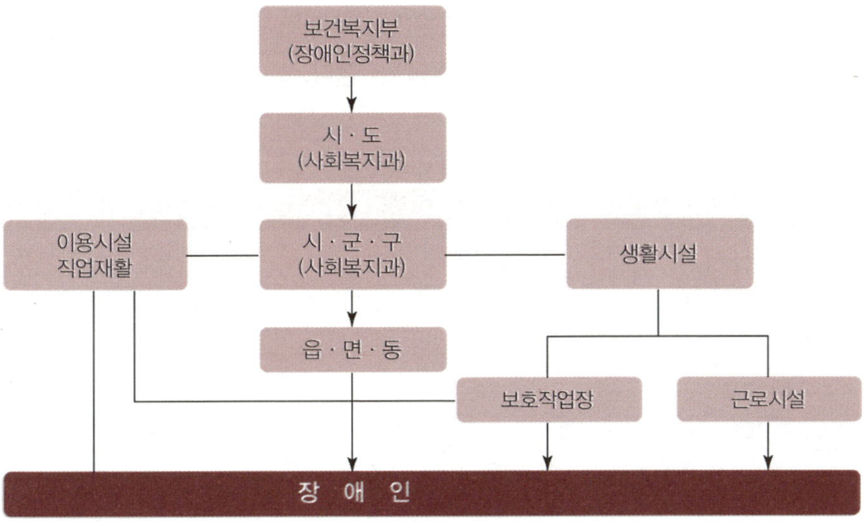

• 그림 9-1 • 보건복지부 공공기관의 전달체계

(3) 교육부

교육부는 장애아동 대상 특수교육 담당 부서로 특수교육정책과를 두고 있으며, 직업교육 및 치료교육을 담당하고 있다. 특수교육정책과의 업무 내용은 특수교육진흥에 관한 기본정책 수립, 특수학교 및 특수학급의 운영지도, 특수교육기관의 시설 및 실비지원, 특수학교의 직업교육 및 치료교육사항, 특수교육기관의 설립 및 운영 등을 수행한다(정일교 외, 2014).

(4) 고용노동부

고용노동부는 장애인 고용 관련 정책을 담당하며 장애인 직업재활서비스 전달체계는 통합고용정책국의 장애인고용과와 한국장애인고용공단을 통해 지도 · 감독이 이루어진다. 장애인고용과는 정책업무, 고용촉진업무, 고용지원업무, 기금전략업무, 기금관리업무, 행사 · 혁신관리업무 등 장애인정책을 담당한다. 한국장애인고용공단은 「장애인고용촉진 및 직업재활법」에 따라 장애인 직업생활을 통한 자립지원과 장애인고용촉진 및 직업재활업무 수행을 위해 설립한 기관이다. 장애인고용과와 한국장애인고용공단의 주요 업무를 정리하면 표 9-4와 같다.

• 표 9-4 • 고용노동부 장애인 직업재활서비스

전달체계	업무내용	
장애인고용과	• 장애인고용촉진 및 직업재활기금 • 장애인고용 부담금 • 장애인고용시설 • 장애인근로자 고용지원	• 장애인표준사업장 설립 · 운영지원 • 장애인직업훈련 • 장애인 취업알선 및 취업 사후지도
한국장애인 고용공단	• 직업상담 • 직업적성검사 • 직업능력평가	• 직업적응훈련 • 취업알선 • 취업 후 적응지도

출처: 이종운 외(2011). p. 143.

2) 지방정부 행정 전달체계

행정안전부의 지방행정조직인 지방자치단체에는 「장애인복지법」 제13조에서 지방장애인복지위원회 설치를 규정하고 있다. 지방장애인복지위원회의 설치 목적은 장애인복지 관련 사업의 기획 · 조사 · 실시 등을 하는 데 필요한 사항을 심의하기 위함이다. 지방정부의 경우 별도의 지방행정기관 없이 행정안전부의 일반 지방행정조직인 지방자치단체의 광역시 · 도, 시 · 군 · 구, 읍 · 면 · 동을 통해 장애인복지 서비스를 제공하고 있다. 서울시와 경기도는 장애인복지과에서 장애인복지를 담당하고, 기타 시 · 도에서는 사회복지과에서 타 분야를 포함한 장애인복지를 담당하고 있다. 시 · 군 · 구에서는 주민생활국 또는 복지문화국 산하 사회복지과에서 장애인복지를 담당하고 있으며, 읍 · 면 · 동에서는 사회복지직 공무원이 장애인복지를 담당하고 있다.

보건복지부, 교육부, 고용노동부에서 장애인복지 담당과의 주요 내용을 살펴보면 표 9-5와 같다.

• 표 9-5 • 지방정부 행정 전달체계의 장애인복지 담당부처

구분	주요 업무 담당과
보건복지부	• 서울시, 경기도: 장애인복지(정책)과, 장애인자립지원과 • 기타 시·도: 장애인복지과 또는 사회복지과 • 시·군·구: 주민생활국 또는 복지문화국 • 읍·면·동: 사회복지직 공무원
교육부	• 16개의 시·도 교육청, 지역 교육지원청
고용노동부	• 고용노동부 산하 6개 지방노동청, 2개 출장소, 한국장애인고용공단 및 6개 지역본부

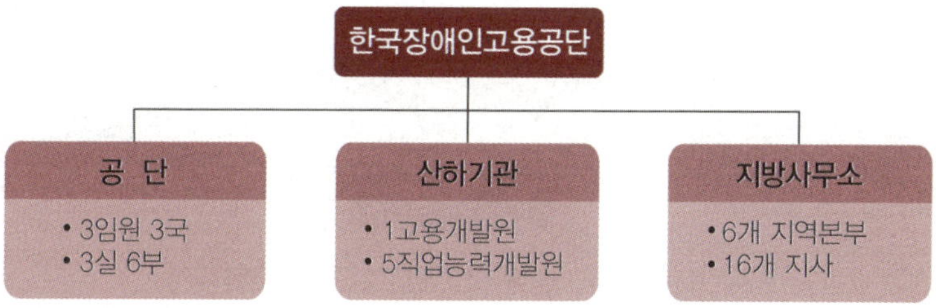

2. 민간 전달체계

장애인복지 민간 전달체계는 보건복지부로부터 광역시·도, 시·군·구를 통해 시설운영자에게 전달된다. 장애인복지시설은 주로 민간법인·기관에서 운영하고, 이용시설인 장애복지관은 정부에서 설립, 운영을 민간기관에 위탁하고 있다(손광훈, 2006). 2022년 중앙부처별 장애인단체 등록 현황을 살펴보면, 장애인복지 사업을 수행하는 전국적 성격의 민간단체는 사단법인 한국시각장애인협회 등 86개 단체가 있고, 지방자치단체별 장애인 등록 단체는 1,392개가 있다(2022 장애인단체실무자 매뉴얼, 2022). 민간기관의 전달체계를 간략히 정리하면 그림 9-2와 같다.

이러한 민간 전달체계는 민간에 의해 운영되는 사회복지시설과 장애인의 권익보호 및 회원의 복지증진을 위한 장애인단체로 구성되며 구체적인 내용은 다음과 같다.

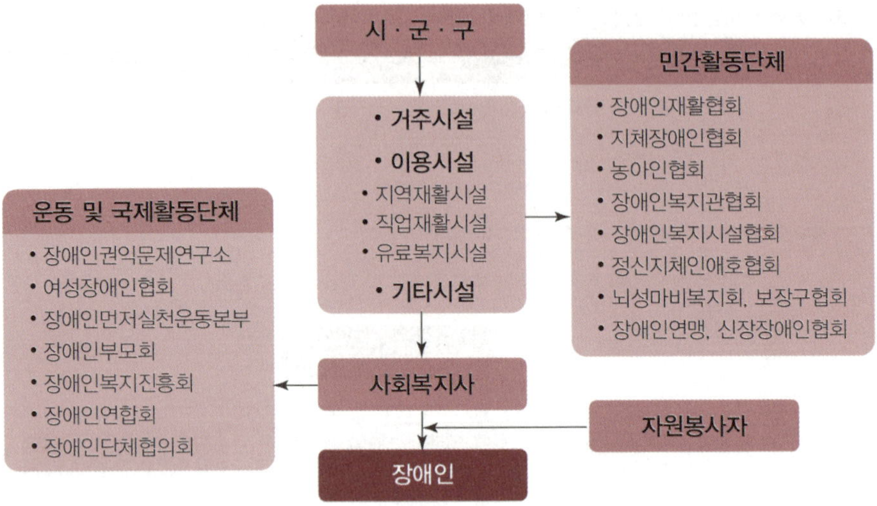

• 그림 9-2 • 민간기관의 전달체계

1) 장애인복지시설

장애인복지시설은 자립생활이 어려운 장애인에게 사회적 공공성을 실현하면서 심신의 미발달 · 미성숙 · 노화 또는 장애로 인한 사회적 핸디캡을 극복할 수 있도록 지원하고, 가정의 대리적 역할을 수행한다. 장애인의 심리적 안정을 위한 정서지지와 격려, 일상생활 영위를 위한 생활지원, 기능강화와 사회적응을 위한 서비스, 가치 있는 일에 종사하고 대인관계를 증진시키는 사회서비스 등의 모든 서비스를 제공한다(고명석 외, 2016).

장애인복지시설의 설치 · 운영은 원칙적으로 국가와 지방자치단체의 권한이지만, 보건복지부장관이 정한 기준을 충족하면 개인도 신고함으로써 설치 · 운영이 가능하다. 입소 대상은 국가와 「국민기초생활보장법」의 수급권자지만, 시설 정원의 30% 이내에서 실비 입소를 받을 수 있다. 장애인복지시설은 거주시설과 이용시설로 나눌 수 있다(정일교 외, 2014).

(1) 거주시설(생활시설)

거주시설은 자립생활이 어려운 장애인에게 필요한 기간 동안 생활하면서 생활보호를 중심으로 재활에 필요한 상담·치료·훈련 등 서비스를 제공하여 사회복귀를 준비하거나 장애로 인하여 장기간 요양하게 하며, 24시간 의식주를 제공하는 보호중심의 시설이다. 입소 자격은 장애유형별 기준, 장애중증정도별, 연령별 기준을 두며, 국민기초생활수급자로서 등록장애인으로 부양의무자가 없거나 있어도 능력이 없어 부양받을 수 없는 자로 한정한다. 사업내용은 일차적으로 입소장애인의 물리적 보호제공이며, 그 종류와 기능을 정리하면 표 9-6과 같다.

• 표 9-6 • 장애인 거주시설

종류	기능
장애유형별 생활시설	장애유형이 같거나 또는 유사한 장애를 가진 사람들을 입소 또는 통원하게 하여 그들의 장애유형에 적합한 의료·교육·직업·심리·사회 등 재활서비스와 주거서비스를 제공하는 시설
중증장애인 요양시설	장애의 정도가 심하여 항상 도움이 필요한 사람을 입소하게 하여 상담·치료 또는 요양서비스를 제공하는 시설
장애영유아 생활시설	6세 미만의 장애영유아를 입소 또는 통원하게 하여 보호함과 동시에 그 재활에 필요한 의료·교육·심리·사회 등 재활서비스를 제공하는 시설
장애인 단기거주시설	보호자의 일시적 부재 등으로 도움이 필요한 장애인에게 단기간 주거서비스, 일상생활지원서비스, 지역사회생활서비스를 제공하는 시설
장애인 공동생활가정	장애인들이 스스로 사회에 적응하기 위하여 전문인력의 지도를 받으며 공동으로 생활하는 지역사회 내의 소규모 주거시설

(2) 이용시설

재가장애인에게 치료·교육·훈련 및 재활에 필요한 전문적 서비스를 제공하는 시설이며, 지역사회재활시설·직업재활시설·기타시설로 분류한다.

① 지역사회재활시설

장애인 지역재활시설은 장애인이 집에서 생활하면서 치료와 교육,

직업훈련서비스를 받을 수 있도록 통원 가능한 이용시설로 지역사회에 거주하는 장애인의 욕구에 맞는 서비스를 제공한다. 장애인 지역재활시설의 종류와 기능을 정리하면 표 9-7과 같다.

• 표 9-7 • 장애인 지역재활시설

종류	기능
장애인복지관	장애인에 대한 각종 상담 및 사회·심리·교육·직업·의료재활 등 장애인의 지역사회생활에 필요한 종합적인 재활서비스를 제공하고 장애에 대한 사회적 인식 개선사업을 수행하는 시설
장애인 주간보호시설	장애인을 주간에 일시 보호하여 장애인에게 필요한 재활서비스를 제공하는 시설
장애인 체육시설	장애인의 체력증진 또는 신체기능회복 활동을 지원하고 이와 관련된 편의를 제공하는 시설
장애인 수련시설	장애인의 문화·취미·오락활동 등을 통한 심신수련을 조장·지원하고 이와 관련된 편의를 제공 하는 시설
장애인 생활이동지원센터	이동에 상당한 제약이 있는 장애인에게 차량운행을 통한 직장 출·퇴근 및 외출보조, 기타 이동서비스를 제공하는 시설
수어통역센터	의사소통에 지장이 있는 청각·언어장애인에 대한 수어통역 및 상담서비스를 제공하는 시설
점자도서관	시각장애인에게 점자간행물 및 녹음서를 열람하게 하는 시설
점자도서 및 녹음서 출판시설	시각장애인을 위한 점자간행물 및 녹음서를 출판하는 시설
장애인 재활치료시설	장애아동을 포함한 장애인에게 언어·미술·음악 등 재활치료에 필요한 치료, 상담, 훈련 등의 서비스를 제공하고 서비스를 이용한 자로부터 비용을 수납하여 운영하는 시설

② 직업재활시설

직업재활시설이란 일반이용이 어려운 장애인이 특별히 준비된 직업환경에서 직업훈련을 받거나 직업생활을 영위할 수 있도록 하는 시설이다. 보건복지부에서는 장애인의 직업적 능력과 가능여부에 따라 장애인 직업재활시설을 구분하였으며, 그 종류와 기능은 표 9-8과 같다.

• 표 9-8 • 장애인 직업재활시설

종류	기능
장애인 보호작업장	직업능력이 낮은 장애인에게 직업적응능력 및 직무기능 향상훈련 등 직업재활훈련 프로그램을 제공하고, 보호가 가능한 조건에서 근로의 기회를 제공하며, 이에 상응하는 노동의 대가로 임금을 지급하며, 장애인 근로사업장이나 그 밖의 경쟁적인 고용시장으로 옮겨갈 수 있도록 돕는 역할을 하는 시설
장애인 근로사업장	직업능력은 있으나 이동 및 접근성이나 사회적 제약 등으로 취업이 어려운 장애인에게 근로의 기회를 제공하고, 최저임금 이상의 임금을 지급하며, 경쟁적인 고용시장으로 옮겨갈 수 있도록 돕는 역할을 하는 시설
장애인 직업적응훈련시설	작업능력이 극히 낮은 장애인에게 작업활동, 일상생활훈련 등을 제공하여 기초작업능력을 습득시키고, 작업평가 및 사회적응훈련 등을 실시하여 장애인 보호작업장 또는 장애인근로사업장이나 그 밖의 경쟁적인 고용시장으로 옮겨갈 수 있도록 돕는 역할을 하는 시설

2) 장애인단체

장애인단체는 사회의 장애인 문제를 개인의 병리문제로 규정하던 것을 사회구조적 문제와 모순으로 규정하는 인식의 전환을 위해서 장애인 당사자가 주도적으로 나서서 문제를 해결하고, 정책형성 과정에 참여하여 영향력을 행사하며 구체적인 지도와 변화를 끌어내기 위해 형성된 단체이다(고명석 외, 2016). 「장애인복지법」은 "국가와 지방자치단체는 장애인의 복지를 향상하고 자립을 돕기 위하여 장애인복지단체를 보호·육성하도록 노력하여야 한다"고 규정하고 있다. 민간부문 장애인복지사업은 여러 형태의 기관·단체·시설 등이 있는데 그 내용을 살펴보면 다음과 같다.

첫째, 장애인 관련 민간 활동단체이다. 민간 활동단체는 민간단체와 일선에서 시설보호서비스를 주로 하는 사회복지법인과 시설로 구분할 수 있는데, 이들 기관·단체·시설들은 각기 설립목적에 따라 프로그램을 운영하거나 자원동원 및 조직 등의 지역사회사업을 통하여 장애인의 권익옹호를 위해 활동하고 있다. 대표적인 단체로는 한국장애인재활협회, 한국시각장애인연합회, 한국장애인부모회, 한국정신지체인애호협회(현 한국지적발달장애인복지협회), 한국농아복지회(현 한국농아인협회), 한국뇌성마비복지회가 있다.

둘째, 장애인 관련 국제활동단체이다. 국제활동은 국제교류에서 출발한다. 민간차원의 국제교류는 주로 장애 관련 국제기구회의 참가로 이루어지고 있는데, 장애 관련 양대 국제기구는 국제재활협회(Rehabilitation International, RI)와 국제 장애인연맹(Disabled People International, DPI)이 있다.

제3절 전달체계의 문제점과 개선과제 및 개선방안

복지행정 전달체계는 수요자 중심의 전달체계로서 효과성과 효율성을 목표로 하고 있으나, 현실의 전달체계는 공급자 또는 행정가 중심의 전달체계로 편향될 가능성이 많다. 이는 장애인복지 지출이 증가하고 서비스를 전달하는 기관 및 시설이 크게 늘어가고 있음에도 불구하고 지금까지 전달 문제는 많은 지적과 대안모색이 되어 왔지만 여전히 해결되지 않고 있다. 장애인복지 서비스 제공기관들 간의 협력을 어렵게 하는 데는 전달체계의 문제가 중요한 원인을 제공하고 있다(임종호, 2016).

우리나라 장애인복지 전달체계는 보건복지부를 중심으로 교육부 · 고용노동부 · 행정안전부 등 상당수의 중앙부처가 적용대상에 따라 부분적으로 관여하고 있다. 그밖에도 장애인의 이동권 보장은 국토교통부, 정보접근권 보장은 행정안전부 등 업무내용에 따라 여러 부처들이 관련되어 있다. 이렇게 장애인 관련 업무는 모든 생활 영역에 걸쳐 다양하게 전개될 수 있기 때문에 각기 담당 주무부서가 달라질 수 있어 장애인 업무의 전체적인 통일성과 연계성이 떨어져 업무 처리의 중복에 따른 낭비와 비효율을 가져올 수 있다. 또한 행정서비스의 수혜자인 장애인 당사자 입장에서는 혼란과 불편함을 초래할 수 있다.

현실적으로 주무부서인 보건복지부의 통합 · 조정기능에 한계가 있으므로 이를 별도로 수행하기 위한 방안으로 현행 장애인정책조정위원회제도가 생겼다. 또 중앙관련부처에 장애인정책책임관을 지정할 수 있는 제도를 신설하였고, 지방자치단체에는 장애인복지위원회를 두게 하고 있다.

장애인정책조정위원회는 회의체 심의기구이며, 이 위원회의 기능과 역할은 장애인종합정책의 수립, 관계부처 간 의견 조정, 정책이행의 감독·평가이다. 이를 수행하기 위한 위원회의 심의·조정 사항으로 장애인복지정책의 기본방향, 장애인복지 향상을 위한 제도개선과 예산지원, 중요한 특수교육정책의 조정, 장애인고용촉진정책의 중요한 조정, 장애인 이동보장 정책조정, 장애인정책 추진과 관련한 재원조달, 장애인복지에 관한 관련 부처의 협조 등을 포함하고 있다.

1. 전달체계의 문제점

우리나라 장애인복지 서비스 전달체계상의 문제점은 다음과 같다.

첫째, 공공부조 및 장애인복지 서비스 영역의 장애인복지정책 간의 상호연계성이 미흡하다. 장애관련 정책은 정책 사안에 따라 업무를 집행하는 주무부처가 다양하므로 상호연계성이 필요하다. 이러한 역할을 위해 장애인정책조정위원회가 설치되었지만, 1년에 몇 차례 회의를 개최하는 활동만으로는 현실적으로 정책 간 연계를 끌어낼 정도의 제도적 장치가 되지 못하고 있다.

둘째, 장애인복지 조정의 역할을 현재의 보건복지부로부터의 수직적 체계가 타당한지에 대한 검토가 요구되고 있다. 장애인의 욕구는 즉시 충족되어야 할 뿐만 아니라 지역적 특성에 따라 상이하게 나타날 수 있다. 5대 보험과 공공부조에서와 같이 일방적인 상의하달식 수직적 전달체계는 지역 특성과 욕구를 반영한 복지 서비스를 제공할 여건이 되지 못한다. 또 장애인 개인의 욕구가 충분히 전달될 수 있는 의사소통 통로가 없어 욕구충족에 적합하지 않다(정일교, 2014). 단순히 장애인정책의 소관 비중이 높다고 하여 각 부처와의 동등한 입장에서 총괄·조정한다는 것은 부처 간 위계상으로 볼 때, 현실적으로 불가능하여 단순 취합적 기능에 머무르기가 쉽다. 그 결과 정책 수요자 중심의 정책설계가 심도 있게 검토되지 못함으로써 장애인들은 공급자 중심의 행정 전달체계 내에서 파편화된 정책 내용들에 개별적으로 대응해야 하므로 만족도를 제고시키기가 쉽지 않은 실정이다.

셋째, 장애인정책조정위원회가 본래의 목적과 기능을 다하지 못하고 있다는 점이다. 장애인정책조정위원회는 장애인종합정책 수립, 관계부처 간 의견 조정, 정책이행의 감독·평가를 수행하기 위해 만들어졌으나, 실제에 있어서는 회의체기구의 한계성으로 인해 제대로 기능을 조정 및 감독·평가하지 못하고 있다.

넷째, 전문인력 부족으로 장애인이 가지고 있는 다양한 욕구들이 제대로 평가되지 못하고, 이것이 장애인정책 전달체계에 제대로 반영되지 못하고 있다는 점이다. 장애인복지 서비스는 개개인 장애인의 욕구에 따라 맞춤서비스로 제공되어야 한다.

다섯째, 장애인정책의 통합·조정기능 부재로 자원투입의 중복과 낭비가 발생하고, 자원분배의 효율성이 떨어지며 수요자에게 돌아가야 할 이익에 손해를 발생시킨다는 점이다. 통합·조정의 주무부처가 존재하지 않거나 있더라도 그 역할이 미흡하다면 자원의 낭비가 발생할 수밖에 없다.

2. 전달체계의 개선방안

장애인복지 전달체계를 새롭게 개선하려는 노력이 보건복지부와 고용노동부를 중심으로 진행되고 있다. 장애인복지 전달체계의 개선방법에는 사회복지접근의 용이성, 행정조직의 일원화, 행정의 통합화, 행정체계 단축화, 사회복지행정의 전문화, 지역복지 및 주민참여의 활성화, 사회복지 연계망 구축, 효과성과 효율성 제고, 인력의 전문성 등을 들 수 있다.

이러한 입장에서 장애인복지 서비스 전달체계의 개선방안으로서 현행 제도의 기본 틀을 유지하면서 효과적이고 효율적인 방법론을 찾아본다면 현행 장애인정책조정위원회를 상설기구화하는 것이라 본다. 여기서는 이러한 개선방안으로서 통합·조정역할 담당의 상설기구 설치와 지역단위 장애인복지 사업의 기능 강화를 위한 법정 기관 설립을 제시하고자 한다.

1) 장애인정책 통합·조정 전담 상설기구 설치

현행법과 제도의 기본 틀을 크게 바꾸지 않으면서 할 수 있는 통합·조정 전담 상설기구 설치방안은 기존의 장애인정책조정위원회를 상설기구로 전환하는 것이라 할 수 있다. 즉, 현행 장애인정책조정위원회의 기능을 실질화하여 국무총리 직속기관으로 하는 것이다. 이러한 위원회의 기대효과는 다음과 같다.

첫째, 위원회 상설기구화로 장애인과 정부의 효과적인 의사소통 역할과 장애계 현안을 심의·조정하며, 관계부처 간 다양한 장애인정책을 통합·조정할 수 있다. 즉, 위원회의 현행법상 기능인 장애인종합정책 수립, 관계부처 간 의견조정 및 정책이행의 감독·평가를 실질화할 수 있다.

둘째, 위원회는 종합정책 수립과 정책집행 간 조정역할을 함으로써 최소한의 기구로서 효과적·효율적인 장애인정책을 수행할 수 있게 된다.

셋째, 새로운 법 제정 없이도 현행법 개정만으로 시행이 가능하다. 위원회의 상설기구 전환으로 현행 보건복지부의 장애인정책과를 이 위원회로 흡수 통합해 최소의 추가비용과 인력 투자로 시행할 수 있으며, 필요한 경우 관련 부처에서 인력을 파견토록 하여 조직구성도 가능할 것이다.

2) 지역단위 장애인복지 사업기능 강화와 법정 기관 설립

중앙정부의 장애인정책이 장애인에게 효율적으로 전달되기 위해서는 중앙의 전달체계 재정립과 더불어 중앙정부와 지방정부 시스템 간의 연계와 협력체계의 구축 그리고 지역사회복지에 대한 장애인복지 사업기능을 강화해야 한다. 이를 위해 정부의 행정조직에 따라 시·군·구의 장애인복지전담부서를 두고 전담공무원을 배치하여 이들을 전문화하고 효율적인 업무가 이루어지도록 해야 한다. 그리고 보건복지부의 장애인정책사업을 효과적으로 수행할 수 있도록 법정 기관 설립의 필요성이 요구된다. 이 법정 기관은 공공재정 정립에 대하여 일정한 책임을 질 수 있도록 「장애인복지법」상의 특별법인으로 설치할 필요가 있다.

현행 장애인복지 서비스사업에 필요한 재원은 정부재정, 사업기관의 부담금, 본인부담금 등 여러 형태로 조달되고 있다. 사회보험제도에 의한 장애급여재정은 연금, 산재보험 등 담당기관이 지출하고, 공공부조에 의한 생계보호, 의료급여사업에 필요한 재정은 보건복지부에서 지방행정기관을 경유하여 지출한다.

이처럼 장애인복지 서비스사업의 재원은 주로 정부재정에서 이루어지고 있으며, 대부분 보건복지부에서 지출되고 있다. 또한 민간기관의 장애인복지 서비스사업에 필요한 재정도 주로 정부의 지원을 받아 보건복지부와 지방행정기관의 행정계통을 통하여 지출되고 있다. 현실적으로 정부 재정에 의해 전달체계가 이루어지다 보니 효율적인 전달이 이루어지기가 쉽지 않았다. 따라서 「장애인복지법」상 법정 기관의 역할이 필요하다. 법정 기관은 지방에 지역사회단체를 설치하여 지방행정기관의 장애인복지업무를 지원하고, 민간기관의 장애인복지 서비스 업무를 연계·조정하는 기능을 수행한다(한국장애인복지진흥회, 2007).

CHAPTER 10

장애인복지정책과 관련 법

장애인복지정책은 장애의 다양한 특성과 유형에 따라 장애인 관련 법들을 도입했고, 그와 관련한 서비스는 양적·질적으로 확대됐다. 이 장에서는 장애인복지정책의 기본방향과 장애인복지 실현의 주요 분야인 빈곤과 소득보장·고용·교육·의료·주거·활동지원·접근권과 관련된 법, 주요 현황 및 현재 시행되고 있는 분야별 중요 시책들에 대해서 살펴보고자 한다.

제 1 절 장애인복지정책

1. 장애인복지정책의 변화 과정

장애인복지정책은 장애인복지 패러다임의 변화에 따른 장애인의 권리에 기반한 완전한 사회참여와 평등을 보장하고, 장애인의 삶의 질 제고와 사회참여 확대 등을 통해 복지사회를 추구하는 방향으로 변화해 왔다. 그간의 「장애인복지법」과 정책의 변화 과정을 살펴보면, 1980년대 이전까지는 단순구호 단계로 시설수용 보호정책 일변도였으나, 이후 정부는 UN이 '세계장애인의 해'로 정한 1981년에 「심신장애자복지법」을 제정하고, 정부조직에 장애인복지전담부서(보건사회부 재활과)를 설치하여 장애인 관련 법령과 제도를 정비하여 장애인의 복지증진을 위해 노력하기 시작하였다. 서울장애인올림픽 개최(1988), 장애인의무고용제 도입(1990), 「특수교육진흥법」 개정(1994), 「장애인·노인·임산부 등의 편의증진 보장에 관한 법률」 제정(1997), 제2차 장애인복지발전 5개년 계획(1998~2002) 수립 및 시행(1997), 「장애인복지법」 개정을 통한 제1차 장애 범주 확대(1999), 「장애인고용촉진 및 직업재활법」 제정(1999), 제2차 장애인복지발전 5개년 계획 수립(2003), 제2차 장애 범주 확대(2003), 제3차 장애인정책종합계획 수립(2008), 「장애인차별금지법」 제정(2011), 「장애인활동법」 제정(2011), 제4차 장애인정책발전 5개년 계획 수립(2013), '장애인의 자립생활이 이루어지는 포용사회'를 비전으로 제5차 장애인정책종합계획 수립(2018), 현재 '맞춤형 지원으로 장애인의 자유롭고 평등한 삶을 실현하는 행복사회'를 비전으로 제6차 장애인정책종합계획(2023~2027)을 수립, 추진 중이다.

2. 장애인복지정책의 기본방향

1) 장애인정책종합계획의 법적 근거

「장애인복지법」 제10조의2(장애인정책종합계획)에 의하면 보건복지부장관은 장애인의 권익과 복지증진을 위해 관계중앙행정기관의 장과 협의하여 5년마다 장애인정책종합계획을 수립·시행하도록 되어 있다.

2) 장애인정책의 특성

장애인정책의 주요 특성은 첫째, 장애인이라는 특정 대상에 대한 생애주기별 정책을 추진해야 한다. 둘째, 소득·일자리·주거·교육 등 모든 생활 영역에 걸쳐 범부처 차원의 정책 추진이 되어야 한다. 셋째, 다양한 경로(지방자치단체·공공기관·민간단체 등)를 통한 서비스 제공이 이루어져야 한다. 이를 구체적으로 살펴보면 다음과 같다.

① 장애인에 대한 생애주기별 정책의 종합추진: 신체적·정신적 장애로 일상생활이 어려운 모든 사람을 대상으로 유아기부터 노년기까지 생애주기별 필요서비스를 지원한다.

② 의료보장·소득보장·일자리·주거 지원 등 여러 부처에 걸쳐 정책추진: 보건복지부는 장애인 활동지원, 장애아보육, 장애연금 및 수당지급, 장애인일자리 및 직업재활, 장애인복지시설 기능보강 등을 지원하며, 행정안전부(IT기기 지원), 고용노동부(고용지원, 의무고용제), 교육부(특수교육), 국토교통부(주거·교통시설), 문화체육관광부(장애인체육·문화·여가), 방송통신위원회(방송접근성 지원) 등이 각기 역할을 나누어 지원한다.

③ 다양한 경로(지자체·공공기관·민간단체 등)를 통한 서비스 제공: 현금급여·현물급여 및 세제감면 등 80가지 이상의 장애인서비스를 정부·지자체·공공기관 및 민간단체 등에서 제공하되, 장애인연금·장애수당 등 현금급여는 지자체에서 지급하며, 장애인 활동지원 등 현물급여는 공공기관 또는 민간기관을 통해 지급하고 세제감면·교통시설·문화시설 무료이용 등은 법령 규정에 따라서 지원한다.

3) 제6차 장애인정책종합계획의 기본방향

(1) 비전 및 정책목표

정부에서는 제6차 장애인정책종합계획(2023~2027)의 기본방향에서 '맞춤형 지원으로 장애인의 자유롭고 평등한 삶을 실현하는 행복사회'라는 비전하에 9대 분야, 74개 세부과제를 제시하고 있는데, 그 내용은 표 10-1

과 같다.

• 표 10-1 • 제6차 장애인정책종합계획 추진전략

<table>
<tr><td colspan="2">비전: 맞춤형 지원으로 장애인의 자유롭고 평등한 삶을 실현하는 행복사회
목표: 장애인의 사회적 배제 해소와 삶의 질 향상</td></tr>
<tr><td colspan="2">정책방향: 약자복지(취약계층인 장애인에 대해 더욱 두텁게 지원)
사회서비스 고도화(수요자 욕구에 기반한 맞춤형 통합서비스 지원)
글로벌 스탠다드(전 생활영역에서의 장애인의 권리보장 확대)</td></tr>
<tr><td colspan="2">정책과제 : 9대 정책 분야 · 30대 중점과제 · 74개 세부 추진과제</td></tr>
<tr><td>장애인 맞춤형 통합지원 및 자립 · 주거결정권 강화</td><td>1. 지역사회 장애인 생활지원 강화
2. 발달장애인 평생돌봄 지원체계 마련
3. 장애인 자립 및 주거 자기결정권 강화
4. 장애인 서비스 제공 기반 고도화</td></tr>
<tr><td>지역사회 기반 장애인 보건의료체계 강화</td><td>1. 장애인 맞춤형 보건의료 지원체계 확립
2. 장애인 보건의료사업 고도화
3. 혁신기술 기반 장애인 헬스케어 활성화</td></tr>
<tr><td>생애단계별 맞춤형 교육지원체계 고도화</td><td>1. 장애 조기발견 및 영유아 교육지원 강화
2. 장애학생 맞춤형 특수교육 지원 강화
3. 장애인 고등 · 평생교육 기회 확대</td></tr>
<tr><td>소득보장제도 강화 및 장애인 고용지원 확대</td><td>1. 장애인 소득보장 확대 및 제도 선진화
2. 취업지원 및 고용안정 · 직업훈련 확대
3. 장애인 벤처 · 중소기업 지원</td></tr>
<tr><td>장애인의 일상생활 속 체육 · 관광 여가 확대</td><td>1. 장애인 체육 이용환경 지원 확대
2. 장애인 관광 향유 증진 기반 확충</td></tr>
<tr><td>장애인 문화예술 향유 및 디지털 · 미디어 참여 확대</td><td>1. 장애인 문화예술 접근성 제고
2. 장애예술활동지원 강화
3. ICT기반 정보격차 해소 · 사회참여 확대
4. 미디어 접근권 보장 강화</td></tr>
<tr><td>장애인 이동 및 시설 접근, 재난안전 보장 강화</td><td>1. 장애인 교통수단 확대 및 이동 보장
2. 일상생활 위한 장애인 편의시설 확대
3. 장애인 재난안전 대응체계 강화</td></tr>
<tr><td>장애인의 사회참여 및 권리보장 강화</td><td>1. 장애인 학대 예방 및 권리옹호 강화
2. 정신장애인 사회참여 및 권리증진 지원
3. 여성장애인 지원 확대 및 차별해소
4. 장애인정책 국제협력 강화</td></tr>
<tr><td>장애인정책 추진기반 강화</td><td>1. 장애 개념 확대
2. 장애인정책 조정 거버넌스 강화
3. 장애인 보건복지 전달체계 개편
4. 장애인권리보장원 설치</td></tr>
</table>

출처: 제6차 장애인정책종합계획(2023~2027). 관계부처합동. 2023.

제2절 빈곤과 소득보장

1. 장애인의 빈곤상황

장애인들에게 취업으로 인한 소득보장 기회를 제공하고 직장생활을 통해 자립생활을 영위하게 하는 것은 사회통합에 크게 기여할 수 있다. 이를 위해 1990년 1월 「장애인고용촉진 등에 관한 법률」을 제정하고 장애인고용의무제도를 실시하여 민간과 정부에 소속된 근로자의 일정비율 장애인을 고용하게 하는 정책을 시행하였다. 2010년 7월, 18세 이상 중증장애인에게 소득인정액이 일정 수준 이하인 자를 대상으로 무기여연금을 지급하는 장애인연금제도를 도입해 중증장애인에 대한 다층소득보장체계를 마련하였다. 장애인연금제도로 중증장애인의 소득보장의 제도적 기반을 마련하였지만, 장애인의 필요 소득과 빈곤은 해결될 수 없었다.

2. 소득보장

소득보장이란 개인의 소득이 상실·감소하는 경우에 기본소득을 유지할 수 있도록 공적 지원체계를 동원해 소득을 유지해 주는 것을 말한다. 장애인가구는 일반가구에 비해서 소득 유지가 어려운 상황이 많고, 생활의 빈곤화로 이어질 수 있으므로 사회보장 측면에서 소득보장은 중요한 부분이다. 장애인소득보장제도는 세 가지 유형이 있는데, 가입자의 기여에 기반한 사회보험 방식, 비기여방식으로 장애유형 및 정도 등 일정조건을 충족하는 경우 급여를 지급하는 사회수당 방식, 소득 및 자산조사를 통해 일정 수준 이하의 장애인에게 급여를 지급하는 사회부조 방식이다. 장애인의 사회보험으로는 국민연금보험과 산업재해보상보험이 있고, 공공부조인 국민기초생활보장제도가 있고, 사회수당은 장애수당과 장애아동수당이 있다. 그리고 각종 경제적 부담 경감 조치 등이 있다.

1) 장애인의 소득보장 관련 법

장애인의 소득보장 관련 법령을 살펴보면 표 10-2와 같다.

• 표 10-2 • 장애인의 소득보장 관련 법

법령	관련 조항
헌법	제10조(행복추구권), 제34조(인간다운 생활을 할 권리), 제34조(신체장애로 생활능력이 없는 국민의 국가보호 책임)
장애인복지법	제6조(중증장애인의 보호), 제27조(주택보급), 제30조(경제적 부담의 경감), 제42조(생업지원), 제49조(장애수당), 제50조(장애아동수당과 보호수당)
국민기초생활보장법	제9조(생계급여)
장애인연금법	전체
국민연금법	제49조(급여의 종류: 장애연금), 제67조(장애연금의 수급권자), 제68조(장애연금액), 제69조(장애의 중복조정), 재70조(장애연금액의 변경 등)

2) 소득보장의 종류

(1) 사회보험: 국민연금보험

국민연금은 소득의 일부를 보험료로 납부했다가 은퇴나 사고·질병·사망으로 소득 활동이 중단되었을 때 기본적인 생활을 유지할 수 있도록 매월 일정금액을 지급해 개인의 생활안정과 복지증진에 기여하는 사회보장제도이다. 국민연금의 종류 중 장애연금은 장애인정책이 가장 잘 반영된 급여로 가입 중에 발생한 질병·부상으로 신체 또는 정신장애로 소득감소에 대비한 급여를 지급하는 것을 말한다. 수급요건은 국민연금 납부요건이 충족되면 장애 정도(1~4급)에 해당되는 급여를 제공하는데, 가입 중에 발생한 질병·부상이 1년 6개월이 경과하여도 완치되지 않거나 후유장애가 발생한 경우 초진일로부터 1년 6개월이 경과한 날을 기준으로 장애등급을 심사한다. 2022년 기준 장애인 연령별 국민연금 수급자 현황을 살펴보면 표 10-3과 같다.

• 표 10-3 • 장애인의 연령별 국민연금(장애연금) 수급자 현황

(단위: 건)

구분	합계	24세 미만	25~29세	30~39세	40~49세	50~59세	60~69세	70~74세	75~79세	80세 이상
장애	72,726	41	250	3,223	12,454	22,789	22,478	6,347	3,737	1,407

출처: 국민연금공단. 국민연금 통계연보(2022. 9월말 기준).

장애연금의 장점은 장애수당과는 달리 「장애인연금법」에 의해 보장되므로 물가상승률 등을 반영하여 매년 인상된 연금을 지급받게 된다. 문제점은 국민연금은 보험료를 납부한 기여자에 대한 서비스이므로 20세 이전에 장애를 가졌거나 선천적 장애 또는 질병후유장애로 경제 활동에 참여할 수 없어 직업과 소득이 없는 장애인은 국민연금 가입대상에 포함되지 않는 사각지대가 발생하므로, 장애인은 국민연금제도에 의한 사회보장에서 소외되고 있다. 이러한 문제에 대한 대안으로 2010년 「장애인연금법」이 제정되어 시행되고 있다.

(2) 공공부조

① 국민기초생활보장

생활이 어려운 빈곤가구의 소득을 보존하기 위한 대표적인 사회복지정책이다. 「국민기초생활보장법」 부칙 제5조에 명시된 수급권자의 범위는 부양의무자가 없거나 있어도 부양능력이 없거나 부양을 받을 수 없는 자로서 최저생계비를 감안하여 보건복지부장관이 개별가구의 소득평가액과 재산을 기준으로 매년 정하는 수급권자 선정기준에 해당하면 지원을 받을 수 있다.

② 장애인연금

국민연금제도의 기여식 장애연금제도의 문제로 인하여 장애계의 지속적인 무기여 장애인연금제도 도입 주장에 힘입어 2010년 4월 12

일 「장애인연금법」이 제정되었다. 장애인연금은 장애로 인하여 생활이 어려운 중증장애인에게 장애인연금을 지급함으로써 중증장애인의 생활안정 지원과 복지증진 및 사회통합을 도모하는 데 이바지함을 목적으로 한다(「장애인연금법」 제1조). 지원대상은 만 18세 이상의 중증장애인(1,2급 및 3급 중복장애인) 중 기초생활수급자와 차상위계층 및 본인과 배우자의 소득과 재산을 합산한 금액(소득인정액)이 선정기준액 이하인 자(소득하위 70% 수준)만 해당된다. 장애인연금은 소득보장 성격의 기초급여와 추가지출비용 보전 성격의 부가급여로 나뉘며, 기초급여(18~64세)는 보건복지부장관이 매년 급여액을 고시하고, 65세 이상은 동일한 성격의 급여인 기초연금으로 전환된다. 부가급여(만 18세 이상)는 장애로 인한 추가비용의 전부 또는 일부를 보전해 준다.

(3) 사회수당

① 경증장애수당 및 장애아동수당

장애인수당에는 '경증장애수당', '장애아동수당', '보호수당'이 있는데, 보호수당은 예산 확보 미비로 시행하지 않고 있다. 경증장애수당은 다른 사람의 도움 없이는 일상생활이 어려운 기초생활보장대상 경증장애인에게 장애수당을 지급해 장애로 인한 추가 비용보전이 필요한 저소득 장애인가구의 생활안정을 도모하는 것이다. 중증장애인의 경우 장애인연금으로 이관하며, 기존의 장애수당은 3~6급 경증장애수당으로 지급하고 있다.

장애아동수당과 현재 시행되지 않는 '보호수당'은 부양과 보호로 인해 소득활동을 못 하는 부양보호자의 기회비용을 보장해 준다는 의미와 수당을 통해 보호가 필요한 장애인이 보호를 받을 수 있게 한다는 이중적 의미가 있다. 보호수당이 적절한 수준에서 지급되면 돌봄제공자를 고용해 항시적인 부양 · 보호의 부담에서 벗어날 수 있으며 소득 활동 기회를 가질 수 있다. 이런 의미에서 보호수당은 장애인의 자립생활에 주요한 기반이 될 수 있다.

(4) 경제적 부담 경감 조치

① 장애인 출산 지원

지원대상은 등록 여성장애인 중 2024년 1월 1일 이후 출산한 자로, 출산 시 태아 1인 기준 120만 원(2024년 출산부터 적용)을 지원한다.

② 장애인자립자금 대여제도

장애인자립자금은 저소득 장애인 중 생업 · 출퇴근용 자동차 구입, 기술훈련 · 재활보조기구 구입에 필요한 자금을 장기 저리로 대여하여 자립하기를 원하는 자이며, 선정기준은 소득인정액이 기준중위소득 50% 초과 100% 이하 가구의 성년 등록장애인(만 19세 이상)이다. 지원내용은 생업자금 및 생업을 위한 자동차 구입비, 취업에 필요한 지도 및 기술훈련비, 기능회복에 필요한 장애인보조기구 구입비, 사무보조기구 구입비, 자기개발훈련비 등이다.

③ 농어촌 재가장애인 주택개조비 지원

농어촌 저소득 재가장애인의 가정 내 생활 및 이동에 불편이 없도록 주거용 편의시설 설치를 지원하고, 장애인의 일상생활 편의 증진을 도모하는 사업이다. 지원대상은 기초생활보장수급자 및 차상위계층 중 등록장애인으로 자가 소유자 및 임대주택 거주자이다. 지원금액은 가구당 380만 원이다.

④ 각종 공공요금 감면 세제혜택

장애로 인한 소득경감과 추가비용 부담 완화를 위하여 각종 공공요금 및 세금을 감면해 주고 있다. 이는 일정 소득 이상의 계층에게는 도움이 되지만, 지원의 필요성이 높은 일반 저소득층에게는 큰 도움이 되지 않을 수 있다. 저소득장애인의 경우 재산이 많지 않고, 자동차를 보유할 수 없으며, 항공편 등의 이용 기회가 없기 때문이다. 또한 장애인들이 각종 할인제도를 이용하려면 할인카드를 검열받아야 하므로 수치심을 입게 되는 문제가 발생할 수 있다. 주요 사업내용은 표 10-4와 같다.

• 표 10-4 • 장애인 공공요금 감면 및 세제혜택 지원

구분	주요 사업내용	
공공요금 감면	• 차량 구입 시 도시 철도채권 구입 면제 • 고궁, 능원, 국공립 박물관 및 미술관, 국공립공원·공연장, 공공체육시설 요금 감면	
	• 공영주차장 주차요금 감면 • 유선통신 요금 감면 • 시·청각 장애인 TV 수신료 면제 • 연안여객선 여객운임 할인 • 전기요금 할인 • 장애인 자동차 검사수수료 할인	• 철도·도시철도 요금 감면 • 이동통신 요금 감면 • 항공요금 할인 • 고속도로 통행료 50% 할인 • 도시가스 요금 할인
세제혜택	• 승용자동차에 대한 개별소비세 면제 • 장애인용 차량에 대한 취득세 면제(종전 등록세 포함)	
	• 자동차세 면제 • 차량 구입 시 지역개발 공채 구입 면제 • 장애인 의료비 공제 • 장애인 보험료 공제 • 증여세 과세가액 불산입 • 장애인용 수입물품 관세 감면	• 소득세 공제 • 장애인 특수교육비 소득공제 • 상속세 상속 공제 • 장애인보장구 부가가치세 영세율 적용 • 산업재산권 출원료 등 수수료 감면

출처: 보건복지부. 2023년 장애인복지 사업안내.

제3절 고용

장애인고용보장정책은 장애인의 직업생활을 통하여 인간다운 생활을 할 수 있도록 지원함을 목적으로 한다. 장애인고용정책을 제도적으로 추진할 수 있는 법적 기반은 1990년 1월 「장애인고용촉진 등에 관한 법률」 제정을 통해 마련되었다. 당시에는 300인 이상의 상시 근로자를 고용하는 사업주에게 일정 비율 이상의 장애인을 의무고용하도록 하고, 미이행 시 기업에 의무고용위반 부담금을 납부하게 하는 의무고용제도가 도입되었다. 2000년에는 동 법률을 「장애인고용촉진 및 직업재활법」으로 개정하고 국가 및 지방자치단체에도 장애인고용의무를 규정해, 장애인고용을 위한 제도를 마련하게 되었다.

1. 장애인 경제 활동 현황

2020년 현재 우리나라의 15세 이상 장애인 취업인구는 801천 명으로 추정된다. 연령별로는 50~64세가 331.8천 명으로 가장 많고 다음이 65세 이상(235.5천 명), 40~49세(131.5천 명) 등의 순으로 나타나 장애인 취업인구의 중·고령화 현상을 알 수 있다. 장애인 인구대비 취업자비율(고용률)은 29.5%로 2017년의 36.9%에 비해 7.4%p 감소한 수준으로 이는 전체인구 고용률이 2020년 60.4%로 2017년의 61.3%(2017.9.기준)에 비해 감소한 것과 유사하되 보다 큰 폭으로 감소한 것이다. 실업률은 5.8%로 2017년의 5.1%에 비해 0.7%p 증가한 수준으로 연령별로는 20~29세가 7.1%로 가장 높고 다음은 30~39세가 6.8%, 50~64세가 6.3%로 나타났다.

2. 장애인고용정책

장애인고용정책은 할당고용제도와 비할당고용제도의 형태로 나눌 수 있다. 할당고용제도를 도입하고 있는 고용정책은 장애인을 비장애인에 비하여 기능적으로 불리한 입장에 있는 보호의 대상으로 보아 의무고용제도, 장애인고용부담금 등 장애인고용에 대한 이행강제수단을 갖는 정책유형이다. 비할당고용제도를 추구하는 고용정책은 장애인과 비장애인 간의 차별을 두지 않고 고용주가 자유롭게 채용하도록 한다. 비할당고용제도는 회사 고용주에게 장애인고용 유인책을 제공하여 장애인의 고용기회를 확대하기 위하여 사업주 지원, 장애인 지원을 하고 있다.

1) 장애인 의무고용제도

고용상 취약계층인 장애인의 고용기회 확대를 위해 일정 수 이상의 근로자를 고용하는 사업주에게 의무적으로 장애인을 고용하게 하는 제도이다. 국가·지방자치단체와 50명 이상 공공·민간기업 사업주에게 장애인을 일정비율 이상 고용하도록 의무를 부과하고, 미준수 시 부담금(100명 이상)을 부과하는 제도이다. 의무고용률 이상을 고용한 사업주에게는 규모에 상관없이 초과인원에 대해 장려금을 지급하고 있다.

2) 사업주 지원제도

(1) 고용장려금

장애인고용장려금은 월별 상시근로자의 의무고용률(2024년 민간 3.1%, 공공 3.8%)을 초과하여 장애인을 고용한 사업주에게 지급하고 있다. 고용장려금 지급단가는 장애인 근로자의 성별 및 장애정도에 따라 35~90만 원(2023년 발생분부터)이다.

(2) 장애인고용시설 자금융자

장애인고용시설 설치비용 융자제도는 사업주에게 장애인고용과 관련된 작업시설, 부대시설, 편의시설, 부대시설의 설치·구입·수리비용, 생산라인 조정 비용 및 출퇴근용 승합자동차 구입비용 등을 장기 저리로 융자하여 장애인고용을 촉진하는 제도이다.

(3) 시설장비 무상 지원

장애인을 고용하는 사업주는 시설장비 무상 지원을 받을 수 있다. 지원 내용은 첫째, 장애인용으로 제작된 작업대, 작업장비·공구, 작업보조기기의 설치·구입·수리비용, 둘째, 장애인의 작업편리를 위한 작업대, 작업장비·설비, 공구의 전환·개조비용, 셋째, 시각장애인의 작업생활에 필요한 무지점자기, 음성지원카드, 녹음기, 컴퓨터 등 특수장비의 설치·구입·수리비용, 넷째, 통근용 승합자동차의 리프트 등 장애인용 특수설비의 설치·구입·수리비용, 다섯째, 통근용 승합자동차의 구입비용, 여섯째, 편의시설의 설치·구입·수리비용이 지원대상이다.

(4) 재택근무 지원

중증장애인을 재택근무의 형태로 신규 고용하는 사업주에게 재택근로자 고용에 따른 작업장비의 구입·설치·수리비용을 지원하는 제도를 말하며, 정보통신기술의 발전과 사회전반에 걸친 근무환경의 변화에 따라 재택근무에 대한 관심이 증가하고, 특히 이동이 자유롭지 못한 중증장애인의 재택근무가 불가피한 점 등을 고려한 제도이다.

3) 근로장애인 지원제도

장애인의 고용촉진과 직업생활 안정 도모를 위해 직업생활에 필요한 각종 보조공학기기를 무상으로 지원하며, 직장생활에서 장애인이 수행하는 직무 중 핵심업무를 제외한 부수적 업무를 근로지원인의 도움을 받아 처리할 수 있도록 근로지원인 지원, 장애인 직업능력 향상을 위한 교육훈련 지원 사업 실시, 출·퇴근용 자동차구입자금을 융자하고 있다.

4) 자영업 장애인 지원

2000년 「장애인고용촉진 및 직업재활법」 개정으로 장애인 자영업 창업 지원제도가 도입되었고, 2005년 7월 「장애인기업활동촉진법」이 제정되었다. 중소벤처기업부에서 장애인의 자영업 창업 및 기업 운영과 관련된 사업 수행을 위해 '장애인기업종합지원센터'를 설립해 장애인의 창업촉진을 다양하게 지원하고 있는데, 장애인의 경제적 자립을 위해 창업 점포 전세보증금을 무이자로 1억 3천만 원 한도 내 최대 5년간 지원하고 있다.

제4절 교육

법률로 장애인 통합교육을 규정하기 시작한 것은 1994년 이후부터이며, 「특수교육진흥법」(1994)에 따르면, 통합교육은 '특수교육 대상자의 정상적인 사회적응능력의 발달을 위하여 일반학교에서 특수교육 대상자를 교육하거나, 특수교육기관의 재학생을 일반학교의 교육과정에 일시적으로 참여시켜 교육하는 것'이라고 규정하였다. 1995년부터는 장애학생 대학입학 특별전형제도의 실시로 장애학생에게도 대학입학이 이루어지기 시작하였다. 2007년 「장애인 등에 대한 특수교육법」 제정으로 1977년 제정되었던 「특수교육진흥법」은 폐지되었다. 동법은 「교육기본법」 제18조에 따라 국가 및 지방자치단체가 장애인 및 특별한 교육 요구가 있는 사람에게 통합된 교육환경을 제공하고, 생애주기에 따라 장애유형·장애정도의 특성을 고려한 교육을 실시하여 이들이 자아실현과 사회통합을 하는 데 기여함을 목적으로 하고 있다.

1. 특수교육 관련 법

장애아동 특수교육 관련 법령을 살펴보면 표 10-5와 같다.

• 표 10-5 • 특수교육 관련 법

법령	관련조항
헌법	제31조
교육기본법	제3조(학습권), 제4조(교육기회균등), 제8조(의무교육), 제18조(특수교육)
유아교육법	제15조(특수학교 등)
유아교육법 시행령	제25조(특수학교의 교직원)
초·중등교육법	제2조(학교의 종류), 제12조(의무교육), 제19조(교직원의 구분), 제21조(교원의 자격), 제55조(특수학교), 제56조(특수학급), 제58조(학력의 인정), 제59조(통합교육)
초·중등교육법 시행령	제11조(평가의 대상 구분), 제14조(위탁시의 협의), 제40조(특수학교 등의 교원), 제43조(교과), 제45조(수업일수), 제57조(분교장), 제58조(국·공립 학교운영위원회 구성), 제63조(사립학교의 운영위원회)
장애인 등에 대한 특수교육법/시행령/시행규칙	전체
특수학교시설·설비기준령	전체
장애인복지법	제2장 제20조(교육)
장애인차별금지 및 권리구제 등에 관한 법률	제2장 제2절 교육
장애인·노인·임산부 등의 편의증진 보장에 관한 법률	제8조(편의시설의 설치기준)
장애인고용촉진 및 직업재활법	제8조(교육부 및 보건복지부와의 연계)

출처: 교육부(2017). 2017 특수교육 연차보고서.

2. 특수교육의 현황

연도별 특수학교 및 특수학급 수와 학생 수를 살펴보면 표 10-6과 같다.

• 표 10-6 • 연도별 특수학교 및 특수학급 수와 학생 수

(단위: 교, 학급, 명)

구분		2018	2019	2020	2021	2022	2023
특수학교 수		177	182	187	192	192	194
특수학급 수		11,105	11,661	12,042	`12,712	12,712	13,287
학생 수	계	**90,780**	**92,958**	**95,420**	**98,154**	**103,695**	**109,703**
	장애영아, 유치원	6,120	6,521	6,975	7,566	8,607	9,188
	초등학교	38,031	41,091	43,205	44,814	48,448	51,585
	중학교	18,788	18,462	19,140	20,212	21,462	23,005
	고등학교, 전공과	27,749	26,884	26,100	25,562	25,178	25,925
교원수		20,773	22,145	23,494	24,962	24,962	25,599

출처: 교육부(2023, 7월). 특수교육통계.

3. 장애인 교육 지원제도

장애인자녀교육비 지원이 이루어지고 있는데, 지원대상은 가구별 월 소득인정액이 기준중위소득 52% 이하인 장애인가구 중 1~3급 장애인 학생(초 · 중 · 고등학생) 또는 1~3급 장애인의 자녀(초 · 중 · 고등학생)이며, 지원내용으로는 고등학생은 교과서대를 1인당 연 1회 131,300원을 지급하며, 부교재비는 초등학생 · 중학생 · 특수교육대상자(초 · 중 · 고등학교 특수장애학생)에게 1인당 연 1회 39,200원을 지급한다. 학용품비는 중 · 고등학생에게 연 2회 1인당 53,300원을 지급한다.

제5절 의료

건강은 인간다운 삶을 영위하고 사회 활동 및 직업 활동에 중요한 요소이므로 국가는 국민의 건강권을 기본권으로 인정하고 있다. 장애인

사회보장 영역 중 국민들이 최소한의 생활수준을 유지할 수 있도록 하는 소득보장과 함께 건강권을 향유할 수 있도록 하는 의료보장은 필수 영역이다. 장애인 의료보장은 단순히 건강권의 충족을 넘어서 소득 활동을 위한 선결조건이기 때문에 소득보장과 의료보장은 매우 밀접히 연결되어 있다.

1. 의료보장 관련 법

의료보장 관련 법령을 살펴보면 표 10-7과 같다.

• 표 10-7 • 의료보장 관련 법

법령	관련조항
헌법	제34조(인간다운 생활을 할 권리 · 장애 및 질병의 국가보호), 제36조(보건에 대한 국가의 보호 책임)
장애인복지법	제18조(의료와 재활치료), 제37조(산후조리도우미 지원 등)
국민기초생활보장법	제12조의3(의료급여)
의료급여법	제13조(장애인 및 임산부에 대한 특례)
국민건강보험법	제51조(장애인에 대한 특례), 제75조(보험료 경감 등)
장기요양보험법	전체

2. 장애인 의료 지원 정책

1) 장애인 의료비 지원

생활이 어려운 저소득층 장애인에게 의료비 본인부담금을 지원하여 생활안정 및 의료보장을 도모하기 위해서 1991년부터 의료비를 지원하고 있다. 지원대상은 「의료급여법」에 의한 2종 수급권자인 등록장애인이며, 의료비 지원내용은 표 10-8과 같다.

• 표 10-8 • 장애인 의료비 지원내용

<table>
<tr><th>구분</th><th colspan="2">의료급여기관</th><th>구분</th><th>본인부담금</th><th>지원내용</th></tr>
<tr><td rowspan="7">외래</td><td colspan="2" rowspan="2">제1차 의료급여기관
(의원, 보건의료원)</td><td>원내 직접 조제</td><td>1,500원</td><td>750원</td></tr>
<tr><td>그 이외의 경우</td><td>1,000원</td><td>750원</td></tr>
<tr><td rowspan="4">제2차
의료급여
기관</td><td rowspan="3">만성질환자</td><td>원내 직접 조제</td><td>1,500원</td><td>전액</td></tr>
<tr><td>그 이외의 경우</td><td>1,000원</td><td>전액</td></tr>
<tr><td>특수장비촬영
(CT, MRI, PET)</td><td>특수장비총액의 15%
(차상위 14%)</td><td>전액</td></tr>
<tr><td>만성질환자 외</td><td colspan="2">의료(요양)급여비용총액의 15%(차상위 14%)</td><td>전액</td></tr>
<tr><td colspan="2">제3차 의료급여기관</td><td colspan="2">의료급여비용총액의 15%(차상위 14%)</td><td>전액</td></tr>
<tr><td rowspan="2">입원</td><td colspan="2" rowspan="2">제1·2·3차 의료급여기관</td><td colspan="2">의료급여비용총액의 10%(차상위 14%)</td><td>전액</td></tr>
<tr><td colspan="2">본인부담 식대</td><td>없음</td></tr>
<tr><td rowspan="2">약국</td><td colspan="2" rowspan="2">약국에서 의약품을
조제하는 경우</td><td>처방조제</td><td>500원</td><td rowspan="2">없음</td></tr>
<tr><td>직접조제</td><td>900원</td></tr>
</table>

출처: 보건복지부(2023). 2023년 장애인복지 사업안내.

2015년 7월부터 등록장애인 중 의료급여 수급권자는 장애인보장구 구입 본인부담금이 전액 건강보험(의료급여)으로 지원됨에 따라 장애인 의료비지원사업에서 장애인보장구 구입비를 지원하지 않는다.

2) 건강보험 지역가입자의 건강보험료 경감

건강보험 지역가입자에 대한 건강보험료 징수는 소득·재산·자동차 소유 유무, 성·연령을 참작하여 정한 부과표준소득등급별 적용점수에 점수당 금액을 곱하여 부과하는 체제로 장애인의 경우 보험료가 경감된다.

3) 발달재활서비스

성장기 장애아동에게 적절한 발달재활서비스를 제공하여 기능 향상과 행동발달을 지원하고 장애아동가족의 경제적 부담 경감을 위하여 제공하는 발달재활서비스는 만 18세 미만의 뇌병변, 지적, 자폐성, 언어, 청각,

시각장애아동을 대상으로 하며, 지원내용은 기초생활보장수급자는 25만 원 지원(본인부담금 면제), 차상위계층은 23만 원(본인부담금 2만 원), 기준 중위소득 65% 이하 21만 원(본인부담금 4만 원), 기준중위소득 120% 이하는 19만 원(본인부담금 6만 원), 기준중위소득 180% 이하는 17만 원(본인부담금 8만 원)이다. 서비스 내용은 언어 · 청능 · 미술심리 · 음악 · 행동 · 놀이심리 · 감각발달 · 운동발달재활, 재활심리, 심리운동 등 발달재활서비스 등이다.

4) 언어발달지원

언어발달지원은 감각적 장애 부모의 자녀에게 서비스를 제공하여 아동의 건강한 성장지원 및 장애가족의 역량을 강화하기 위한 사업이다. 지원대상은 부모 또는 조손가정의 조부모 중 어느 한쪽 (조)부모가 시각 · 청각 · 언어 · 지적 · 자폐성 · 뇌병변 등록장애인가구의 만 12세 미만 비장애아동이며, 선정기준은 소득기준이 기준중위소득 120% 이하(소득별 차등지원)이다.

5) 장애인보조기기 지원

생활이 어려운 저소득 장애인에게 장애인보조기기를 교부하여 이들의 생활능력을 향상하고 복지를 증진하기 위한 목적으로 진행된다. 지원대상은 「국민기초생활보장법」상의 수급자 및 차상위계층의 지체 · 뇌병변 · 시각 · 청각 · 심장 · 호흡 · 지적 · 자폐성 · 언어 장애인이다.

6) 장애인보조기기 렌탈서비스

지원대상은 만 24세 이하의 지체 및 뇌병변장애 아동 또는 척수장애 및 근위축증으로 의사소견서 및 진단서 발급이 가능한 아동 · 청소년이다.

선정기준은 소득기준은 없지만, 소득기준에 따라 정부지원금, 본인부담금이 상이하며, 우선순위는 지체 1~2급 및 뇌병변 1~3급 장애인 우선으로 서비스를 제공하며, 지원내용은 보조기기 대여 및 성장단계별 맞춤지원, 점검 및 유지보수, 상담 및 정보제공 등이다.

7) 청각장애인 인공달팽이관 수술지원

지원대상은 국민기초생활보장수급자 및 차상위계층으로 시설·재가 청각장애인 중 수술적격자이며, 수술에 소요되는 비용, 매핑치료비를 지원한다. 지원대상 및 지원금액의 세부기준은 지방자치단체에서 정한다.

제6절 주거

장애인 주거권은 '장애로 인한 차별 없이 물리적·사회적 위험으로부터 벗어나 쾌적하고 안정적인 주거환경에서 인간다운 주거생활을 할 권리'를 의미한다. 따라서 구체적으로 강제퇴거, 주거의 임의적 파괴와 철거로부터 보호를 받아야 하고, 다른 사람과 동등하게 거주하고 거주지, 동거인을 자신이 선택을 할 수 있어야 한다. 그리고 장애인은 지역사회에서 통합적으로 자립적인 생활을 할 수 있어야 하며, 이를 위한 다양한 서비스 이용, 적절한 주거수준을 누릴 권리와 생활조건을 지속적으로 개선, 국가 및 지역사회 차원에서 주거 관련 의사결정에 장애인이 참여할 권리가 있다(한국장애인개발원, 2017).

최근 탈시설화와 자립생활이 강조되고 점차 현실화되면서 장애인 주거지원에 대한 욕구와 관심이 증가하고 있다. 장애인주거복지정책은 크게 주택공급, 주거비 지원 및 주택금융, 주택개조 지원이 진행되어 왔으나, 현행 주거복지정책에 장애인에 대한 고려가 충분하지 못한 실정이다. 장애인 주거생활의 열악함을 해결하기 위해 일반 주거복지정책에 장애인지적 관점을 반영하는 방안을 고려해야 하며, 장애인의 욕구와 특성에 적합한 정책을 새롭게 추가하는 방안이 모색되어야 한다.

1. 장애인 주거 관련 법

장애인 주거 관련 법령을 살펴보면 표 10-9와 같다.

• 표 10-9 • 장애인 주거 관련 법

법령	관련조항
헌법	제35조
장애인복지법	제27조 제1항(공공주택 우선 분양 · 임대 규정), 제2항(일상생활에 적합한 주택 보급 및 개선에 필요한 시책 강구), 제27조(주택 보급)
장애인차별금지 및 권리구제 등에 관한 법률	제16조(장애인을 제한 · 분리 · 배제 · 거부해서는 안 된다는 규정)
장애인 · 고령자 등 주거약자 지원에 관한 법률	전체
민간임대주택에 관한 특별법	제2조 제2호
주택법	제54조 제1항(입주자 모집조건 등을 달리 정하여 주택을 별도 공급할 수 있다는 규정)
주거기본법	제3조(주거정책의 기본 원칙), 제16조(주거약자 지원)
공공주택 특별법	제2조 제1호 가목(주거 약자)
공공주택 특별법 시행령	제31조(공공주택의 건설기준 등)
주택공급에 관한 규칙	제35조(국민주택 특별공급 대상), 제51조(장애인에게 주택의 최하층 우선 배정)

2. 장애인의 주거현황

2020년 장애인 실태조사(보건복지부 · 한국보건사회연구원, 2020) 결과, 장애인의 주거형태를 보면, 아파트(오피스텔)가 46.8%로 가장 비중이 높았으며, 이어서 단독주택(다가구용, 영업겸용)이 34.6%로 두 형태가 대부분을 차지하고 있다. 연립주택의 비중은 9.2%로, 2017년의 2.4%에 비해서는 거의

4배 가까이 증가하였다. 장애유형별로 주거형태를 비교해 보면, 자폐성장애(67.0%) 및 심장장애(54.7%)의 아파트 비중이 특히 높게 나타났다. 반면에 안면장애(45.2%)와 청각장애(41.1%)의 단독주택 비중이 전체 평균에 비해 높았다.

장애인의 주거현황 중에서 주거위치를 보면, 지상이 97.3%로 대부분을 차지하였으며, 지하층이 1.6%, 반지하층이 1.1%, 옥탑이 0.1%로 나타났다. 장애유형별로 주거위치를 보면, 대부분의 장애유형이 유사한 분포를 보이고 있지만 호흡기장애와 청각장애는 지하층이 2.1%로 약간 높게 나타났으며, 언어장애와 뇌전증장애는 반지하층이 각각 3.7%, 2.1%로 다른 장애유형보다 약간 높게 나타났다.

살고 있는 집의 소유형태를 보면, 자가가 58.2%로 가장 많았으나 2017년의 62.3%에 비해 약 4%p 떨어졌으며, 보증금 있는 월세가 22.0%로 두 번째로 많았는데, 2017년의 17.3%에 비해 5%p 가까이 증가하였다. 전세는 10.3%로 나타나 보증금 있는 월세보다 적었으며, 보증금 없는 월세 2.2%, 무상은 7.5%였다.

살고 있는 집의 소유주(계약주체)를 보면, 전체 장애인 중에는 본인이 56.7%로 절반 이상을 차지하였으며, 배우자 14.7%, 부모 13.9%, 자녀 9.0% 순으로 나타났다. 장애유형별로 보면 상당한 차이를 보이는데, 자폐성장애(90.2%), 지적장애(67.4%), 정신장애(33.7%) 등 대체로 정신적 장애 중 소유주(계약주체)가 부모인 비율이 상당히 높은 것으로 나타났다. 반면에 호흡기장애(71.1%), 간장애(67.3%), 지체장애(65.8%), 청각장애(64.3%), 시각장애(62.3%) 등은 소유주(계약주체)가 본인인 비율이 상당히 높게 나타났다.

3. 장애인 주거정책

장애인복지정책 관련 업무는 보건복지부가 주무부처지만 장애인의 주거와 관련해서는 국토교통부가 많은 역할을 맡고 있는데, 장애인 주거정책은 지원내용에 따라 주택공급 관련 정책, 주거비 지원 및 주택금융 관련 정책, 주택개조 지원 정책이 있다. 주택공급 관련 정책은 공공·임대주택 공급에 관한 것으로 주무부처는 국토교통부이다. 주거비 지원 및 주택금융 관련 정책은 현금·현물로 주거비를 지원하거나 주택자금을 저리 융자해 주는 정책으로 국토교통부의 주거급여와 국민주택기금에서 운영하는 대출 프로그램이다. 주택개조 지원 정책은 노후된 주택시설 개보수를 지원하거나 장애인에게 필요한 편의 및 안전시설 설치를 지원하는 정책으로 국토교통부·지방자치단체에서 운영하고 있다(강미나 외, 2016).

1) 공공임대주택 공급 지원

국토교통부에서 담당하고 있는 공공 및 임대주택 공급 시 장애인 입주자격은 표 10-10과 같다.

• 표 10-10 • 공공임대주택 장애인 입주자격

구분	개요	장애인 입주자격
영구임대주택	1989년 「주택200만호건설계획」에서 도입된 국내 최초 장기공공임대주택으로, 기초생활수급자 등 최저소득계층의 주거안정을 목적으로 건설·공급되는 최저가의 임대주택임	1순위: 장애인 등록증이 교부된 자(발달장애인, 정신장애인 및 3급 이상 뇌병변장애인 경우 그 배우자인 세대주 포함)로서 월평균소득 70% 이하, 자산요건 충족 자(총자산: 21,500만 원 이하, 자동차 3,496만 원 이하)
국민임대주택	입주자격은 전년도 도시근로자 가구당 월평균소득의 70% 이하, 총자산 29,200만 원 이하, 자동차 3,496만 원 이하임	장애인 등 공급 물량의 20% 우선 공급: 장애등급이 높은 순서로, 배점 순서로 공급
다가구 매입임대주택	2004년부터 공급됐으며 지방공사 및 LH가 도심 내 다가구주택을 매입해 최저소득계층이 현 생활권 내에서 저렴하게 최장 20년까지 거주하도록 지원하는 공공임대주택	1순위: 월평균소득 70% 이하 장애인 2순위: 월평균소득 100% 이하 장애인
기존주택 전세임대주택	도심 내 최저소득계층이 생활권을 떠나지 않고 전셋집에서 안정적으로 거주할 수 있도록 지원. 대상자가 입주를 희망하는 주택을 구하고, 시행자가 기존주택의 소유자와 전세 계약 후 저렴하게 임대	1순위: 월평균소득 70% 이하 장애인 2순위: 전년도 도시근로자 가구당 월평균소득 100% 이하인 장애인

출처: 국토교통부(2023). 2023년 주거급여 사업안내.

2) 주택 전월세자금 융자 지원

취약계층의 주거비 부담 완화를 위해 주택도시기금에서 지원하는 융자제도는 버팀목 대출, 주거안정 월세 대출제도가 있다. 버팀목 대출은 근로자 서민 전세자금 지원제도와 저소득가구 전세자금을 통합하여 시행되고 있다. 지원대상자는 부부합산 연소득 5천 만 원 이하, 단독세대주인 경우 만 25세 이상이며, 임차전용면적 85m^2 이하 주택을 임차할 경우, 수도권 3억 원 이하, 지방 2억 원 이하의 임차보증금을 지원한다.

3) 농 · 어촌 장애인 주택개조사업

농·어촌 장애인 주택개조사업은 「장애인복지법」 제27조(주택 보급)에 근거하여 진행되고 있다. 장애인 주택을 대상으로 현관·거실 출입문 폭을 확대하거나 문턱을 낮추고, 장애인용 입식 부엌 및 욕실 등을 설치·개선해 이동에 불편이 없도록 가구당 380만 원을 지원한다.

4) 장애인 거주시설 운영

「장애인복지법」 제58조(장애인복지시설)에서는 거주공간을 활용하여 일반가정에서 생활하기 어려운 장애인에게 일정 기간 동안 거주·요양·지원 등의 서비스를 제공하는 동시에 지역사회생활을 지원하는 시설로 장애인 거주시설에 대해 정하고 있다. 거주시설에는 장애유형별 거주시설·중증장애인 거주시설·장애영유아 거주시설·장애인 단기거주시설·장애 공동생활가정이 있다.

제 7 절 활동지원

장애인 활동지원제도는 장애인의 자립생활을 지원하는 서비스로서 신체·정신장애 등의 사유로 혼자서 일상생활과 사회생활이 어려운 중증장애인들에게 활동지원급여를 제공함으로써 자립생활과 사회참여를 지원하는 제도이다. 장애인 활동지원사업 이용자 수는 매년 증가하고 있는 추세이다.

1. 장애인 활동지원 관련 법

장애인 활동지원 관련 법령을 살펴보면 표 10-11과 같다.

• 표 10-11 • 장애인 활동지원 관련 법

법령	관련조항
장애인복지법	제4조(장애인의 권리), 제23조(편의시설), 제24조(안전대책 강구)
장애인 활동지원에 관한 법률	전체
장애인활동지원 급여비용 등에 관한 고시	전체

2. 장애인의 활동지원 목적과 지원대상자

1) 장애인의 활동지원 목적

장애인 활동지원 목적은 혼자서 일상생활과 사회생활이 어려운 장애인에게 활동지원급여를 제공, 자립생활과 사회참여를 지원하고 장애인가족의 부담감소, 장애인의 자립생활과 사회참여 지원, 중증장애인의 삶의 질 증진에 있다.

2) 지원대상자

(1) 신청자격

만 6세 이상부터 만 65세 미만의 「장애인복지법」상 등록장애인으로, 소득수준과 무관하게 신청 가능하다.

※ 연령은 신청일 기준으로 판정하되, 신청은 만6세 생일이 속하는 달의 전달부터 신청 가능하며, 급여는 생일이 속하는 달 익월 1일 생성, 수급자로 선정 후 65세 도래 시 해당 월의 다음 달까지 수급자격 유지

(2) 제외대상

「노인장기요양보험법」 제2조제1호에 따른 노인 등(65세 이상의 노인 또는 65세 미만으로 치매·뇌혈관성 질환 등 관계 법령으로 정하는 노인성 질병을 가진 사람)에 해당하여 장기요양급여를 수급하는 사람, 「국민기초생활 보장법」 제32조에 따른 보장시설에 입소한 사람, 「의료법」 제3조에 따른 의료기관에 60일 초과하여 입원 중인 사람, 「형의 집행 및 수용자의 처우에 관한 법률」 또는 「치료감호 등에 관한 법률」에 따른 교정시설 또는 치료감호시설에 수용 중인 사람, 그 밖에 다른 법령(또는 정부 예산)에 따라 활동지원급여와 비슷한 급여를 받고 있는 사람 또는 수급자격이 있는 사람, 「장애인복지법」 제32조의2(재외동포 및 외국인의 장애인 등록)에 따라 장애 등록한 재외동포 및 외국인, 「장애인복지법 시행령」 제13조제1항 및 제2항에 따른 국가유공자 및 보훈대상자

3. 활동지원급여의 종류

활동지원급여에는 활동보조·방문목욕·방문간호, 특별지원급여가 있

는데 서비스 내용은 다음과 같다.

첫째, 활동보조는 활동지원사가 수급자의 가정 등을 방문하여 신체활동, 가사활동 및 이동보조 등을 지원하는 활동지원급여로, 급여내용은 신체활동지원(개인 위생관리 · 신체기능유지 증진 · 식사도움 · 실내 이동도움), 가사활동지원(청소 및 주변정돈 · 세탁 · 취사), 사회활동지원(등하교 및 출퇴근 지원 · 외출 시 동행), 수급자 자녀의 양육보조(만 6세 이하 자녀 등 예외적인 경우에 한함) 등이 있다.

둘째, 방문목욕은 활동지원인력인 요양보호사가 목욕설비를 갖춘 장비를 이용해 수급자 가정 등을 방문하여 목욕을 제공하는 활동지원급여이다.

셋째, 방문간호는 활동지원인력인 간호사 등이 의사 · 한의사 · 치과의사의 지시서(방문간호지시서)에 따라 수급자의 가정 등을 방문하여 간호 · 진료 보조 · 요양에 관한 상담 또는 구강위생 등을 제공하는 활동지원급여이다.

넷째, 특별지원급여는 생활환경(출산, 자립준비, 보호자 일시부재)에 따라 일시적으로 지원한다.

① **출산(유 · 사산)**: 지급기간은 특별지원급여 개시일로부터 만 6개월이 되는 날이 속한 달까지이며, 월 한도액은 1,247,000원

② **자립준비**: 지급기간은 특별지원급여 개시일로부터 만 6개월이 되는 날이 속한 달까지이며, 월 한도액은 313,000원

③ **보호자 일시부재**: 지급기간은 결혼, 사망, 지역사회보호자 및 기타 천재지변 등 1개월, 출산 3개월, 입원은 입원일수가 5일 이상인 달에 1개월 단위로 최대 6개월이며, 월 한도액은 313,000원

* 출산, 자립준비는 사유발생일로부터 6개월 이내, 보호자 일시부재는 사유발생일로부터 7일 이내에 신청해야 하며, 최초 추가급여 개시일이 속한 달의 1일부터 제공됨

제 8 절 접근권[3)]

장애인의 사회통합을 위해서는 접근권이 중요하다. 장애인들의 활동패턴과 활동영역의 확대를 위해 지속적 계획 추진이 따라야 하며, 도로·공원·공공건물 및 공중이용시설·공동주택·교통수단·통신시설 등 모든 설치대상물들이 장애인들의 사회적응에 불편이나 제약을 최소화 또는 제거하기 위한 사회적 기구나 제반 시설과 설비가 편리하게 만들어져야 한다. 이러한 무장애(barrier free) 환경구축은 장애인뿐 아니라 사회 전 구성원들의 편리한 생활에 도움이 될 수 있다.

1. 장애인 접근권과 관련된 법률

장애인의 접근권과 관련된 법령은 표 10-12와 같다.

• 표 10-12 • 장애인의 접근권 관련 법률

법령	관련조항
장애인차별금지 및 권리구제 등에 관한 법률	제19조(이동 및 교통수단 등에서의 차별 금지)
장애인·노인·임산부 등의 편의증진 보장에 관한 법	제1조, 제2조, 제4조, 제6조(장애인 등의 정보접근에 대한 규정)
장애인복지법	제4조 제2항(문화 등 모든 분야에 참여할 권리), 제39조(장애인이 사용하는 자동차 등에 대한 지원), 제22조(장애인의 원활한 정보접근), 제23조(편의시설), 제23조 제2항(수어통역·안내보조 등 인적서비스를 제공받을 권리), 제30조(경제적 부담 경감), 제55조(재활보조기기로서 정보통신기기 포함)
교통약자의 이동편의 증진법	제17조의2 제5항에서 위임됨
장애물 없는 생활환경인증에 관한 규칙(국토교통부령 제1호)	전부
장애물 없는 생활환경인증 제도 시행지침 개정	보건복지부 공고 제2013-605호(2013. 12. 23)

3) 장애인의 접근권은 13장에서 다루고 있으므로 여기서는 간략하게 소개하고자 한다.

법령	관련조항
지능정보화 기본법	제44조(지능정보사회구현에 따른 편익의 보편적 향유 및 정보문화의 향유) 제45조(지능정보서비스에 원활하게 접근하고, 이를 유익하게 활용할 기본적 권리) 제46조(장애인·고령자 등의 지능정보서비스 접근 및 이용 보장)
전기통신사업법	제4조의2(장애인 통신중계서비스)
방송법	제33조 제2항 제7호(장애인 등 방송소외계층의 권익증진에 관한 사항) 제69조 제8항(장애인 방송)

2. 장애인 접근권의 내용과 현황

장애인 접근권은 장애인이 사회 전 분야에 걸쳐 기회의 균등과 적극적 사회참여를 목적으로 교육·노동·문화생활을 향유할 수 있는 근본적 권리라는 측면에서 볼 때, 물리적 장벽을 제거하는 이동권과 주택을 포함한 대상물 접근권 등 물리적 접근권, 각종 정보에의 장벽을 없애는 정보접근권, 문화적 접근권 등 세 가지 권리로 나눌 수 있다. 이 가운데 장애인 정보접근권과 문화적 접근권을 살펴보면 다음과 같다.

1) 장애인 정보접근권

정보접근권이란 장애인이 정보를 얻을 수 있는 매개물인 텔레비전·라디오·컴퓨터·책·신문 및 잡지·홍보물 등에 다양한 수단(보조기기·점자·수어·음성 등)을 이용하여 접근하는 것이다. 정보접근권의 확대는 장애인의 지역사회 참여를 용이하게 할 수 있는데, 이는 물리적·환경적 접근만이 아니라 대인관계나 인터넷 활용으로 지역사회에 좀 더 쉽게 접근할 수 있음을 의미한다. 따라서 혁신적으로 변화하는 정보기기의 발달추세에 맞춰 장애인들의 역량을 키울 수 있는 교육 프로그램과 최신 버전의 컴퓨터 프로그램 교육을 실시하여 장애인들이 비장애인과 같은 수준의 지식기반을 갖추도록 지원할 필요가 있다. 또한 정보접근권의 보장은 지역사회에서의 자아실현을 위해 요구되는 대인관계나 고용 등 구조적인 한계들을 어느 정도 보완할 수 있는 역할을 한다고 볼 수 있다(정무성, 2015).

(1) 정보접근권 현황

장애인의 정보접근권은 정보화 이용 정도를 근거로 컴퓨터 보급률, 인터넷 이용률 및 활용 비중, 정보격차지수 등이 고려될 수 있는데, 2022년 디지털정보격차 실태조사 결과(과학기술정보통신부 · 한국지능정보사회진흥원, 2022)에 근거하여 장애인 디지털정보격차 수준을 살펴보면 다음과 같다.

2022년 기준, 이용할 수 있는 데스크탑 컴퓨터나 노트북을 보유하고 있는 장애인가구는 61.2%로 일반국민 보유율 72.4%보다 11.2%p 낮은 수준이며, 성별 · 연령별로는 남성(62.6%)이 여성(58.2%)보다 높고, 20대 이하 82.0%, 30대 73.1%로, 저연령일수록 높게 나타났다. 장애인의 모바일 스마트기기(스마트폰 · 스마트패드 · 기타주변기기 중 하나) 보유율은 86.2%로 일반국민 스마트폰 보유율 98.3%보다 12.1%p 낮았다. 가구 내 인터넷 이용 가능 여부를 살펴보면, 성, 연령에 관계없이 거의 모든 계층의 장애인가구의 99.2%가 가구 내 컴퓨터나 노트북, 스마트폰, 스마트패드 등을 사용하여 인터넷 이용이 가능한 것으로 나타났다.

사회적 관계 서비스 이용률은 SNS, 메신저, 개인 블로그, 커뮤니티, 클라우드서비스 이용 여부(다소 이용하는 편 + 자주 이용)로 측정하고, 인터넷 이용자 기준 장애인의 사회적 관계 서비스 이용률은 87.4%로 일반국민 91.8%보다 4.4%p 낮게 나타났는데, 사회적 관계 서비스 이용률은 '메신저'(82.9%), 'SNS'(42.8%), '개인 블로그'(29.8%), '커뮤니티'(29.2%), '클라우드 서비스'(20.8%) 순으로 나타났다.

인터넷을 통한 표현적 및 행동적 사회참여 활동 여부를 알아보는 온라인 사회참여 활동률(표현적 사회참여는 인터넷을 통한 사회적 관심사에 대해 의견을 표명하는 것이며, 행동적 사회참여는 인터넷을 통한 기부 및 봉사 활동, 정부 · 지자체 · 공공기관에 건의, 정책평가, 민원제기 활동을 하는 것)을 살펴보면, 인터넷 이용자 기준, 장애인의 '온라인 사회참여 활동률'은 38.7%로 일반국민 38.9%보다 0.2%p 낮게 나타나 일반국민 대비 장애인의 '온라인 사회참여 활동률'은 일반국민의 99.5% 수준인데, '사회적 관심사 의견 표명'(30.5%), '온라인 투표, 여론조사, 서명 등'(24.2%), '정부 · 지자체 · 공공기관에 정책 및 의견 제시'(22.0%), '기부나 봉사 활동'(19.6%) 순으로 나타났다.

2) 장애인 문화접근권

장애인들은 신체적 · 정신적 장애로 인해 문화 활동 욕구가 크지 않을 것이라 생각하지만, 장애인들도 비장애인들과 마찬가지로 문화 활동 욕구가 매우 크다. 그러나 케네디(Kennedy, 1996)의 연구에서는 장애인들이 경제적 어려움, 교통수단 부족, 편의시설 설치 미비, 여가서비스 이용에 대한 지식 및 경험 부족, 훈련된 전문인력 부족, 장애인에 대한 부정적인 인식, 정책 당국의 미온적 노력 등 여러 요인들로 인해 실제로 문화 활동에 참여하기가 어렵다. 장애인의 문화 활동과 관련한 경험적 연구들은 장애인과 비장애인의 상호작용을 가능하게 하는 지역사회에 기반한 여가 프로그램의 사회통합과 삶의 질을 제고하는 긍정적인 통합은 일반적으로 의미 있는 사회적 상호작용이 발생하고 유지되는 물리적 공간에서 장애인과 비장애인을 결합시켜 주는 과정으로 인식되고 있다(Hutchison & McGil, 1992; Nirje, 1985). 그러므로 장애인들의 문화적 접근권 향상을 위한 정책 대안이 필요하다.

(1) 장애인 문화증진 관련 법률

장애인 문화증진 관련 법률의 내용은 표 10-13과 같다.

• 표 10-13 • 장애인 문화증진 관련 법률

구분	내용
문화예술진흥법 (제15조의2)	• 장애인의 문화예술교육 기회를 확대하고 문화예술활동을 장려·지원하기 위해 관련 시설을 설치하는 등 필요한 시책을 강구함 • 장애인의 문화적 권리 증진을 위해 장애인의 문화예술 사업과 장애인 문화예술단체에 경비 보조 등 필요한 지원을 할 수 있음
장애인차별금지 및 권리구제 등에 관한 법률(제24조)	• 장애인이 문화·예술활동에 참여하는 데 장애인의 의사에 반하여 특정한 행동을 강요해서는 안 됨 • 장애인이 문화·예술활동에 참여할 수 있도록 정당한 편의를 제공 • 장애인이 문화·예술시설을 이용하고 문화·예술활동에 적극 참여할 수 있도록 필요한 시책을 강구

(2) 장애인 문화접근 실태

장애인의 여가문화 생활을 위해서는 집밖 외출, 목적지까지 이동 및 접근, 자유롭고 편리한 이용이 가능해야 한다. 정부는 사회적 취약계층의 문화향유 기회 확대와 관련하여 문화바우처사업과 소외지역을 찾아가는 문화순회사업을 실시하고 있다. 문화바우처사업은 저소득층의 문화향유 기회 확대를 위해 공연·전시 등 문화예술 관람 비용을 지원하고 있으며, 노인·장애인 등 거동이 불편한 참여자에게는 보조인력 지원, 티켓 수령, 좌석 안내, 휠체어 및 수어통역 등 부가서비스를 제공하고 있다. 2022년도 장애인 문화예술 활성화를 위한 정부(문화체육관광부)의 예산은 일반회계(함께누리사업)가 226억 원이다. 여기에 국민체육진흥기금 보조금까지 합하면 그 액수는 더 커진다. 이 예산의 대부분이 장애인 문화예술 지원을 위해 쓰이지만 지역에서 활동하는 풀뿌리 장애인문화예술단체들은 지원금을 받기가 하늘의 별 따기다.

장애인 문화예술 지원사업인 함께누리사업은 장애인 문화예술 진흥을 위한 문화체육관광부의 정책 지원사업으로, 「문화예술진흥법」 제15조의2(장애인 문화예술 활동의 지원)와 「장애인차별금지 및 권리구제 등에 관한 법률」 제24조(문화·예술활동의 차별금지) 등에 그 법적 근거를 두고 있다. 장애인의 문화향유 접근성 제고 및 기회 확대, 창작 활성화 지원 및 문화예술 역량강화교육을 기반으로 장애인 문화예술의 공공성과 경쟁력을 증진시켜 사회통합에 기여하는 것을 목적으로 시행하며, 국민체육진흥기금은 「국민체육진흥법」 제22조(기금의 사용 등) 제2항에 근거를 두는데, 체육·문화예술 분야 전문인력 양성과 문화예술 취약 분야 육성 등을 목적으로 장애문화예술 분야에도 지원되는 것이다. 두 지원금 모두 2015년 설립된 한국장애인문화예술원(장문원)이 수행 주체가 되어 집행되고 있다. 장문원 설립 이전에는 한국문화예술위원회(아르코)가 수행 주체였다. 장애인 문화예술 지원(국고보조금) 예산은 2020년 함께누리 115억7800만 원, 국민체육기금 40억400만 원으로 총 155억8200만 원이었고, 2021년 함께누리 206억4800만 원, 국민체육기금 40억400만 원으로 총 246억5200만 원이다.

장문원은 정부로부터 이들 국가보조금의 수행을 위탁받은 전담기관으로, 이 예산을 공모사업과 지정사업, 장문원 운영·직접사업, 기획공모사업으로 나눠 집행한다. 국가의 문화예술지원은 상업성에 경도되지 않는 순수예술의 보호와 진흥을 위해 반드시 필요한 일이다. 특히 장애인예술과 같이 보호와 지원이 절실한 분야의 경우, 국가의 개입은 복지 차원에서도 그 중요성이 크다. 그런데 여기에는 원칙이 전제되어야 한다.

국가 개입 문화예술 지원정책이 처음 시작된 곳은 영국인데, 1946년 영국예술위원회(Arts Council England)가 설립되면서 많은 국가들이 그 뒤를 이어 문화예술을 지원하는 정책을 펴왔다. 우리나라도 2002년 영국예술위원회의 사례를 벤치마킹해 한국문화예술위원회를 설립했다. 국가 개입 문화예술 지원정책의 선두국가인 영국은 1960년대 이후 문화예술지원금 규모를 큰 폭으로 늘리면서 다섯 가지 원칙과 기준으로 독립성, 전문성, 책임성, 공정성, 효과성을 제시하고 있는데 그 내용은 다음과 같다(https://www.imedialife.co.kr/news/articleView.html?idxno=40447).

독립성이란 지원금 분배를 담당하고 있는 기관, 예를 들어 영국의 예술위원회나 한국예술위원회, 장문원 등이 국가로부터 독립적 지위를 가지는 것을 의미한다. 국가는 공공재원을 마련해 지원하는 창구역할을 담당하고, 어디에, 누구에게 지원하는가에 대해서는 지원기관이 독립된 권한을 갖는다는 원칙이다. 전문성은 문화예술 지원기관의 운영담당자들이 전문적인 식견을 갖추어야 하고, 이를 바탕으로 지원금 분배를 전문적으로 할 수 있어야 한다는 것이다. 책임성은 문화예술 지원기관이 기관 운영을 책임감 있게 해야 한다는 의미로, 회계의 불투명성, 행정편의주의, 과도한 임금 인상, 방만한 기관 운영, 청탁 및 뇌물 등을 철저히 거부하는 책임성을 가져야 한다는 것이다. 공정성은 문화예술 지원기관은 지원 대상을 결정하는 데 공정성을 유지해야 함을 의미한다. 공정성의 핵심은 공정한 경쟁에 의해 지원 대상을 선정하는 것이다. 효과성은 문화예술 지원기관은 지원정책의 효과성을 유지해 나가야 한다는 의미다. 이를 장애인 문화예술 지원정책의 측면에서 풀어본다면 장애인의 문화향유 접근성 제고 및 기회 확대, 창작 활성화 지원 및 문화예술 역량 강화 교육을 기반으로 장애인 문화예술의 공공성과 경쟁력을 증진시켜 사회통합에 기여하는 것이란 정책 목적에 얼마나 부합하느냐일 것이다. 정부의 장애인 문화예술 지원은 이런 다섯 가지 원칙, 특히 공정성이 잘 지켜져야 하며, 보편적인 원칙과 기준에 부합하는 장애인 문화예술 지원정책이 마련되어야 한다.

CHAPTER 11

장애인복지시설

장애인을 수용하거나 장애인이 통원하면서 재활에 필요한 상담·치료·교육·훈련 및 요양서비스를 제공하는 곳을 장애인복지시설이라고 한다. 이 장에서는 장애인복지시설의 개념과 필요성을 살펴보고 「장애인복지법」이 규정하는 시설의 종류인 장애인 거주시설, 장애인 지역사회재활시설, 장애인 직업재활시설, 장애인 의료재활시설에 대해서 소개하고자 한다.

제 1 절 장애인복지시설의 개념과 필요성

1. 장애인복지시설의 개념

장애인복지시설은 장애인에게 집단으로 생활하면서 재활에 필요한 종합서비스 및 각종 프로그램을 제공, 다양한 경험과 기회를 마련해 주는 동시에 장애인들의 건전한 인격발달과 제반 문제해결에 목적이 있다. 장애인복지시설은 공적 복지 서비스의 일부분으로 심신의 미발달·미성숙·노화 또는 심신(心身)장애로 사회적 불이익을 겪는 사람들을 대상으로 경제 및 가족기능 결여로 스스로 자립생활이 어려우므로 생활·치료·교육·재활을 위해 필요한 모든 서비스를 제공하고 생존권을 보장하는 건물·설비·서비스를 제공하는 직원·시설운영 조직을 총칭한다(장인석 외, 2015).

2. 장애인복지시설의 필요성

어떤 환경적 변화로 인하여 가정이나 지역사회 환경에 적응하기 어려운 장애인들이 발생할 경우 불가피하게 시설보호 제도가 필요하게 된다. 즉, 가정에서 돌봄을 받기 어려운 장애인들을 맡아서 보호하고 재활을 돕는 시설보호는 가정에서 욕구가 제대로 충족될 수 없는 장애인들에 대한 기본적 인권을 제공하는 데 있다. 따라서 장애인 거주시설은 장애인의 사회통합 및 신체·정신·경제적 가용능력을 최대한 발굴하여 장애인의 존엄성을 높이고, 자활 도모를 위해 필요하다(김문동·이희선, 2007).

제2절 장애인복지시설의 유형

1. 장애인 거주시설

1) 정의 및 기능

「장애인복지법」 제58조에 따르면 장애인 거주시설은 '거주공간을 활용하여 일반가정에서 생활하기 어려운 장애인에게 일정 기간 동안 거주·요양·지원 등의 서비스를 제공하는 동시에 지역사회생활을 지원하는 시설'을 말하며, 주요 기능은 다음과 같다.

① 생활서비스 제공: 거주자의 가정에 대한 대체적인 기능을 수행하는 것으로 가정환경과 유사한 생활서비스를 제공하고 이용자 선택권이 보장될 수 있는 프로그램 개발이 필요하다.

② 기술(치료·훈련)서비스 제공: 장애인의 기능회복·사회복귀를 준비하는 과정으로 각종 치료·훈련 재활서비스 제공기능을 한다.

③ 원조서비스 제공: 장애인의 사회복귀를 지원하는 제3의 서비스 기능으로 장애인을 둘러싼 인간관계나 사회와의 관계성 조정, 권리 회복, 지역사회자원 동원을 위한 원조서비스 기능이 필요하다.

2) 유형

장애인 거주시설에는 장애유형별 거주시설·중증장애인 거주시설·장애영유아 거주시설·장애인 단기거주시설·장애인 공동생활가정·독립형 주거서비스 제공기관이 있는데, 각 유형별 기능은 표 11-1과 같다.

• 표 11-1 • 장애인 거주시설의 유형

유형	기능
장애유형별 거주시설	장애유형이 같거나 유사한 장애를 가진 사람들을 이용하게 하여 그들의 장애유형에 적합한 주거 지원·일상생활 지원·지역사회생활 지원 등의 서비스를 제공하는 시설
중증장애인 거주시설	장애의 정도가 심하여 항상 도움이 필요한 장애인에게 주거 지원·일상생활 지원·지역사회생활 지원·요양서비스를 제공하는 시설
장애영유아 거주시설	6세 미만의 장애영유아를 보호하고 재활에 필요한 주거 지원·일상생활 지원·지역사회생활 지원·요양서비스를 제공하는 시설
장애인 단기거주시설	보호자의 일시적 부재 등으로 도움이 필요한 장애인에게 단기간 주거서비스, 일상생활 지원 서비스, 지역사회생활 서비스를 제공하는 시설
장애인 공동생활가정	장애인들이 스스로 사회에 적응하기 위하여 전문인력의 지도를 받으며 공동으로 생활하는 지역사회 내의 소규모 주거시설
독립형 주거서비스 제공기관	장애인에게 가정과 같은 주거여건을 제공하는 여러 개의 개별 주거공간을 설치하고, 지역사회 자원을 활용하여 주거 지원·일상생활 지원·지역사회생활 지원 등의 서비스를 제공하는 기관

출처: 장애인복지법 시행규칙 별표4.

(1) 장애인 단기거주시설

① 목적과 기본방침

장애인에게 일정기간 주거 · 일상생활 · 지역사회생활 등을 제공하고 아울러 장애인을 돌보는 보호자의 단기간 휴식을 제공하는 것을 목적으로 한다. 기본방침은 지자체는 단기거주시설의 기능과 역할에 적합한 사업을 수립 · 운영해야 하며, 시설운영자는 가정적 분위기에서 이용장애인을 보호해야 한다. 긴급한 일시보호(쉼터)를 요하는 이용자를 우선 배려하고 장애인의 인간 존엄성과 기본 권리 유지를 위해 노력해야 한다.

② 설치 기준

일반주택 · 연립주택 등과 같은 일반 주거형태로 하되, 신규시설은 지역사회 내에 설치를 원칙으로 하며 장애인복지관 등 지역사회재활시설과 인근에 위치토록 하여 이용장애인의 편의를 도모한다.

- **인력지원 기준**: 시설장(1명), 사회재활직 및 생활지도원(이용장애인 2.5명당 2명), 조리직(2명)
- **이용대상과 정원**: 소득조건에 관계없이 등록장애인으로 하며, 정원은 최소 10인 이상으로 하고 30인을 초과할 수 없다.

③ 수행사업

- **개별서비스 지원**: 이용자의 희망과 욕구를 최대한 보장하도록 개별서비스 지원을 계획하여 개인의 욕구와 선택을 강화하고, 이용자의 참여와 권리를 보장하도록 한다.
- **자립생활 지원**: 일상생활(식생활, 의생활, 개인위생관리, 건강관리 등)에 필요한 지식과 기술을 지원하여 장애로 인한 의존성을 최소화시키도록 한다.

- 사회적 인지기술 지원: 사회구성원으로 삶을 영위하도록 지역사회를 이해시키는 교육, 사회적응훈련을 통해 진정한 사회통합을 이루도록 한다.
- 정서안정 · 여가 지원: 단조로운 일과에 변화를 주고 새로운 환경과 정보를 접하도록 야외 활동 · 취미생활 · 종교 활동 · 정서안정 지원 활동으로 사회적응력을 키우고 배운 기술을 일반화시킨다.
- 쉼터 제공: 인권침해 피해 장애인 일시보호, 심리치료 제공

(2) 장애인 공동생활가정

① 목적과 기본방침

지역사회 내 일반주택을 이용하여 장애인들이 스스로 사회에 적응하도록 가정생활, 사회 활동 등의 자립생활을 지원하는 것을 목적으로 한다. 공동생활가정은 이용장애인들의 사회통합 · 사회자립을 목표로 이용자 개인의 존엄유지와 독립적 생활이 최대한 보장되는 방식으로 운영한다.

② 입주정원 및 인력 지원 기준

입주정원은 4인이다. 인력기준은 시설장 1명, 사회재활교사 1명, 사회재활교사 또는 생활지도원 1명이다. 관할 지자체는 서비스 개선과 직원 처우개선을 위해 직원의 휴일 및 업무지원에 필요한 대체인력을 지원하도록 노력해야 한다.

③ 설치 기준

일반주택 · 아파트 · 연립주택 같은 일반 주거형태로 하되, 지역사회의 일반 주거지역 내 설치를 원칙으로 하며 장애인복지관 등 지역사회재활시설을 인근에 위치하도록 해 이용장애인의 편의를 도모한다.

④ 설치비(주택) 지원

공동생활가정 설치를 위한 주택자금 및 집기 비품 구입비 예산은 별도의 지방자치단체 예산으로 지원할 수 있고, 운영주체의 소유부동산, 지자체 지원 시설, 국·공유 토지 및 건축물 등에 설치할 수 있다.

⑤ 입주 대상자 선정

시설 및 재가장애인으로 공동생활가정에서 생활하는 것이 재활 및 자립에 효과적이라고 인정되는 자, 낮 시간 동안 근로·고용훈련·교육 및 재활훈련 등에 참여하고 있는 자, 사회재활교사의 도움을 받아 공동생활을 하는 데 큰 지장이 없는 자로 한다.

2. 장애인 지역사회재활시설

1) 장애인 지역사회재활시설 공통

(1) 목적

「장애인복지법」 제58조 제2항 규정에 따른 장애인 지역사회재활시설 설치 및 운영전반에 관하여 기본적으로 필요한 공통사항을 정함으로써 지역사회재활시설의 운영상 일관성 유지 및 사업의 효율성 제고를 도모한다.

(2) 시설의 설치·운영신고 등

국가나 지방자치단체 외의 자가 지역사회재활시설을 설치·운영하려 할 때는 「장애인복지법」이 정한 시설과 설비를 갖추고 필요 서류를 첨부하여 관할 시장·군수·구청장에게 '장애인복지시설 설치·운영신고서'를 제출해야 하며, 시장 · 군수 · 구청장은 신고서를 면밀히 검토하고 해당 시설과 설비를 갖추고 있는지 여부를 확인한 후 '장애인복지시설 신고증'을 교부한다.

(3) 이용자 요건

이용자는 장애인이어야 한다. 다만, 지역사회와 유대 강화 및 사회통합 분위기 조성을 위하여 해당 지역주민도 사회통합 프로그램(장애발생예방 및 인식개선 사업 등)에 한하여 일부 이용할 수 있다.

(4) 시설의 개방운영

지역사회재활시설은 시설운영위원회를 통해 지역주민의 참여를 유도하고, 시설의 기자재와 설비 등을 지역사회에 최대한 개방함으로써 지역사회와 연계를 활성화하여 주민이 시설의 기능과 사업에 동참하도록 조치한다.

2) 유형과 현황

장애인 지역사회재활시설의 유형은 표 11-2와 같다.

• 표 11-2 • 장애인 지역사회재활시설의 유형

유형	기능
장애인복지관	장애인에 대한 각종 상담 및 사회심리 · 교육 · 직업 · 의료재활 등 장애인의 지역사회생활에 필요한 종합적인 재활서비스를 제공하고 장애에 대한 사회적 인식 개선사업을 수행하는 시설
장애인 주간보호시설	장애인을 주간에 일시 보호하여 장애인에게 필요한 재활서비스를 제공하는 시설
장애인 체육시설	장애인의 체력증진 또는 신체기능 회복활동을 지원하고 이와 관련된 편의를 제공하는 시설

유형	기능
장애인 수련시설	장애인의 문화·취미·오락활동 등을 통한 심신수련을 조장·지원하고 이와 관련된 편의를 제공하는 시설
장애인 생활이동지원센터	이동에 상당한 제약이 있는 장애인에게 차량 운행을 통한 직장 출퇴근 및 외출 보조나 그 밖의 이동서비스를 제공하는 시설
한국수어 통역센터	의사소통에 지장이 있는 청각·언어장애인에게 한국수어 통역 및 상담서비스를 제공하는 시설
점자도서관	시각장애인에게 점자간행물 및 녹음서를 열람하게 하는 시설
점자도서 및 녹음서 출판시설	시각장애인을 위한 점자간행물 및 녹음서를 출판하는 시설
장애인 재활치료시설	장애아동을 포함한 장애인에게 언어·미술·음악 등 재활치료에 필요한 치료, 상담, 훈련 등의 서비스를 제공하고 서비스를 이용한 자로부터 비용을 수납하여 운영하는 시설

출처: 장애인복지법 시행규칙 별표4.

2021년 12월 기준 장애인 지역사회재활시설은 장애인복지관 261, 주간보호시설 818, 장애인체육관 33, 생활이동지원센터 165, 수어통역센터 202, 재활치료시설 66, 의료재활시설 18, 수련시설 1, 점자도서관 22, 점자도서 및 녹음서 출판시설 2개소가 개설되어 있다(보건복지부, 2022).

(1) 장애인복지관

① 목적과 기본방침

장애인복지관은 지역 장애인의 재활자립과 복지증진을 도모하는 데 목적이 있다. 복지관의 수행사업은 정치 활동, 영리 활동 및 특정 종교 활동에 이용할 수 없으며, 인도주의적 원칙하에 이용장애인의 인간 존엄성과 기본 권리가 유지되도록 조치해야 하며, 장애인복지를 필요로 하는 사람을 위해 차별이 없어야 한다.

② 운영

관할 지역 내 장애인의 복지증진을 위해 종합적인 서비스와 이를 통한 장애인의 사회참여를 지원하는 장애인복지센터로서의 기능과 역할을 충실히 수행할 수 있도록 장애인복지관의 주요 기능을 참고하여 필요한 사업을 선정 · 수행하되, 관내 등록장애인 중 연령별 대비, 장애유형별 인원, 생활정도, 직업종사유형, 지역 경제기반, 장애인복지에 대한 지역사회의 인식도, 장애인가족 및 자원봉사자의 참여도 등을 참고하여 사업계획을 수립 · 추진해야 한다.

③ 장애인복지관의 주요 기능

개인별 지원계획 수립(이용자 욕구에 따른 서비스 이용 계획 · 지원), 중재(치료)와 컨설팅(기능향상을 통해 발달을 촉진하는 환경조성 및 치료효과 향상을 위한 부모대응방법 컨설팅), 낮활동 및 행동지원, 직업지원(직업적응훈련 · 현장훈련 · 작업활동), 가족(지원자)지원, 사례관리 및 권익옹호, 지역사회 중심지원서비스(지역사회에서 자립할 수 있는 기반 조성 및 사회참여 도모), 기획홍보 및 운영지원, 도기반서비스(영역별 네트워크 구성 및 운영) 등이다.

(2) 장애인 주간보호시설

① 목적

일상생활 및 사회생활 영위에 지원이 필요한 장애인에게 낮 시간 동안 활동 위주의 프로그램 및 교육지원 등의 기회를 제공하고, 장애인가족 구성원이 안심하고 사회 · 경제 활동을 영위할 수 있도록 하는 데 있다.

② 인력 지원 및 자격기준

시설장은 상근을 원칙으로 하고, 사회재활교사(이용장애인 3인당 1인 배치), 사무원(시설당 1인), 기능직 1명이다.

③ 수행사업

- **일상생활지원**: 식사 및 간식지원, 건강 및 위생관리, 일상생활훈련 등을 통해 자립생활능력을 배양
- **여가 및 특별활동지원**: 문화 · 예술 · 스포츠, 여가 · 취미활동 등 체험 위주의 여가활동 제공, 여행 · 캠프 · 기념일 활동 등 정서 함양을 통한 자기발전을 도모할 수 있는 활동 서비스 지원
- **교육 · 훈련지원**: 일상생활에 필요한 안전, 언어 · 인지, 사회구성원으로서의 권리의 이해를 위한 성교육, 인권교육 등의 교육 · 훈련 지원

(3) 장애인 체육시설

① 목적

장애인이 체육 활동을 통하여 신체기능 회복과 재활을 목적으로 한다.

② 이용 대상

이용자는 「장애인복지법」 규정에 의한 장애인이어야 한다. 다만, 지역실정을 감안하여 지역주민이 함께 이용토록 하여 사회통합에 기여하게 할 수 있다.

(4) 장애인 생활이동지원센터

① 목적

이동에 제약이 있는 장애인에게 차량운행을 통한 직장 출 · 퇴근 및 외출보조, 이동서비스를 제공함으로써 장애인의 사회 활동 기회를 확대하는 데 있다.

② 운영 주체 및 이용 대상

- **운영 주체**: 사단법인 한국시각장애인연합회 및 시·도지부, 시·군·구 지회
- **이용 대상**: 센터가 소재한 지역의 등록장애인을 우선으로 한다.

③ 사업내용

이동에 제약이 있는 장애인에게 차량운행을 통하여 민원업무 보조, 직장 출·퇴근, 시장보기, 외출보조 및 병원 이용보조 등 각종 이동서비스 및 안내보조

④ 인력 지원 기준

6명[센터장 1인, 사무원 1인, 상담원 1인, 운전원 3인]이며, 종사자 배치기준(운전원을 포함한 3명 이상)은 반드시 준수하되, 인원증원이 필요한 경우 지방비 및 자체수입으로 증원할 수 있다.

(5) 장애인 수어통역센터

① 목적

의사소통에 지장이 있는 청각·언어장애인에게 수어통역 및 상담서비스를 제공함으로써 원활한 일상생활 및 사회생활을 도모하는 데 있다.

② 사업주체

사단법인 한국농아인협회에 '수어통역센터 중앙지원본부'를, 시·도협회에 '수어통역센터 지역지원본부'를 두며, 시·군·구지회에 '수어통역센터'를 둔다.

③ 이용 대상

지역의 등록 청각 · 언어장애인을 우선으로 하되, 센터 소재지 외의 인근 지역 등록 청각 · 언어장애인, 청각 · 언어장애민원인과 업무적으로 의사소통 필요가 있는 관공서, 기타 청각 · 언어장애인과 의사소통이 필요한 개인의 요청이 있는 경우 이용할 수 있다.

④ 사업내용

- 청각 · 언어장애인 상담지도: 개별상담 및 사후관리
- 출장 수어통역서비스 제공: 민원해결(법률 · 취업 · 관공서 이용), 가족문제 상담, 심리 부적응 출장 서비스, 예산의 범위 내에서 수어교육 및 보급사업 및 청각 · 언어장애인의 복지증진을 위한 사업

⑤ 인력 지원 기준

인력은 5명[센터장 1인, 수어통역사 4인(청각장애인통역사 1인 포함)]이며, 종사자 배치기준(3명 이상)은 반드시 준수하되, 인원증원이 필요한 경우 지방비 및 자체수입으로 증원할 수 있다.

3. 장애인 직업재활시설

1) 목적

장애인이 능력과 적성에 맞는 직업생활을 통하여 인간다운 생활을 영위할 수 있도록 장애인 직업재활과 관련된 제반 서비스인 보호고용 · 직업상담 · 직업능력평가 · 직업적응훈련 · 직업훈련 · 작업 활동 · 취업알선 · 취업 후 지도 · 장애인생산품 판매 및 판로확대 등을 제공하고 취업기회를 제공하여 직업 활동을 통한 장애인의 자활과 자립생활을 도모하는 데 있다.

2) 종류와 기능

장애인 직업재활시설의 종류에는 장애인 보호작업장·장애인 근로사업장·장애인 직업적응훈련시설이 있다. 시설의 기능은 표 11-3과 같다.

2021년 12월 기준, 장애인 직업재활시설 총수는 773개소로 근로장애인은 20,504명이며, 보호작업장은 16,791개로 일하는 장애인 중 약 82%가 보호작업장에서 일하고 있다(한국노동연구원, 2021).

• 표 11-3 • 장애인 직업재활시설의 종류와 기능

시설의 종류	기능
장애인 보호작업장	직업능력이 낮은 장애인에게 직업적응능력 및 직무기능 향상훈련 등 직업재활훈련 프로그램을 제공하고, 보호가 가능한 조건에서 근로 기회를 제공, 이에 상응하는 노동의 대가로 임금을 지급, 장애인 근로사업장이나 그 밖의 경쟁적인 고용시장으로 옮겨갈 수 있도록 돕는 시설
장애인 근로사업장	직업능력은 있으나 이동 및 접근성이나 사회적 제약 등으로 취업이 어려운 장애인에게 근로 기회를 제공, 최저임금 이상의 임금을 지급, 경쟁적인 고용시장으로 옮겨갈 수 있도록 돕는 시설
장애인 직업적응훈련시설	작업능력이 극히 낮은 장애인에게 작업 활동, 일상생활훈련 등을 제공, 기초작업능력을 습득시키고, 작업평가 및 사회적응훈련 등을 실시하여 장애인 보호작업장 또는 장애인 근로사업장이나 그 밖의 경쟁적인 고용시장으로 옮겨갈 수 있도록 돕는 시설

출처: 장애인복지법 시행규칙 별표4.

3) 설치

(1) 입지 조건

지역별 적정한 분포와 장애인 수, 보건·위생·급수·안전·환경 및 교통편의 등을 충분히 고려하여 장애인이 쉽게 접근하고 편리하게 이용할 수 있는 쾌적한 환경의 부지나 건물을 선정해야 한다.

(2) 시설 이용 적격 대상

- 장애인 보호작업장: 의료, 직업능력, 심리·교육평가 결과와 초기면접

정보를 토대로 전문가가 참여한 위원회에서 적격 여부 평가 결과, 당장 경쟁적인 고용시장이나 장애인 근로사업장에서 생산능력을 발휘하기 어려운 장애인을 대상으로 하되, 근로장애인의 80% 이상은 장애등급 3급 이상인 장애인으로 유지

- 장애인 근로사업장: 위원회에서 적격 여부를 평가한 결과, 교통·건축 환경의 접근성이나 적응의 문제로 경쟁적인 고용시장에서의 취업이 어려운 장애인을 대상으로 하되, 근로장애인의 60% 이상은 장애등급 3급 이상인 장애인으로 유지
- 장애인 직업적응훈련시설: 위원회에서 적격 여부를 평가한 결과, 당장 장애인 보호작업장이나 장애인 근로사업장에서 생산능력을 발휘하기 어려운 장애등급 3급 이상 장애인을 대상으로 하되, 발달장애인을 80% 이상 유지

4. 장애인 의료재활시설

1) 목적

장애인을 위한 의료재활사업을 효율적으로 수행하기 위해 사회복지법인 등 비영리법인 부설 의료재활시설의 운영에 필요한 사항을 정한다.

2) 기본방침

재활병·의원장은 시설을 운영함에 있어 의료관계 법령과 장애인복지 관련 법령이 정하는 바에 따라 장애인 의료재활을 위하여 최선의 서비스를 제공해야 한다. 건강보험심사평가원 홈페이지에 탑재된 '2022년 장애인 건강보험관리 사업안내' 자료에 의하면, 장애인 의료재활시설 수는 18개소이며, 종사자 수는 646명(의사 42, 약사 6, 사회복지사 24, 물리치료사 340, 작업치료사 234)이다.

3) 주요 사업

입원 및 통원·낮 병원을 통한 장애인 진료, 장애의 진단 및 포괄적·전문적인 재활치료, 장애인에 대한 의료재활상담, 장애인의 질환 진단 및 치료, 장애인보조기구 제작·판매·검수 및 수리, 장애인 재활 및 재발 방지에 관한 교육, 장애인 등록을 위한 진단 등이다.

4) 진료대상

장애인을 우선으로 하며 진료상 여유가 있을 경우에는 지역주민을 대상으로 일반인에 대한 진료를 행할 수 있다. 재활병·의원은 「의료급여법」 제3조 규정에 의한 수급권자, 시장·군수·구청장이 특별히 무료진료가 필요하다고 인정한 환자를 대상으로 무료진료를 한다.

5. 장애인생산품 판매시설

1) 목적

장애인 직업재활시설의 장애인생산품과 서비스·용역의 판매 촉진을 위해 생산시설 등의 판매활동과 유통대행, 생산품과 서비스·용역 관련 상담·관리·홍보·판로 개척, 관련 정보제공 등 마케팅을 지원한다.

2) 기본방침

장애인생산품 판매시설은 장애인 직업재활시설 등이 생산하는 장애인 생산품과 서비스·용역의 마케팅 및 판매를 활성화하기 위한 업무를 수행한다. 또한 중증장애인생산품 생산시설에서 생산되는 모든 제품에 대한 홍보와 판매 촉진을 위하여 노력하며, 그 밖에 장애인복지시설 및 단체, 재가장애인이 생산하는 물품의 판매에도 노력하여야 한다.

3) 수행사업

재가장애인 및 생산시설에 대한 상담 및 관리(상담 사업), 생산품의 전시·판매, 특별판매행사 등(판촉 사업), 생산품 조달촉진을 위한 홍보물의 제작·배포(홍보 사업), 개인·단체별 판로 개척(개발 사업), 장애인생산품의 구매, 물류관리, 공급 및 그에 따른 사업(조달 사업) 등을 수행한다.

제3절 장애인복지시설의 개선방안

시설은 시설보호를 필요로 하는 장애인이 존재하는 한 운영되어야 한다. 그러나 현재와 같은 시설운영 체계는 적절하지 않다. 운영자나 직원 중심의 시설운영 체계는 시설장애인 중심의 운영체계로 바뀌어야 하며, 시설입소 대상자는 생활수준에 의해 선정되는 것이 아니라 장애상태와 장애인의 환경 및 자기결정권에 의해 결정되어야 한다.

1. 장애인 거주시설의 개선방안

1) 장애인 중심의 서비스

시설보호에 있어서 핵심 주체는 장애인이므로 이들의 욕구에 맞추어 시설보호가 계획되고 실천·평가되어야 한다. 그러나 현장에서는 시설장애인보다 오히려 시설운영자·직원·정부의 의도대로 운영되므로 장애인 거주시설 서비스 자체가 이용자 선택 중심의 서비스체계와는 거리가 있으며, 자주 발생하는 시설 내 비리와 인권침해 사건으로 인해서 사회적 불신이 증가하고 있으므로 신뢰성 회복이 필요하다.

시설의 존재 이유는 운영자나 직원이 아니라 장애인의 편의 증진에 있으므로 시설 직원이 장애인에게 서비스를 제공할 때 사회적 약자인 장애인에 대하여 의식적이든 무의식적이든 우월한 태도로 명령하거나 억압적인 태도, 금지 및 거부적인 태도, 회피나 무시하는 태도, 동정적인 태도를 취하는 경우가 많다. 직원들이 편의상 시설의 틀에 장애인들을 맞추려 하기보다 장애인 각자에게 서비스를 제공할 때 개인적 특성, 즉 독특한 성격·심신의 상태·생활습관·종교·가치관·가족관계를 고려한 개별적인 처우가 필요하다. 따라서 직원이 장애인과 수평적인 입장에서 존중하는 태도로 대하는 것이 필요하다. 직원이 장애인의 입장이 되어서 느끼고, 생각하고, 판단하여 장애인이 행복감을 느끼도록 서비스하는 자세가 바람직하다. 직원의 바람직한 자세를 직원들의 도덕심에만 기대할 수는 없으므로 부적절한 직원의 자세나 운영형태, 인권침해 사안에 대하여 누가·언제·어떻게 수정을 요구하고 변화되어 가는 것을 점검하고 지속적으로 감시해 나갈 것인가의 과제가 남는다. 이에 대한 방안으로 시설 직원의 윤리강령이나 행동규범을 만들어 준수할 수 있도록 해야 한다.

또한 시설장애인의 권리강화가 요구된다. 시설에서 생활하는 장애인 가운데 자신의 의사를 적절하게 표현하고 관철해 나갈 수 있는 능력이 있는 장애인은 시설장애인 자치회나 동아리를 만들어 자신들의 의사를 표현하는 것이 필요하다(장애우권익문제연구소, 2001).

2) 시설의 소규모화

거주서비스의 흐름이 대형시설에서 지역사회와 소통이 용이한 소규모 시설로 바뀌어 가고 있는 추세이다. 대규모 시설을 점차적으로 줄이고, 신규 시설의 규모제한을 통해 전체적인 시설의 규모를 획기적으로 소규모화해 나가야 한다. 그리고 거주시설의 환경을 가급적 일반 가정환경과 유사한 형태로 재구조화해야 한다. 시설에서 정해진 시간에 집단 급식하는 일률적인 식사만을 하던 사람이 지역사회에 적응하기란 쉽지 않다. 따라서 가정화된 주거환경, 주류화된 생활용구의 활용 등 서비스 환경에 대한 기준이 세부적으로 제시될 필요가 있다.

3) 시설의 다양화와 이용자의 선택권 보장

장애인 스스로 거주시설의 유형을 결정·선택하기 어려우므로 보장기관의 일방적 조치에 따라 배정된 시설에 들어가야만 하는 문제를 개선하기 위해서는 시설을 유형별·크기별로 다양하게 설정하고 서비스이용자들이 욕구에 맞는 주거서비스를 선택하게 해야 한다. 그리고 장애인 당사자의 자기결정권 인정과 이용자의 참여를 확대해 나가야 한다. 거주시설에서 생활하는 장애인들은 식사 시간과 식단 구성, 하루의 일과, 외출 등 일상생활에서 자기결정권이 제한된 상태로 획일적인 생활을 하고 있으므로 시설의 책무·이용자의 권리·책임, 제한에 대한 규정 수립에 대한 참여, 최소한의 서비스 표준이 마련되어 충실히 적용되어야 한다.

4) 전문인력 확보와 종사자 처우개선

서비스의 질은 직원의 전문성과 관련이 있다. 따라서 시설의 기능을 제대로 수행하기 위한 우수한 전문인력 확보가 요구되며, 이를 위하여 종사자들의 처우와 근무여건이 개선되어야 한다. 그리고 장애인 거주시설의 개선을 위해서는 무엇보다도 국민들의 장애인 문제에 대한 올바른 인식과 지역주민의 참여가 중요하며, 이를 위해서 정부와 지방자치단체가 적극적으로 뒷받침해야 한다.

2. 장애인 지역사회재활시설의 개선방안

1) 양적 부족과 지역 간 격차 해소

장애인 지역사회재활시설은 공급의 절대량이 부족하고 지역 간 격차도 큰 문제를 안고 있다. 대표적인 장애인 지역사회재활시설인 장애인복지관의 경우 지역 간의 공급 격차가 클 뿐만 아니라, 특히 언어치료나 놀이치료 등 기초 재활서비스시설이 부족하여 많은 시간을 대기해야 하는 실정이다. 주간보호시설과 같이 작은 규모는 가정과 지역사회에 더욱 밀착하여 지역사회와 통합의 구심점 역할을 할 수 있는 장점이 있음에도 불구하고, 지역적 편차와 절대적 공급량에 있어서 부족한 실정이므로 재활시설 및 전문가 확충이 요구된다.

2) 특성화 및 차별화

장애인 지역사회재활시설은 공급사 중심의 틀에 박힌 사업수행에서 탈피하여 변화하는 장애인 당사자들의 욕구에 부합하는 다양한 프로그램을 개발해 나가야 한다. 또한 지역 특성이나 장애인의 복지욕구를 반영하여 사업을 수행하기보다 설립 역사가 오래된 시설의 사업내용을 모델로 이를 따라 하듯이 운영함으로써 각 시설별 특성이나 차별화가 이루어지고 있지 못하므로 이용자의 연령·장애유형별·장애 정도 등에 따라 다양한 시설모형을 개발해야 한다.

3. 장애인 직업재활시설의 개선방안

1) 경쟁력이 낮은 사업형태의 개선

장애인 직업재활시설의 생산형태는 단순조립·포장이 대부분으로 경쟁력이 낮은 사업형태를 띠고 있다. 이러한 현실은 기술과 장비 부족, 인프라에 대한 투자여력이 없어서 나타나는 현상이며, 시설 자체에서 경쟁력 있는 업종을 개발·발굴하기 어렵다는 현실적 한계를 인식하여 정부와 지자체 차원에서 중소기업을 집중 지원하고, 투자하는 방식으로 장애인 직업재활시설에 대한 투자와 지원, 세제혜택이 이루어져야 한다.

2) 재정지원의 변화모색

장애인 직업재활시설 운영에 있어서 가장 큰 문제점은 재정부족에 있다. 중증장애인에게 고용기회를 제공하고 있는 시설들이 근로장애인들에게 적절한 임금을 지급할 수 있도록 정부의 충분한 지원이 요구된다. 중증장애인에게 취업기회를 제공해야 하는 것은 국가의 책무로서 국가는 중증장애인이 적절한 임금을 받을 수 있도록 지원해야 하며, 조달품목을 확대하고, 조달 납품 기회를 제공하여 안정적인 수요처를 확보할 수 있도록 지원해야 한다.

Social Welfare For The Person With Disabilities

PART III

장애인복지의 핵심 이슈와 과제

CONTENTS

CHAPTER 12 장애인복지 핵심 이슈 I

이 장에서는 장애인복지의 핵심 이슈 가운데 장애와 고령화, 장애와 가족, 여성장애인 문제를 살펴보고자 한다. 장애와 고령화에 있어서는 고령화된 장애인들의 노화에 따른 특성을 알아보고, 장애아동과 가족문제에 있어서는 생애주기에 따른 가족지원의 필요성을, 여성장애인의 경우에는 여성과 장애라는 이중차별로 인한 어려움과 결혼과 성, 모성보호, 인권문제 등을 다룬다.

제 1 절 장애와 고령화

1. 장애노인의 개념

'노인'과 '장애'의 개념이 중첩되어 있는 '장애를 지닌 노인'에 대한 개념은 노인과 장애에 대한 각각의 개념 정의의 어려움으로 인해 정의 내리기가 쉽지 않다. 일반적으로 '장애를 가진 노인'은 '고령화된 장애인(장애인구 고령화)'과 '노화에 따른 장애인(노화기인 장애)'으로 분류된다. 이는 장애발생 시기에 따른 분류인데, 고령화된 장애는 젊어서 장애가 발생하여 노년에 이른 경우인 반면, 노화에 따른 장애는 노년기에 장애가 발생한 경우에 해당된다. 이러한 분류 기준이 장애발생 시기라고 하지만 전자의 경우 뇌병변장애·지적장애 등 선천적 장애와 사고 및 질환으로 인한 척수손상 등 지체장애를 비롯한 후천적 장애 모두를 장애의 원인 및 유형으로 간주한다. 반면, 후자의 경우 관절염·고혈압·당뇨·중풍·뇌혈관질환·치매 등 각종 노인성 만성질환과 노년기에 발생한 사고 및 질환으로 인한 후천적 장애 등 전자에 비해 상대적으로 좁게 노화 혹은 노년기에 좀 더 초점을 둔 원인과 유형을 강조한다(양희택·신원우, 2011).

2. 장애노인의 실태

노인인구의 증가는 장애인구 증가를 의미한다. 왜냐하면 노화되면서 각종 질병이 발생하고, 장애로 이어질 가능성이 높아지기 때문이다. 2020년 장애인 실태조사(보건복지부·보건사회연구원, 2020) 결과, 전체 장애인구 중 65세 이상이 49.9%로 가장 높았고, 50~64세가 28.7%로 다음으로 높았다. 이는 우리 사회가 고령화사회로 진입하면서 장애인 중 고령자 비율이 지속적으로 증가함을 보여주며, 2017년 조사에서 65세 이상이 46.6%에 비해서 3.3%p 증가하였다. 이는 우리 사회가 고령화사회로 진입하면서 장애노인이 지속적으로 증가함을 보여준다. 장애유형별로 살펴보면 청각장애가 76.9%로 가장 높았고 장루·요루장애(71.2%), 호흡기장애(68.5%), 시각장애(55.0%), 지체장애(53.3%), 뇌병변장애(51.1%), 심장장애(45.0%), 신장장애(39.5%) 순으로 나타났다. 이와 같이 장애는 노령화와 상관관계가 있어서 노화될수록 만성질환 유병률이 높아 장애진단을 받는 경우가 많다. 따라서 장애노인에 대해 노인복지 차원에서의 접근과 장애인복지 차원에서의 접근, 즉 이중적 접근이 필요하다.

3. 고령화된 장애인과 노화에 따른 장애인의 특성

1) 고령화된 장애인의 특성

장애인의 노화로 인한 변화는 기존의 장애에 노화에 따른 변화가 중첩되어 '이중 위험'으로 나타난다(Foreman, 1998). 기존의 장애상태로 인하여 신체·심리사회적 측면에서 어려움을 가지고 있던 상태에 더하여 노화로 인한 제 측면의 변화가 중첩되어 나타나기에 장애인 개인이 갖는 어려움의 정도는 배가되는 것을 볼 수 있다.

고령화가 진행 중인 장애인이 갖는 또 다른 문제로 '조기 노화(premature aging)'의 경험이다. 이러한 현상은 장애발생 후 일정 기간이 지난 뒤 일반인의 경우보다 이른 시기(보통 15~20년 정도)에 신체·기능·사회심리적인 변화(노화)를 의미한다(Trieschman, 1987; Zarb & Oliver, 1993). 조기 노화의 원인은 아직 밝혀지지 않았지만, 고령화된 장애인들의 신체적 기능과 건강을 위협하는 매우 중요한 요인이 되고 있다.

일반적 노화에서는 노화 이전까지는 의학적·기능적 문제를 동반하지 않지만, 장애인은 비장애인에 비하여 10~25세 빠르게 의학적·기능적인 문제가 발생하고, 이차적 건강문제가 2~3배 증가한다. 예를 들어, 소아마비장애인에게는 순환계 질환율이 4배, 당뇨가 5~6배 더 많이 나타난다. 고령화된 뇌병변장애인에게는 골절이 5배나 많이 나타나며, 보행이 불편한 장애노인의 약 70%가 골다공증이 발생한다. 특히 장애지속 기간이 길수록 생체기관의 과도한 사용으로 정형외과적 문제가 대부분 발생하고 있다. 고령화된 장애인은 기존의 장애조건과 노화로 인한 심리적 스트레스와 우울감이 2~3배 높아지고, 이는 생활만족도에 부정적인 영향을 가져온다(Kemp, Adams, & Campbell, 1997). 이러한 부정적 영향은 고령화된 장애인의 사회 활동 참여에도 영향을 미친다.

고령화된 장애인의 신체·심리사회적 문제는 직장생활에서의 차별 및 직무수행의 어려움으로 나타나기도 한다. 쉬트(Sheets, 2005)는 고령화된 장애인의 조기 노화로 인해 사회적 노화(강제퇴직 등)가 촉진된다고 하였다. 마찬가지로 지적장애를 가진 장애인들이 고령화로 인해 일반 노인이 전형적으로 경험하는 경제·사회적 박탈을 이중으로 경험하는 것으로 나타났다. 특히 고령화된 장애인은 장애유지 기간이 길어짐에 따라 조기 노화가 진행되어 자연스럽게 이차적 장애가 진행되며 이로 인하여 신체의 기능적인 측면(ADL, IADL)에서 어려움을 경험한 것으로 알려져 있다. 또한 주관적 신체건강에 대한 부정적 인식이 높고 전 생애 기간 중 노년기를 준비할 수 없기에 나타나는 우울감과 스트레스의 증가, 직업을 포함한 사회 활동에서의 제약이 높고 삶의 만족도가 낮다는 것을 보여준다(양희택·신원우, 2011).

2) 노화에 따른 장애인의 특성

노화에 따른 장애인은 노년에 이르기까지 비장애상태로 살아오다가 만성질환·사고 및 자연적 노화과정의 원인으로 장애를 경험하는 노인을 의미한다. 대체로 노화에 따른 장애인은 노화에 수반되는 신체적·사회적 역할 변화와 함께 이전에 경험하지 못했던 장애라는 급격한 변화의 이중적인 어려움에 직면하게 된다(손복심, 2005; 박혜정, 2006). 무엇보다도 이러한 장애의 원인이 되는 노인성 만성질환을 갖고 있기 때문에 이로 인한 건강상태와 일상생활수행능력에서의 장애를 경험한다고 볼 수 있다.

노인인구 중 약 80%가 하나 이상의 만성질환을 가지고 있을 정도로 유병률이 매우 높은데, 2018년 기준 65세 이상 노인의 치매 유병률(인구 대비 치매를 앓는 환자 비율)은 10.2%이며, 치매 전 단계인 경도인지장애 유병률은 60세 이상 노인의 20.2%, 65세 이상은 22.6%에 달해 60세 이상 노인의 5명 중 1명이 경도인지장애를 겪고 있다(중앙치매센터, 2018). 그리고 복합 만성질환을 앓는 65세 이상 노인 30,138명을 대상으로 2011~2017년까지 우울증 유병 위험을 분석한 결과, 남성노인이 여성노인보다 우울증을 가질 위험이 1.2배 더 높게 나타났다. 특히, 복합 만성질환을 앓는 경우, 복합 만성질환이 없는 노인보다 남성은 2.1배, 여성은 1.9배로 남성노인의 우울증 위험이 더 높았다. 그리고 복합 만성질환 수가 많아질수록 여성노인보다 남성노인의 우울증 위험이 더 가파르게 상승했고, 연령대가 낮은 초기 노인(65~69세)일수록, 복합 만성질환을 가진 노인들이 기준 집단에 비해 우울증을 가질 위험이 남성은 2.6배, 여성은 2.3배 더 높은 것을 확인했다(SeoYeon Hwang, 2022).

노화에 따른 장애노인을 위한 서비스가 요양과 서비스에 제한되어 있기 때문에 장애로 인하여 파생되는 문제들인 높은 만성질환 유병률과 일상생활수행능력에서의 장애, 이로 인한 우울감 증대와 생활만족도 및 삶의 질 저하 등 심리사회적 문제가 심각한 상황이다. 더구나 건강의 약화와 적절한 의료 및 재활서비스 이용 접근의 어려움으로 중증장애로의 진전 가능성이 더 크게 나타난다. 이러한 노화에 따른 장애인에 대한 경제적·실천적 접근이 중요한 관건이 되고 있다. 우리나라에는 노인전문병원이나 요양시설이 수요에 비해 부족하여 노화에 따른 장애인이 도움을 받거나 가족들이 전적인 도움을 제공하는 데는 많은 문제가 있다. 이는 가족원의 감소, 2차 부양부담자의 취업 및 사회 활동 참여증가, 가족의 보호기능을 보강하기 위한 재가서비스의 미비 등 때문이다(남기민, 2006).

4. 노년기 장애에 영향을 미치는 요인

1) 생리학적 요인

질병은 노년기 장애의 중요한 생리학적 요인이며, 여러 연구에서 장애의 출발점으로 간주되었다(Lawrence & Jette, 1996; Verbrugge & Jette, 1994). 우리나라의 경우 유병률은 65세 이후에 크게 증가하며, 특히 만성질환은 전체 평균에 비해 질병에 따라 2~7배 정도 높은 비율로 발생한다(최성재·장인협, 2005). 노인은 만성질환을 복합적으로 경험하는데 이는 일상생활활동장애와 사망으로 이어질 수 있다. 정경희(2005)의 조사에서 밝혀진 가장 흔한 노인의 만성질환 5위 가운데 관절염 · 고혈압 · 신경통, 3대 성인병인 뇌혈관 질환 · 암 · 심장병, 그 밖에 당뇨 · 동맥경화 · 백내장 등 시각과 청각 문제가 노년기 장애와 관련이 있는 것으로 알려져 있다.

2) 건강행동

버브루게와 제테(Verbrugge & Jette, 1994)에 의하면, 건강행동은 장애에 영향을 미치는 대표적인 개인 외적 요인으로 흡연 · 음주 · 규칙적인 식사 · 운동 여부 등을 포함한다. 건강 관련 행동 또는 건강을 향상하는 생활양식은 노년기에 생산적이고 독립적 삶의 유지를 가능하게 하는 반면, 만성질환과 그로 인한 장애를 감소시키는 역할을 한다. 여러 연구에서 기능장애가 없는 노인들은 흡연과 과도한 음주를 하지 않으며, 규칙적인 운동을 하는 것으로 보고되었다(이석구 · 전소연, 2006). 반면, 80% 이상의 노년기 만성질환과 장애발생에서 건강에 해로운 행동 및 생활습관이 발견되었으며, 90% 이상의 치명적인 뇌졸중 발작과 심장마비가 건강한 생활습관에 의해서 예방될 수 있었던 것으로 보고되었다(Hooyman & Kiyak, 2008).

3) 심리사회적 요인

노년기 장애는 다차원적 과정으로 생리학적 건강은 노년기에 쇠퇴하지만, 심리사회적 자원은 유지되거나 오히려 향상되면서 장애를 막기 위한 지원군 역할을 할 수 있다. 즉, 심리사회적 요인이 장애에 고유한 영향력을 발휘하며, 이러한 영향력은 생리학적 요인을 통제했을 때에도 유지되므로 질병만으로는 장애를 설명할 수 없다(Kempen et al., 1999). 일례로, 만성질환이 있어도 사회적 지지 수준이 높거나 우울하지 않은 노인은 장애로 진전되는 것을 용납하지 않는 반면, 가벼운 부상도 사회적으로 고립되고 우울이 심하면 심각한 장애로 진전될 수 있다(Femia et al., 2001). 노년기 장애발생과 관련이 있는 심리사회적 요인은 우울, 자신의 건강에 대한 주관적 인식, 지배감 등 심리적 요인과 사회적 지지로 구분할 수 있다(Dunkle et al., 2001; Dunlop et al., 2003).

4) 인구사회학적 특징

많은 연구에서 노년기 일상생활 활동에 영향을 미치는 인구사회학적 요인들이 확인되었다. 연령은 노년기에 고령으로 갈수록 장애 발병률이 더 높다(Baltes & Smith, 2003). 성별은 여성노인이 남성노인에 비해 장애를 가질 확률이 더 높다는 결과(Dunkle et al., 2001)와 여성노인이 남성노인보다 일상생활 활동에서 덜 의존적(정지연 외, 2009)이라는 것이 밝혀졌다. 또한 제한된 경제적 지원을 가진 노인들일수록 높은 비율의 장애, 사망과 관련되는 것으로 보고되었다(Lantz et al., 2005). 수입은 노인들이 선택할 수 있는 의료서비스와 건강문제 예방 방법의 이용을 결정하며, 이는 장애로부터의 회복이나 장애예방에 중요한 역할을 할 수 있다(이인정, 2010).

5. 고령화된 장애인과 노화에 따른 장애인 문제해결을 위한 대책

전체 장애인 중 60세 이상 장애노인 구성비율이 57.1%(65세 이상 46.7%)를 육박하지만, 복지 서비스 제공은 매우 미미한 실정이다. 또한 장애와 노화에 따른 이중위험으로 위험의 정도가 매우 크기 때문에 이들의 복지 실현을 위한 사회적 대책이 마련되어야 한다. 이들을 위한 대안이 적절하게 구축되지 못할 경우, 도움이 필요한 장애인세대와 장애인을 부양해 왔던 부모세대의 노화로 인한 노쇠약자 세대, 즉 요보호 대상자 2세대(two generation geriatric families)를 사회가 동시에 책임져야 하는 어려움에 봉착할 수 있다(Wilder & Ansello, 2004). 이의 문제해결을 위한 대책은 다음과 같다(양희택, 2013).

첫째, 장애노인, 특히 고령화된 장애인에 관한 실태조사가 필요하다. 고령화된 장애인의 세부적인 현황과 욕구 등에 관한 전국적인 기초자료가 없기에 역연령을 기준으로 조기노화의 장애특성을 감안한 전국적인 실태조사가 이루어져야 한다. 둘째, 장애예방에 관한 새로운 시각과 관점의 도입이 요구된다. 일차적인 장애예방과 장애분류에 따른 접근도 중요하지만, 이차 장애예방도 중요하게 다루어야 한다. 이차 장애의 경우 조기노화와 이중위험에도 밀접한 연관성이 있으므로 이차 장애예방을 위한 홍보, 교육과 훈련체계를 구축해야 할 필요가 있다. 예를 들어, 각 장애유형과 중증도, 연령에 따라 이차로 발생할 수 있는 장애상태를 검토하여 이를 예방할 수 있는 제도와 서비스를 구축해 나가야 할 것이다.

제 2 절 장애와 가족

1. 장애아동과 가족

1) 장애아동가족 지원의 필요성

장애아동가족 지원이란 '아동과 그 가족의 욕구를 파악하고 이러한 욕구를 충족시킬 수 있는 다양한 자원과 서비스를 확인하여 가족의 기능을 강화하는 방향으로 자원을 얻도록 함으로써, 가족의 자녀에 대한 참여능력을 갖추게 하여 자녀의 발달을 촉진하고, 가족구성원의 복지를 향상시키는 것'을 의미한다(오혜경 · 백은령, 2007).

가족지원은 가족에 의한 지원, 가족에 대한 지원, 가족과 함께하는 지원으로 나눌 수 있다. 가족에 의한 지원은 가족의 욕구를 가족구성원 스스로 해결해 나가는 방식으로 가족자원을 활용하는 것이 주를 이룬다. 가족에 대한 지원은 장애아동과 함께 살아가는 가족이 원하고 바라는 것에 대한 직접적 지원을 말한다. 가족과 함께하는 지원은 지역사회를 근간으로, 지역사회자원으로 장애아동가족의 생활을 지원하는 것을 의미한다.

이와 같은 장애아동가족 지원은 몇 가지 장점이 있는데, 첫째, 부모가 지역사회구성원이라는 일치감을 느끼게 하고, 둘째, 이로써 사회적 고립감이나 외로움을 감소시킬 수 있으며, 셋째, 부모나 가족들이 장애아동의 복지에 대해 효과적인 결정을 내릴 수 있는 지식이나 기술 · 기회 · 권한을 부여받을 수 있으며, 넷째, 의사나 교사 · 심리학자들로부터 경험을 얻어 아동에 대한 정보를 얻을 수 있게 된다.

던스트 등(Dunst et al., 1990)은 가족 지원의 원리를 여섯 가지로 제시하고 있는데, ① 공동체의식 강화, ② 자원과 지원의 확장, ③ 책임과 협력, ④ 가족기능의 보호, ⑤ 가족기능의 강화, ⑥ 적극적인 휴먼 서비스 실천 등이다. 이러한 원리는 가족지원정책이나 실천, 관련 서비스가 가족의 기능을 강화하는 방법으로 실행되고 평가할 수 있는 체계로 사용할 수 있다.

2) 장애아동의 생애주기와 가족의 욕구 및 과업

(1) 영유아기(출생~7세)

영유아기의 장애아동은 그 이후에 장애가 발생한 경우와 매우 다른 경험을 하게 된다. 인지능력이 충분히 발달하기 전에 신체 또는 지적장애가 발생, 비장애아동들과 다른 발달을 경험하기 때문이다. 지적 발달뿐 아니라 신체 · 정서발달에 있어서도 장애로 인한 지체를 경험할 수 있다. 이 시기의 주된 교육은 언어 · 학습 · 인지 · 행동 등의 재활치료에 집중되고, 주로 특수교육기관을 통해 이루어진다. 특히, 지적장애 영유아는 양육자의 많은 보호를 요구하고, 부모는 양육부담으로 다른 장애유형의 부모보다 더 큰 어려움을 경험한다. 장애아동 부모들이 지닌 욕구나 과업을 살펴보면(Turnbull & Turnbull, 1999) 정확한 진단, 형제나 친지에게 알리는 것, 서비스를 찾아다니는 것, 장애의 의미를 발견하는 것, 의사결정을 좌우하는 개인적 관점을 분명히 하는 것, 낙인의 문제에 대처하는 것, 장애에 대한 긍정적 의미를 발견하는 것, 큰 기대를 가지는 것 등이다.

(2) 학령기(8~13세)

비장애아동은 학교와 또래관계를 통해 활발한 발달을 경험한다. 그러나 장애아동은 신체발달상 2~3년 정도 지체를 보일 수 있으며, 인지적 측면에서 주의반응이나 주의집중 시간이 짧고 단기 기억력이 부족해서 학습지체 현상을 보이기도 한다. 신체장애아동들의 경우 또래 아동이나 교사·이웃으로부터 장애에 대한 위험을 감수하고 도전해 보는 행동이 자의적·타의적으로 방해받기도 하므로 다양한 경험이 어려울 수 있다. 이 시기에 장애아동 부모들의 욕구나 과업은(Turnbull & Turnbull, 1990), 가족기능 수행을 위해 일상적 생활을 조정하는 것, 교육 관련 문제들에 적응하는 것, 일반학급 통합과 특수학급 분리에 따른 문제를 분명히 하는 것, 개별화 교육회의에 참석하는 것, 지역사회자원을 찾고 활용하는 것, 교과목 이외의 아동의 활동을 조정하는 것 등이다.

(3) 청소년기(14~20세)

청소년기는 자기정체성을 수립하며, 다양한 신체적·성적·사회적 변화를 경험하는 시기지만 장애청소년들은 독립된 자아형성과 자기정체성 확립에 많은 방해물을 만나게 된다. 장애 수용이 이루어지지 않고, 타인의 장애에 대한 부정적 이미지에 집착할 때 자기 이미지도 부정적으로 수용되기 쉽다. 특히, 대인관계나 사회기술이 충분히 연습되지 않았을 경우 더 많은 혼란과 침체를 경험하기도 한다. 이 시기에는 비장애청소년들과 마찬가지로 진로나 적성에 대한 고민과 함께 적절한 지도가 제공되어야 하는데, 장애청소년에게 전환기 교육이 부재한 우리나라에서 사회적으로 요구되는 과업으로 인한 압박감을 경험하게 된다. 부모들의 욕구나 과업은(Turnbull & Turnbull, 1990) 장애의 만성화 가능성에 대해 정서적으로 적응하는 것, 성적인 문제 이해, 또래들의 거부와 배제 가능성에 대처하는 것, 직업생활 계획, 여가생활 계획, 사춘기의 신체적·정서적 변화에 대처, 학교교육 이후 생활에 대한 계획 등이다.

(4) 성인기(20세 이후)

성인기는 발달주기상 심리 · 경제 · 사회적으로 독립하여 생활하게 되는 단계다. 그러나 특수학교 졸업 이후 마땅히 직업이나 진로를 찾지 못한 경우에는 시설입소나 사회적 역할 없이 가정에서 지내는 경우가 많다. 최근에는 직업재활 프로그램이 활성화되어 많은 장애성인들이 직업에 진출하고 있지만, 결혼이나 임신 · 출산 · 육아의 기회를 갖기 어렵다. 특히, 지적장애인의 경우 신체발달에 비해 지적 능력이 부족하기 때문에 이에 대해 부모나 장애인 당사자가 적응하는 데 어려움이 있다. 이 시기에는 자립을 위한 직업훈련과 취업, 사회기술, 대인관계, 자립생활 기술 등을 훈련할 수 있는 기회를 제공해야 한다. 장애아동 부모들의 욕구나 과업은(Turnbull & Turnbull, 1990) 후견인 준비, 적절한 주거형태 구상, 성인에게 의존성이 갖는 함의에 대한 정서적 적응, 가족 밖에서 사회화의 기회를 갖도록 대처하는 것, 취업 및 직업훈련 프로그램을 시작하는 것 등이다.

2. 장애부모 및 비장애 형제와 가족

1) 장애부모의 양육부담

부모가 장애를 가지고 있지만 자녀는 장애를 가지고 있지 않은 경우 장애부모(부모 중 1인 또는 양쪽 모두가 장애인인 경우)는 신체적 · 심리적 · 경제적으로 다양한 어려움을 경험할 수 있다.

(1) 신체적 측면

장애부모는 신체 · 정신적 장애로 가사노동이나 양육 활동에 있어 비장애부모보다 신체적 어려움을 경험한다. 임신과 출산·육아를 할 때 쉽게 지치거나 고통을 겪을 수 있다. 출산 후 육아에 있어 모유수유나 목욕시키기, 아이와 놀아주기 등에서 신체적 민첩성이 떨어지거나 시각·청각장애로 아이와 의사소통이 어려울 수 있다. 자녀가 성장하면서 학교에서 어머니 활동을 수행해야 할 경우 어려움을 경험하므로 육아도우미나 가사도우미, 학교생활지원도우미 제도를 신설, 확대하여 지원해 주어야 한다.

(2) 심리적 측면

장애부모는 임신하면 심리적 어려움에 부딪힌다. 여성장애인이나 배우자 모두 장애를 지닌 경우 아이를 갖게 되면, 적극 지원해 주기보다 '그 몸으로 어떻게 애를 낳아 키우겠다고...' 같은 표현이 장애부모를 심리적으로 힘들게 만든다. 아이가 자라면서 타인의 평가나 시선을 의식하게 되고, '아이가 장애를 가진 부모를 부끄럽게 생각하지 않을까?' 하는 두려움부터 공부하는 데 충분히 뒷받침해 주지 못한다는 생각에서 죄책감 등 심리적 문제는 계속된다. 최근에는 이런 문제에 대해 동료상담이나 기혼여성장애인 지지집단 활동을 통해 도움을 받고 있는 장애인이 늘어나고 있지만, 이런 모임을 지역사회 내에서 찾아보기가 어렵고, 시각·청각장애를 지닌 부모들은 정보접근성이 취약하므로 온라인상에서의 동료상담이나 지지모임 참석도 쉽지 않은 것으로 나타났다(오혜경 외, 2008).

(3) 경제적 측면

장애가구는 소득이 낮은데, 이는 장애로 인한 경쟁고용시장 진입의 어려움, 적은 교육기회로 인한 인적 자본으로서의 낮은 경쟁력, 장애인고용을 회피하는 고용주나 기업문화 등의 원인에서 찾아볼 수 있다. 이는 결국 장애인가족의 빈곤문제로 연결된다. 현재 기초생활보장 수급권자나 차상위계층 저소득 가정에만 제공되는 생계비나 장애수당 등의 소득보전제도들이 일부 장애인에게만 혜택이 주어지고 있고, 혜택을 받지 못하는 장애부모는 자녀양육비 · 교육비 부담이 크므로 장애부모의 자녀양육수당 제도나 교육비지원을 신설 · 확대하여 경제적 어려움을 경감시켜야 한다.

2) 장애아동의 비장애형제

장애아동의 비장애형제들은 부정적 감정을 경험하므로 이들의 욕구와 문제를 파악하여 지원해 주어야 한다. 토마스와 페기(Thomas & Peggy, 2009)는 장애아동의 비장애형제가 겪을 수 있는 감정으로 두려움 · 외로움 · 분노 · 적개심 · 당혹스러움 · 질투심 · 죄의식 · 좌절감을 들고 있다. 이와 같이 비장애형제가 경험하는 부정적 감정들은 스트레스를 주기 때문에 퇴행장애나 모방 · 싸움 · 신경질 · 거짓말 · 도벽 등의 문제행동을 나타낼 수 있으며, 반대로 모범생증후군으로 표출될 수도 있으므로 비장애형제의 부정적 감정을 이해하고 수용하며 적절하게 다룰 수 있도록 돕는 지원체계가 필요하다.

3. 장애가족 지원 정책 및 과제

1) 장애가족 지원 정책 현황

장애가족 지원 정책 및 서비스는 경제적 지원과 사회적 지원으로 나눌 수 있다. 그러나 장애가족을 대상으로 하는 지원보다는 장애인 개인을 위한 지원에 치우쳐 있는데, 그 내용은 다음과 같다.

첫째, 경제적 지원은 저소득 장애인에 대한 의료비 · 자녀교육비 · 장애아동수당 · 보장구 · 생계비지원을 통해 이루어지고 있다. 그러나 경제적 지원제도의 대부분은 수급권자와 저소득 계층에 한정되어 있어, 실제 소득 지원이 필요한 장애인이나 가족들에게는 도움이 전무한 실정이다. 둘째, 사회적 지원은 장애인복지관과 지역재활시설에서 실시하는 프로그램을 통해 장애인과 가족의 사회 활동과 적응을 지원하고 있다. 이러한 기관들을 통해 장애아동의 재활치료 프로그램 및 부모들의 양육스트레스를 경감시키기 위한 지지집단이나 교육, 휴식서비스가 제공되기도 하지만, 양적·질적으로 많은 개선이 필요한 실정이다.

2) 장애가족 지원 정책 과제

장애인가족을 지원할 수 있는 「장애인가족지원법」을 제정하여 공식적으로 지원할 수 있는 현금 및 현물급여의 수준을 향상하고, 각종 부양부담 경감을 위한 서비스를 제공해야 할 법적 의무체계를 명시해야 하며, 장애부모를 둔 자녀에 대한 지원책이 마련되어야 한다. 또한 장애부모의 비장애자녀가 경험하는 다양한 생애주기별 욕구에 대해 공식적 자원의 투입이 필요하다. 그리고 장애아동의 가족을 하나의 체계로 보고, 총체적 접근을 위해서 통합서비스를 지원할 수 있는 전문적 전달체계로서 가족지원전담센터를 시·군·구 차원에 설치하는 것이 필요하다(임종호, 2017).

제3절 장애와 여성

1. 여성장애인과 성(性)

1) 이중차별

여성장애인은 '여성'과 '장애'라는 두 가지 특성 때문에 이중차별을 받는다. 능력주의와 정상신체주의 사회에서 살아가는 장애인은 의존적이고 능력이 없으며, 정상에서 벗어나 문제가 있는 사람으로 여겨진다. 남성중심 가부장제 사회에 사는 여성은 남성보다 열등하고 의존적인 존재로 인식된다. 여성장애인은 이러한 사회구조와 규범 속에서 비가시적이고 의존적인 존재로 가치절하되며, 사회적 억압과 차별에 노출되어 있다(Fine & Asch, 1988; Lonsdale, 1990; Morris, 1991).

여성장애인은 교육이나 직업·결혼·여가 등에서 배제되거나 차별을 받는 경우가 많고, 이러한 차별이 사회·경제·문화적 불이익으로 연결되어 약자의 위치에 서게 된다. 교육·직업 등에서의 제도적 차별이나 배제가 여성장애인의 사회경제적 지위를 열악하게 만들고, 결국 빈곤이나 최약자집단으로 하락시켜 여성장애인으로 하여금 자기 삶을 통제하고 독립할 수 있게 하는 데 어려움을 가져왔다. 또한 남성 우월적이고 비장애인 중심적인 사회관념은 여성장애인을 사회구성원으로 인정하기보다 의존적이며 무력한 집단으로 대상화시켜 왔다. 이러한 이중차별은 뿌리가 깊어 가부장제와 정상 신체주의가 사라지지 않는 한 해결되기 어려운 문제다. 다만, 그동안의 장애운동과 여성운동의 맥락에서 소외되어 왔던 여성장애인들이 1990년대 중반 이후 여성장애인 자조모임을 시작으로 목소리를 내기 시작했다는 것은 매우 긍정적인 현상으로 평가할 수 있다.

2) 장애여성과 무성(無性), 여성 정체성

여성장애인은 성적 대상으로서 거부되는 경험을 하게 되는데, 그런 경우 대부분 타의든 자의든 자신을 무성(asexual)으로 인식할 위험이 크다. 추본(Chubon, 1994)은 개인이 스스로를 무성이라고 인식할 때 인성의 핵심이 위협받을 수 있고, 인식 혹은 부여된 성적 특질의 파괴는 삶을 지속하고자 하는 동기를 감소시키는 목적이나 의미상실에 영향을 미칠 수 있다고 지적한 바 있다. 장애를 하나의 차이로 보기보다는 정상이나 평균에서 벗어난 비정상적인 것으로 보는 강력한 사회적 가치들에 비장애인, 장애인 모두 영향을 받는다.

대부분의 여성들이 자신의 장애로 성적인 면이 사라졌다고 생각하는 주변의 인식으로 큰 상처를 받는다. 그로 인해 자신도 성적인 욕구나 관계를 위한 노력을 철회하고, 결국 고립되는 결과를 맞게 된다. 텍사스의 여성장애인연구센터에서는 비장애여성과 장애여성을 대상으로 한 연구에서 다음과 같은 결과를 발표했다(CROWD, 1999).

- 비장애여성에 비해 장애여성은 데이트하는 빈도에 불만족하고, 데이트 상대에게 매력적으로 보이는 데 한계가 많다고 느낀다.
- 적극적이고 사회기술이 좋은 장애여성도 비장애여성보다 우정에서 로맨틱한 관계로 발전할 가능성이 낮다.
- 장애여성의 42%는 데이트 신청을 하는 사람이 아무도 없어서 그동안 연애해 보지 못했다고 답변한 반면, 비장애여성의 27%만이 그렇다고 대답했다.
- 비장애여성만큼 장애여성에게도 성적 욕구가 있으나 비장애여성만큼의 기회를 갖지 못한다.

이러한 고립에는 여성장애인의 부모가 한몫을 하는데, 많은 여성장애인의 부모들은 장애자녀들의 데이트를 바라지 않는다(Lonsdale, 1990; Morris, 1991). 부모들 역시(어쩌면 더 심각하게) 사회나 비장애인들이 가진 편견과 가정(假定)에 사로잡혀 있거나 비정상적 자녀들이 데이트나 성관계로 상처를 입거나 버림받을 수 있다는 두려움이 앞서기 때문이다. 신체장애는 여성장애인의 자기개념에 영향을 미치는데, 신체장애를 가지고 태어난 여성은 매력과 외모에 대한 사회의 지배적 규범과 가치에 비장애여성처럼 영향받을 것이고, 후천적으로 장애인이 된 여성들도 외적 매력에 대한 지배적 가치를 흡수할 것이다. 자신을 지배적인 미의 기준과 멀다고 생각할수록 자기이미지도 고통받을 가능성이 높다(임종호, 2017).

2. 여성장애인의 이성교제와 결혼

이성 간의 사랑은 인간이 경험할 수 있는 가장 가치 있고 충족감을 주는 감정인 동시에 잠재력을 발휘하게 해 준다(성민선 역, 1991). 이러한 사랑은 여성장애인에게도 같은 의미를 갖는다. 인지장애가 있는 지적장애인과 발달장애인도 이성교제와 사랑에 관심이 많으며 다른 사람들처럼 결혼을 원하지만, 가족이나 주변 사람들로부터 적절한 주목을 받지 못한다(정진옥 · 신현기, 2007). 정진옥(2008)의 연구에 의하면 지적장애여성들은 자신들이 이성교제를 못 할 이유가 없다고 생각하지만, 주변의 시선을 의식하므로 이성교제와 결혼을 분리시킴으로써 자신들이 사랑할 수 있는 최소한의 가능성을 성취하고자 한다.

여성장애인은 비장애인보다 결혼 가능성이 적고, 늦게 결혼하며, 이혼 가능성이 높은 것으로 보고되고 있다(Hanna & Rogovsky, 1991). 이성교제와 결혼에서 여성장애인이 겪는 불이익은 두 가지로 설명된다. 첫째, 미학에 근거한 설명인데, 사회에서 여성의 가치는 흔히 신체적 매력이라는 협소한 기준에 있다. 따라서 가시적 장애가 있는 여성은 성적 파트너로서 결함이 있다고 여겨진다. 둘째, 기능에 근거한 설명으로, 사회가 부여한 전통적 역할과 의무를 질 수 없는 여성은 능력 없는 배우자로 간주된다. 즉, 여성장애인은 배우자나 자녀를 돌보거나 가정 대소사를 챙길 수 없는 존재로 여겨진다. 또한 여성장애인은 배우자에게 힘이 되거나 휴식을 제공할 수 없는 존재이므로 쓸모가 없다고 여겨진다.

3. 장애여성의 인권과 삶

장애여성은 여성으로서의 차별과 장애인으로서의 차별을 동시에 받고 있다. 일반적으로 장애여성에게 나타나는 성차별은 신체적 미(美)와 관련된 사회의 관념 때문인데, 여성장애인은 여성에게 요구되는 신체적 미를 상당 부분 상실했기 때문이다(Hahn, 1987). 이러한 차별의 영향은 남성에 대한 내조와 가정보호자라는 전통적 여성의 역할을 할 수 없을 것으로 여겨지기 때문에 더 크게 나타난다(Fine & Asch, 1988). 이에 대해 한나와 로고브스키(Hanna & Rogovsky, 1991)는 장애여성의 노동시장 참여율이 낮은 것은 양육과 매력의 규범 때문이라고 지적한 바 있어 장애여성에 대한 강한 성차별이 존재함을 지적했다. 특히 우리나라처럼 전통적 여성상에 대한 봉건적 규범이 강하게 남아 있는 사회에서는 이러한 영향이 더 크게 나타난다.

1) 장애여성의 삶

장애여성에 대해서는 여러 가지 측면에서 살펴볼 수 있지만, 공통적으로 많이 거론되는 고용과 소득 · 교육 · 출산과 육아 · 학대와 폭력 등의 주제를 중심으로 살펴보고자 한다.

(1) 장애여성과 노동

장애여성은 경제활동참가율 · 고용률 · 임금수준 등에서 장애남성보다 더 열악한 환경에 처해 있다. 2021년 장애인통계(한국장애인고용공단, 2021)를 보면 경제활동참가율에서 장애남성은 40.7%지만 장애여성은 18.7%였고, 실업률은 장애남성은 4.7%지만 장애여성은 8.9%로 높게 나타났다. 이런 현상의 원인을 볼드윈과 존슨(Baldwin & Johnson, 1995)은 장애여성이 경험하고 있는 이중차별(double discrimination)로 설명하고 있다. 즉, 장애여성은 노동시장에서 여성으로서의 차별과 장애인으로서의 차별을 동시에 겪고 있다는 것이다.[4] 따라서 장애여성은 빈곤에 처할 위험이 높으며, 소득보장에 대한 욕구가 큰 집단이라고 할 수 있다(유동철, 2017).

(2) 장애여성과 교육

학벌이 지배하는 사회에서 교육수준이 낮으면 취업에서도 불이익을 받

---

4) Sondra(1993)는 신체적 차이(장애)를 가진 여성이 부정적으로 인식되고 있으며, 가치절하되어 성별과 장애로 인한 이중차별에 직면하게 된다고 주장하면서 이들에 대한 여권주의적 치료를 제안한 바 있다.

으며 이는 소득에도 영향을 미친다. 그런데 교육에 있어서도 장애여성은 남성에 비해 불리한 위치에 있다. 2017년 장애인실태조사 결과(2020년 장애인실태조사보고서에는 여성장애인 통계가 없으므로 2017년 기준으로 하였음), 여성장애인의 최종학력은 무학을 포함한 중졸 이하가 70%로 남성장애인(42.8%)보다 매우 낮게 나타났다. 특히 무학은 여성장애인(19.1%)이 남성장애인(4%)보다 5배나 높은 수치이다. 특수교육에서 남녀 간 불평등은 수적 측면만이 아니다. 특수교육의 학습자료들은 주로 일반교육의 학습자료를 따르고 있는데, 그 내용들은 주로 남녀 간 성에 관한 고정관념을 반영하고 있다. 장애인과 여성들은 의존·수동적이고 무능력하다는 고정관념이 있으므로, 장애여성이 잠재력을 충분히 드러내기 위해서는 역할모델이 매우 중요하므로 교사를 교육하는 교재를 통해 성 고정관념을 벗어나도록 하는 것이 중요하다.

(3) 출산, 육아와 가사

장애여성의 임신·출산을 살펴보면 임신·출산은 단지 신체적인 과정만이 아니라 심리적 과정이기도 하다. 장애여성들은 신체 이미지나 임신이 장애에 가져올 영향 또는 좋은 부모가 될 수 있을까에 대해 걱정한다. 그리고 장애여성은 성적인 존재가 아니라는 고정관념과 장애여성이 장애아를 낳을 것이라는 잘못된 우생학적 주장도 장애여성의 임신을 막는 장애요인이다(김용득 외, 2007).

장애여성은 임신과 출산에 관련하여 다양한 산부인과적 의료서비스를 필요로 한다. 임신과 출산·피임방법·폐경기에 대한 조치·성병과 에이즈에 대한 조치·낙태·골반검사·대안적 의료·성교육과 동료상담 등 욕구의 분야는 매우 다양하다. 이러한 서비스 욕구는 대체로 비장애인 여성과 같지만, 장애를 갖고 있음으로 인해 세부적으로 다른 점이 많다. 이런 이유로 장애여성들을 위한 임신·출산 전문병원 설립과 출산비용 지원, 산후조리서비스 등이 필요하다(변용찬 외, 2017). 육아에 대해서도 장애여성의 욕구가 매우 높으므로 육아용품 대여, 자녀양육서비스, 가사도우미 지원 등이 절대적으로 필요하다.

(4) 학대와 폭력

장애여성은 경제 및 사회 활동은 물론이고 가정생활에 있어서도 제한된 삶을 살고 있으며, 비장애여성에 비해 가정폭력이나 성폭력에 쉽게 노출되어 있다. 사회적 약자이고 가장 취약계층인 장애여성에 대해 성폭력을 가하는 것은 신체적·정신적 장애로 항거할 수 없고 신고가 용이하지 않으며, 경제적 이유나 사회의 부정적 인식 등으로 인해 별다른 대응력을 갖지 못하기 때문에 한층 더 심각한 양상을 띠고 있다.

가정폭력은 대체로 몇 가지 형태를 띠는데 신체적 학대·정서적 학대·성적 학대·위협 주기·협박하기·남성의 특권 사용하기·고립시키기 그리고 경제적 학대로 나타난다. 그런데 장애여성은 여성들이 일반적으로 당하는 학대 외에도 장애와 관련해 더 심한 학대를 당할 수 있다. 예를 들면, 약이나 개인적 원조, 보조장치 등을 주지 않는 경우도 있고, 휠체어를 없애 버린다거나 부숴 버리는 경우, 전화선을 절단하거나 음식을 주지 않은 경우도 있었다. 이런 물리적인 것뿐 아니라, 장애에 초점을 두고 가치절하하는 발언을 해서 장애여성을 정서적으로 학대하는 경우도 많다. 한편, 도우미에 의한 폭력도 가해자가 장애인을 돕는 도우미라는 점 외에 폭력의 형태는 가정폭력과 유사하다고 볼 수 있다(김용득 외, 2007; 유동철, 2017 재인용).

4. 여성장애인의 모성경험과 성폭력

1) 여성장애인의 출산과 모성경험

여성장애인은 결혼·자녀출산과 양육 등 중요한 생애사적인 국면에서 남성장애인과 다른 현실적인 어려움을 겪는다(김미옥, 2002). 남성장애인에게 육체적 손상은 단지 기능장애를 뜻하는 반면, 여성장애인에게는 기능적 손상이 '정상적인 여성성'의 상실을 의미하므로 여성이라는 범주에서 제외된다. 이러한 사회적 시선은 여성장애인을 무성적인 존재로 규정하거나, 아내 혹은 어머니로서의 전통적 역할을 수행하지 못하는 존재로 평가절하하므로(Fawcett, 2000), 사회가 기대하는 여성의 역할에서 제외되고 결혼과 임신 · 출산 · 양육의 주체로서의 힘을 잃게 된다.

뉴먼과 웨이츠(Newman & Wates, 2005)는 여성장애인이 육체적 손상으로 인해 돌봄, 가사 등 기능적 역할 수행에서 일부 제약이 있고, 자녀의 욕구에 적절한 반응이 어려울 수 있지만, 신체장애보다도 장애로 인한 사회적 불이익, 즉 낮은 사회 · 경제적 수준, 빈약한 사회적 지지, 사회적 낙인 등이 여성장애인의 자녀양육에 심각한 위험요인이라고 지적한다.

자녀출산과 모성경험은 여성장애인에게 다양한 측면에서 긍정적인 영향을 준다. 자녀양육 경험은 여성장애인의 자아정체성에 긍정적 영향을 미침으로써 이들이 사회적 성취에 더 큰 동기를 부여하고, 나아가 사회통합에 중요한 의미를 부여한다(김정우 · 이미옥, 2000).

2) 성폭력

장애여성이 성학대에 취약한 이유는 여성과 장애인에 대한 복합적 가치절하와 과잉보호 및 내면화된 사회적 기대 등으로 인한 것이다. 또한 장애여성은 성적으로 좋고 나쁨이 무엇인지 배우지 못했을 가능성도 많다. 특히 발달장애인의 경우 과잉보호된 양육환경으로 인해 장애여성은 지식부족, 과잉 순응과 사회화된 취약성, 모두가 친구라는 비현실적 관점, 제한된 사회적 기회, 낮은 자존감, 자기주장이나 거부 기술 부족 등의 특징을 가질 수 있는데, 이런 특징들은 학대에 대처하는 데 부적절할 수 있다(김용득 외, 2007).

여성장애인들이 지닌 특성들로 인해 성폭력에 취약한데 그 내용은 다음과 같다. 첫째, 중증장애여성들은 다른 사람들에게 의존하며 돌봄제공자들을 믿고 따르기 때문이다. 둘째, 여성장애인들은 인권이 거부된 상태이므로 다른 사람들보다 무력감을 경험한다. 셋째, 가해자들은 발견의 위험이 적다고 생각한 여성장애인들을 표적으로 삼는다. 넷째, 많은 여성장애인들은 자신들의 말을 다른 사람들이 믿게 하는 데 어려움을 느낀다. 다섯째, 인지장애가 있는 여성장애인들은 적절한 성교육을 받지 못하고, 성학대 혹은 성 이용적인 상황을 인식하지 못하며, 성적 제안이나 요구에 저항하는 능력이 부족하다. 여섯째, 여성장애인들은 사회적으로 고립되거나 외로울 수 있으며, 초기에 애정적이거나 수용적인 것처럼 보이는 조정적인 관계를 통한 이용에 취약하다. 일곱째, 여성장애인들은 재판과정에서 위험을 줄이기 위한 경계나 성폭력에 저항하기 위해 시도를 했는지에 대해 비장애여성보다 더욱 추궁을 받기 때문이다(Andrews & Veronen, 1993).

여성장애인에 대한 성폭력 근절을 위해 「가정폭력방지법」에 여성장애인 조항을 삽입하여 경찰과 검찰의 수사와 법원의 재판과정에서 피해자에 대한 보호장치를 마련해야 한다. 아울러 여성장애인 전문성폭력상담소 및 피해자 보호시설(쉼터)을 확대해야 하며, 의료 · 법적 지원체계를 마련하고, 전문상담소 · 관련단체 · 지원체계 · 지역사회서비스망 간에 네트워크를 조성하는 등 폭력방지를 위한 지원체계를 마련해야 한다.

3) 장애여성의 인권 향상을 위한 과제

위에서 다룬 문제점들을 해결하기 위한 대책을 살펴보면 다음과 같다. 먼저 장애여성에 대한 교육과 고용지원을 강화해야 한다. 장애여성에 대한 균등한 고용기회를 확립하고, 고용 촉진을 위해서는 장애여성에 대한 별도의 양성평등채용목표제를 도입할 필요가 있다. 그리고 의무고용제도에서 고용장려금 가산 비율을 확대해야 하며, 창업자금 융자 등에서도 장애여성에게 가산점을 줄 필요가 있다. 국가공인 자격 · 면허 취득 관련 과정 수강에 대해서도 훈련수강료 지원을 강화하고, 장애여성에게 적합한 직종을 개발하고 운영하는 것도 필요하다.

장애여성의 모성보호를 위해서는 안전한 임신·출산 환경을 조성할 필요가 있다. 장애여성을 모자보건사업의 특별지원 대상으로 포함해 보다 엄밀한 서비스가 제공될 수 있도록 지원하며, 지체·뇌병변·지적장애여성을 일차적인 대상으로 산전·산후 도우미지원을 강화해야 한다. 그리고 임신·출산 관련 의료비 지원범위를 확대하고 장애여성의 임신·출산에 있어 장애인재활병원이나 국·공립병원 등을 전문병원으로 지정할 필요가 있다. 또한 장애여성의 육아부담을 덜어 주기 위해 중증장애여성 자녀의 보육시설 우선입소를 강화하고, 장애여성의 가사 및 자녀학습지원을 위한 도우미제도를 활성화할 필요가 있다.

장애여성 학대예방을 위한 방안을 제시하면 다음과 같다(유동철, 2017).

- 장애인을 돕는 지역사회기관은 도우미에 의한 학대나 폭력이 있다는 점을 인정하고, 장애인에게 도우미에 대한 기록을 제공한다거나 장애인이 쉽게 불만을 토로할 수 있도록 해 주어야 한다.
- 재활전문가나 상담가는 장애인의 학대를 식별할 수 있고 학대에 대해 질문하는 방법을 훈련받아야 한다.
- 경찰이나 검사 및 판사들도 장애여성 학대문제에 관한 지식을 가지고 있어야 한다.
- 건강한 성이 무엇인지 가르쳐야 하며, 무엇보다 긍정적인 자아상을 강화해 주어야 할 것이다.

5. 여성장애인의 복지증진 방안

1) 여성장애인 관련 제도와 정책 정비

이미 장애인 혹은 여성의 기본적인 권리를 확보하기 위한 기본법들이 있기는 하지만 이들 법률에 여성장애인에 관한 제도가 명시되어 있지 않다. 다만 「성폭력처벌법」 안에 '신체적으로 항거불능인 자에게 성폭력을 할 경우 가중처벌한다'는 내용이 명시되어 있을 뿐, 다른 여타의 모든 법안에 여성장애인의 특별한 요구를 수렴할 수 있는 명문화된 법 제도가 없으므로, 남녀평등 · 장애 및 비장애인이 평등한 법령체계를 구축하기 위하여 차별적인 법령의 지속적인 발굴과 개정작업의 추진이 필요하다.

2) 여성장애인의 특성을 고려한 정책 마련

여성장애인은 장애인이며 동시에 여성이다. 그러나 장애인복지정책은 여성의 특성을 고려한 배려가 매우 부족한 편이다. 여성장애인의 경우 여성으로서 독특하게 경험하게 되는 임신 · 출산, 성폭력 분야에 대한 서비스 요구가 매우 높지만, 이에 대한 관심은 크게 부족하다. 따라서 여성장애인복지에서 이들 고유 영역에 대한 관심과 서비스 개발을 위해서 복지 분야와 여성 분야의 공동노력이 필요하다. 특별히 결혼과 관련하여서는 부부관계나 자녀들과의 관계에서 발생할 수 있는 문제해결에 도움을 제공하는 상담 및 산전 · 산후관리 지원서비스가 체계적으로 마련되어야 하며, 자녀양육을 위한 가정도우미 제도의 확대 실시, 여성장애인 자녀의 보육시설 우선 이용 보장이 요청된다.

3) 개인별 차별화 전략에 의한 여성장애인 복지 서비스 마련

여성장애인의 실태조사 결과, 문제요구에서 여성장애인집단에 공통으로 적용되는 일관성을 보이고 있다. 그러나 여성장애인의 연령 · 학력 · 장애종류 · 소득수준 등 각 개인의 특성에 따른 실태 및 복지욕구에 차이가 있다. 예를 들면, 연령이 낮을수록 교육 · 취업 · 결혼 등이 주요 관심사이며, 나이가 많아질수록 건강문제, 생계문제 등을 급한 현안으로 인식하고 있다. 특히 기혼 여성장애인의 경우에는 임신과 출산, 산전 · 산후관리, 육아문제 등에 관한 지원서비스를 필요로 하며, 자녀의 성장에 따라 자녀교육지원을 필요로 하고 있음을 알 수 있다. 이처럼 여성장애인의 개인별 특성에 따라 풀어야 할 문제가 다르며, 복지 서비스 내용 또한 차이가 있으므로 여성장애인에 대한 복지 서비스는 개인별 차별화 전략으로 대처해야 한다.

4) 고위험 집단의 판별을 통한 우선 지원대상자 선정

개인별 실태 및 욕구 편차를 확인함으로써 각 영역별로 우선적인 관심과 보호가 필요한 고위험 집단의 판별도 가능하다. 동일한 서비스 공급범위 내에서도 이들 고위험 집단에 대한 우선적인 배려가 필요하다. 전반적으로 발견되는 고위험 집단은 60세 이상 고령으로 혼자 살고 있는 여성장애인이다. 이들은 대부분 저소득층에 해당되며, 특별한 노후대책도 없는 집단이다. 또한 저소득이면서 저학력인 집단도 대부분의 조사 영역에서 열악한 집단으로 나타났다. 장애종류별로는 지적장애(정신지체), 발달장애 집단이 경제적인 문제에서부터 성폭력에 이르기까지 대부분의 영역에서 요보호 집단으로 나타나고 있으며, 정신장애, 뇌변병장애도 상대적으로 문제가 많은 장애유형이다.

5) 여성장애인 고용기회균등 기반의 확립 및 고용촉진의 강화

여성고용에 있어 뿌리 깊은 차별의식과 고용관행은 여성장애인의 경우 더욱 심화되어 있다. 남녀고용평등에 대한 의식과 사회적 분위기가 크게 개선되지 않은 행정환경에서 법 위반에 대한 감독 및 처벌만으로는 암묵적인 성차별의식을 개선하는 데는 미흡할 수 있다. 따라서 성차별행위에 대한 감독처벌과 병행하여 노사 및 사회 일반의 의식개선을 위한 홍보활동을 강화해야 하며, 특히 사업주가 자발적으로 고용평등을 실현하는 데 적극적으로 노력할 수 있도록 유도하고 지원하는 시책들을 추진해야 한다.

6) 의료와 건강관리서비스

여성장애인에 대한 의료정보와 건강관리서비스체계가 구축되어야 한다. 이를 위해 지역사회보건소의 여성장애인 건강관리서비스 확대가 이루어져야 한다. 또한 건전한 장애수용을 돕고 자존심 향상을 위한 각종 프로그램이나 여성장애인의 다양한 욕구를 고려한 사회교육 프로그램이 개발·실시되어야 한다.

7) 장애여성 정보체계의 구축

장애여성들에게 활동 영역을 넓힐 수 있고, 사회 활동지원을 위한 장애여성 정보네트워크 구축이 필요하다. 현재의 장애인 정보체계와 연계하여 여성장애인을 위한 종합정보 데이터베이스를 구축하여 각종 여성정보를 제공받을 수 있도록 하며, 이를 위해 여성장애인 대상으로 정보교육을 실시해야 한다. 또한 여성장애인을 위한 정보교육 프로그램 개발이 요구되며, 여성장애인에 대한 사회 일반의 인식변화를 위한 각종 교육, 홍보활동, 여성장애인의 인권옹호를 위한 여성장애인운동단체에 대한 지원, 여성장애인 지도자 육성 방침이 정책 차원에서 추진되어야 한다.

8) 여성단체를 비롯한 민간기구 활동의 활성화

여성장애인 문제해결을 위해 여성장애인들이 집단을 형성해서 조직적으로 문제를 제기할 수 있도록 하며, 사회시민단체들과의 연대를 통하여 여성장애인의 권익옹호를 위한 사회운동을 촉진해 나가야 한다. 예를 들면, 여성장애인의 권익을 대변하고 세력화시킬 수 있는 기구의 설립과 활동을 지원해야 한다. 여성의 자립적인 삶을 위한 전문적인 연구와 상담, 실제적인 서비스 외에도 의료적·정서적 지지를 제공하는 기관 설립이 추진되어야 한다(오혜경, 2002).

CHAPTER 13

장애인복지 핵심 이슈 II

이 장에서는 장애인복지 핵심 이슈로 떠오르고 있는 장애인 접근권과 장애계 변화의 전환점에서 소비자주의, 당사자주의, 전문가주의의 개념과 보조공학기술과 보편적 디자인의 개념, 장애인의 여가 활동 필요성, 「장애인차별금지법」과 인권옹호는 어떠한 관계가 있는지를 살펴보고, 마지막으로 성년후견제도의 도입 배경과 주요 내용을 살펴보고자 한다.

제 1 절 접근권과 이동권

1. 장애인 접근권의 의미

접근권이란 장애인이 사회 전 분야에 걸쳐 기회의 균등과 적극적 사회참여를 목적으로 교육·노동·문화생활을 향유할 수 있는 근본적 권리를 말한다. 「장애인·노인·임산부 등의 편의증진 보장에 관한 법률」 제4조에서는 "장애인 등은 인간으로서의 존엄과 가치 및 행복을 추구할 권리를 보장받기 위하여 장애인 등이 아닌 사람들이 이용하는 시설과 설비를 동등하게 이용하고 정보에 자유롭게 접근할 수 있는 권리를 가진다"고 하였다. 따라서 장애인 접근권은 장애인이 얻고자 하는 정보에 접근할 수 있는 권리가 사회 환경적으로 보장되어야 하는 것을 말한다.

2. 장애인 접근권의 범위

장애인 접근권은 장애인이 생활하고 있는 사회 전 분야에 걸쳐 기회의 균등과 적극적 사회참여를 목적으로 교육·노동·문화생활을 향유할 수 있는 근본적 권리를 말한다. 정보접근권·대상물 접근권(물리적 접근권)·이동권으로 세분화되며 구체적인 범위는 그림 13-1과 같다.

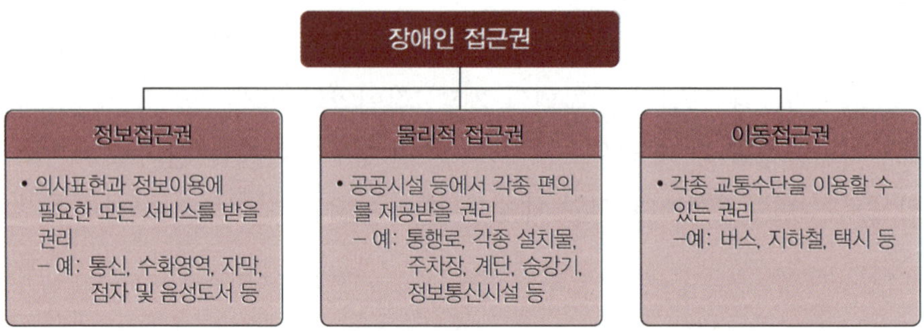

출처: 이종운 외(2011). 장애인 접근권의 범위 재구성.

• 그림 13-1 • 장애인 접근권의 범위

1) 정보접근권

정보접근권은 헌법에 보장된 국민의 알 권리이며, 사회적 기본권이다. 즉, 적정수준의 복지 및 보장으로부터 사회적 유산을 충분히 공유하고 보편적인 사회적 기준에 따라 문명화된 삶을 영위할 수 있는 권리에 이르기까지 인간다운 삶을 보장하는 포괄적인 권리라는 의미를 지닌다. 장애인 정보접근성 관련 법률은 표 13-1과 같다.

• 표 13-1 • 정보접근성 관련 법률

구분	세부내용
정보화촉진 기본법	• 1985년 8월 제정(2020년 6월 지능정보화 기본법으로 전부 개정), 1999년 개정에서 정부는 정보통신망에 대한 자유로운 접근과 이용을 보장, 지역적·경제적 차별이 없는 균등한 조건의 보편적 정보가 제공될 수 있도록 필요한 시책을 강구하여야 함
장애인복지법	• 1999년 개정, 장애인의 원활한 정보접근(전기통신 및 방송시설 등 개선, 청각장애인을 위한 수어 및 폐쇄자막 방영, 행사에 수어통역 요청, 시각장애인을 위한 점자 및 음성도서 등 보급)을 명시함
정보격차해소에 관한 법률	• 2000년 1월 제정·공포(2009년 폐지), 저소득자·농어촌지역주민·장애인·여성 등 생활에 필요한 정보통신서비스에 접근하거나 이용하기 어려운 자에 대해 정보통신망에 대한 자유로운 접근과 정보 이용을 주장
방송법	• 2000년 1월 제정, 장애인 관련 방송 프로그램에 수어 또는 폐쇄자막 등 장애인의 시청을 돕기 위한 조치노력, 시각·청각장애인이 생활하는 가정의 수상기에 관해서는 수신료 면제
장애인·노인·임산부 등의 편의증진 보장에 관한 법률	• 장애인·노인·임산부 등이 생활을 영위함에 있어 안전하고 편리하게 시설 및 서비스를 이용하고 정보 접근을 보장함으로써 이들이 사회 활동 참여와 복지증진에 이바지함
장애인 차별금지법	• 정보접근에서 차별금지는 장애인이 전자정보를 이용하고, 그에 접근함에 있어서 장애를 이유로 정당한 이유 없이 제한·배제·분리·거부 등에 의해 불리하게 대하는 차별행위를 금지함 • 정보통신 제조업자는 정보통신제품을 제작함에 있어서 장애인이 비장애인과 동등하게 접근·이용할 수 있도록 노력해야 함

출처: 이채식 외(2013). 장애인 정보화 관련 법률 재구성.

정보접근권에는 인터넷을 비롯한 새로운 정보를 얻을 수 있는 매체인 TV·휴대폰·스마트폰·라디오·컴퓨터·책·신문·홍보물 등이 있으며, 이를 이용하거나 활용할 수 있도록 정보 및 정보기술에 대한 접근성을 보장하는 권리의 의미를 내포한다. 예를 들면, 다양한 수단이 되는 보조기기·점자·자막·수어·음성·점자 및 음성도서 등을 이용하여 정보에 접근하고, 이러한 정보접근을 보장받는 것이 정보접근권이라 할 수 있다. 따라서 정보화사회에서 모든 장애인이 장애와 상관없이 기본적인 정보통신서비스에 접근할 수 있도록 보장해 주어야 한다. 특히, 행정서비스를 제공하는 공공기관은 시각장애인에게 점자안내서나 음성서비스, 청각장애인에게 수어통역이나 자막방송을 제공해야 한다(고명석 외, 2016).

2) 대상물 접근권(물리적 접근권)

대상물 접근권은 장애인이 일상생활과 사회 활동을 수행하기 위한 물리적 시설물에 장벽 없이 접근할 수 있거나, 필요한 각종 편의를 제공받을 수 있는 권리를 말한다. 「장애인등편의법 시행령」 제3조에서는 대상물 접근을 보장하는 편의시설 설치 대상 시설을 공원, 공공건물 및 공중이용시설, 공동주택, 통신시설로 정하고 있다.

장애인이 집 밖 활동 시 가장 불편한 점으로는 몸이 불편한 것, 계단·승강기의 편의시설 부족, 건물 등 화장실의 편의시설 부족, 출입구·출입문 편의시설 부족, 점자 블록·교통신호 편의시설 부족 등을 들고 있어 편의시설 확충에 대한 욕구를 보여주고 있다. 이러한 편의시설 미비는 공공시설 및 건축물에 대한 접근을 가로막는 가장 큰 요인이며, 장애인들의 외출 및 활동의 자유를 가로막고 있다. 이러한 편의시설 설치 여부가 삶의 질을 결정하는 중요한 요소이고, 이로 인해 고용·교육·문화·사회활동 등 생활전반에 걸쳐 소외되는 또 하나의 차별적 요소로 작용한다(유동철, 2009). 대상시설에 설치하는 편의시설의 종류는 다음과 같다.

① 공간 이동과 관련된 이동권 확보 편의시설 종류에는 도로 및 횡단보도의 단차, 신호기, 점자 블록, 시각 및 청각장애인 유도·안내 설비, 시각·청각장애인 경보·피난 설비 등이 있다.

② 시설물 이용과 관련된 대상물 접근권 확보 편의시설 종류는 장애인 등의 통행이 가능한 주 출입구 접근로, 장애인 전용 주차구역, 높이 차이가 제거된 건축물 출입구, 장애인 등의 출입이 가능한 출입구, 장애인 등의 통행이 가능한 복도·계단·승강기·경사로·장애인용 대·소변기, 세면대·욕실·샤워실·탈의실 등이 있다.

③ 장애인의 문화·예술 관련 정보접근권 확보 편의시설 종류는 공중

전화대·우체통, 장애인 등의 이용이 가능한 객실·침실, 관람석·열람석·접수대·작업대·매표소·판매기·음료대 등이 있다.

3) 이동권

장애인 이동권이란 원하는 장소로 이동하는 데 불편하거나 위험 없이 움직일 권리이며, 물리적 장벽, 특히 도로·교통수단·여객시설 이용에 제약을 받지 않을 권리이다. 「교통약자의 이동편의 증진법」 제2조는 이동권 보장을 위한 시설로 이동편의시설과 특별교통수단을 확보하도록 규정하고 있다. 이동편의시설은 휠체어 탑승설비·장애인용 승강기·장애인을 위한 보도, 교통약자가 교통수단·여객시설을 말한다(정일교 외, 2014).

하지만 휠체어를 이용하는 장애인들에게 대중교통은 지하철 외에는 편의시설이 잘 갖추어져 있지 않다. 대중교통과 도로의 문제는 장애인의 이동을 제한하게 되며, 이동의 제한은 장애인들에게 또 하나의 차별이 된다.

3. 접근권의 문제점과 개선방안

1) 정보접근권

정보접근권의 문제점을 살펴보면 첫째, 보조공학기기 개발과 투자에도 불구하고 실제적으로 장애인들은 보조공학기구들에 대한 정보가 미흡하고 개발된 도구들이 개인의 장애특성에 적합하지 않으며, 장애인들의 접근성을 높이기 위한 시스템이 부족하다. 둘째, 장애특성에 적합한 기기의 개발과 보급을 지원하는 포괄적인 관리체계가 미흡하다. 셋째, 장애인을 대상으로 한 정보화교육이 미흡하고, 전문인력이 부족하다. 이러한 문제점을 개선하기 위해서는 시스템의 변화와 함께 정부가 장애인 방송정책을 견인하고, 정책의 실효성을 위하여 제도를 면밀히 검토해야 한다.

2) 대상물 접근권

대상물 접근권의 문제점을 살펴보면, 첫째, 보편적 인권존중에 기반을 둔 장애인차별금지에 대한 국민적 인식이 미흡하다. 둘째, 장애유형별 욕구 수용이 제한되고 특정 영역 설치율만 높일 수 있어 장애인의 이용편의 도모에 어려움이 있다. 실질적인 물리적 접근권 보장을 위해서는 장애인차별 개념 및 사례에 대한 지속적인 홍보 및 장애인 인식개선 노력이 요구되며, 고용 · 교육 · 접근과 교통수단의 이용 · 정보접근 · 문화 · 예술 · 체육 등 제도와 법령 도입에서 장애 통합적 접근이 필요하다(고명석, 2016).

3) 이동권

이동권의 문제점을 살펴보면, 첫째, 이동편의상 문제점으로 이동 경로를 고려하지 않은 편의시설이 설치되는 경우가 많으며, 교통수단의 이동편의시설 및 유지 · 관리가 미흡하다. 둘째, 이동편의 관리체계의 문제점으로 교통약자를 위한 정보제공 및 도우미서비스가 부족하다. 이러한 문제점 해결을 위해서는 장애 없는 보행환경을 조성하고, 지역별 이동편의 거점 육성 및 이용객이 많은 대중교통 이용편의가 우선 제고되어야 한다.

제2절 소비자주의 · 당사자주의 · 전문가주의

1. 소비자주의

장애인 소비자주의는 장애인 자립생활운동과 맥을 같이하는 것으로, 자립생활운동은 장애인정책이나 프로그램을 수립하고 수행할 때 그 모든 권리는 의사 · 재활전문가 · 복지전문가 아니라 장애인 당사자에게 있으므로 장애인정책과 프로그램의 기획이나 결정, 집행이나 평가의 전 과정에 장애인의 참여와 결정을 보장하라고 주장하는 것이 장애인 소비자주의의 핵심이다(임종호 외, 2013). 하지만 장애인 소비자들은 장애인 당사자의 문제임에도 불구하고 상대적으로 다른 주체들에 비해 낮은 지위로 인해 전문가들의 일방적인 결정과 권력에 비해 권한이 취약하다. 따라서 이에 대한 반기로 장애인 소비자주의가 등장하게 되고, 이는 사회복지 개혁의 일환으로 관료적·제공자 중심 복지에 대한 패러다임의 변화 노력이다.

장애인 소비자주의 실현을 위해서 소비자에게 서비스나 상품 구매력이 있어야 한다. 즉, 장애인정책과 서비스를 상품이라고 할 때, 이를 구매할 수 있어야 하므로 정부에서는 장애인이 필요한 상품을 구입할 수 있도록 장애인 기초연금이나 추가비용, 서비스 구입비용 지원을 통해 필요한 서비스나 프로그램을 구매할 수 있도록 지원해야 한다(임종호 외, 2016). 소비자주의가 제 몫을 차지한다면 장애인들은 더 많은 사회참여와 시민의 지위를 고양시킬 수 있을 것이다.

2. 당사자주의

장애인 당사자라는 말은 장애인뿐만 아니라 장애인 문제와 연관된 사람, 장애인 문제와 이해관계가 연결된 모든 사람을 말한다. 장애인 당사자주의란 장애 관련 문제 해결에 있어 장애인이 전문가임을 주장하는 이념으로 장애인의 욕구를 정확하게 파악하여 장애인들이 사회의 객체가 아닌 주체로서 활동하고 역량을 강화하는 것에 목적을 둔다(임종호 외, 2016). 장애인복지의 문제는 장애인이 가장 잘 알고 있으나 잘 알지 못하는 전문가들에 의해 복지 서비스가 제공되는 불만으로 인해 장애인 당사자주의가 대두되었다. 당사자주의는 장애인 스스로 자신과 관련된 문제를 결정하겠다는 것이고, 이를 위해 주변 환경이 지지하고 협조함으로써 삶의 질을 향상하자는 것으로 당사자주의의 특징은 다음과 같다.

첫째, 당사자주의는 장애인의 상태에 대해서는 장애인이 가장 잘 알고 있다는 기본 원칙을 공유하는 것으로 보아 삶의 일상적 행위를 비롯해 정책결정과 평가과정에도 장애인 목소리 중심으로 결정되어야 한다. 장애인을 무능력하게 만드는 사회를 변화시켜야 장애인들은 능력 있는 주체로 설 수 있다. 둘째, 당사자주의는 장애인이어야 한다. 이는 당사자주의자의 범주에 비장애인 활동가를 포함할 경우 당사자주의의 경계가 모호해질 것을 우려하고 있는 것으로 보인다. 셋째, 당사자주의는 사회적 억압과 차별에 대한 저항정신이어야 한다. 따라서 장애의 문제를 개인의 문제라기보다 사회적 배제와 억압의 문제라고 보고 이를 극복하기 위해 장애인 당사자 단체의 건강한 운동이 필요하다(유동철, 2009).

3. 전문가주의

장애인복지는 의료·재활기구, 편의시설 등 전문성을 요구하는 분야가 많고, 장애인복지정책과 제도가 지속적으로 변화하므로 담당인력의 전문성이 요구된다(양희택 외, 2011). 전문가란 국가 및 전문직업단체의 시험 또는 자격심사로 부여받은 자격증이 인정되는 사람으로, 특정 경력을 위해 상당 기간의 교육과 훈련이 필요한 전문직업 종사자를 뜻한다.

사회복지현장에서 전문가주의는 사회복지사 중심으로 형성되어 있다. 사회복지사의 전문가 역할은 장애로 인해 서비스이용자들이 경험하는 내·외적·환경적 스트레스 등 어려움을 경험하는 경우에 개인·집단·시설에 기초하여 장애인과 가족에게 사회복지 서비스를 제공하는 것이다. 이를 위해서 사회복지전문가는 관련 전문직과 함께 또는 단독으로 전체 상황과 구체적 욕구를 사정하고, 보호·지원·조언·지도를 제공한다. 또한 장애인을 위한 서비스의 실천적 측면에 대해 사회복지사인 직원의 조언, 슈퍼바이저 기능, 훈련 및 복지 서비스를 제공하며, 모든 관련된 지역사회의 측면을 고려하는 역할을 제공하고 있다(이선우, 2009). 하지만 사회복지사들은 실천적인 면에서 장애인의 문제가 주로 개인에게 있는 것으로 가정함으로써 정치적으로 갈등을 일으키지 않도록 종속적 역할을 해

왔다는 비판을 받을 수밖에 없는 상황이다. 전문직의 인력부족과 과중한 업무, 교육의 부족 등 사회복지전문가주의는 매우 취약한 편이다. 사회복지전문가로 성장하려면 장애인복지 담당 인력에게 교육기회를 제공하고 근무평가를 통해 인센티브를 주는 등 근속기간을 높여야 한다. 우리나라 장애인복지전문가의 유형을 살펴보면 표 13-2와 같다.

• 표 13-2 • 장애인복지전문가 유형

분류	유형
행정 전달체계 전문직	• 국무총리 소속 하에 장애인정책조정위원회 - 위원장, 부위원장 등 30인 이내 위원
	• 장애인복지 상담원
장애인복지 전문인력	• 재활의료 전문가 - 재활의학 전문의 · 물리치료사 · 작업치료사 · 언어재활사, 의지 · 보조기기사
	• 사회복지사 - 재활사회복지사 · 사회복지사 · 정신보건사회복지사 · 수어통역사
기타	• 점역사 · 보행교사 · 생활훈련교사

제3절 보조공학기술과 보편적 디자인

1. 보조공학기술

보조공학(Assistive Technology)이란 장애인 · 노인 등 인간을 위한 공학으로 의료 · 교육 · 심리사회 · 직업재활을 원활히 수행하고 재활효과를 극대화할 수 있도록 과학적 지식과 기술적인 지식을 체계적으로 적용하는 응용과학이라 정의할 수 있다. 또한 장애인이 직면한 다양한 기구, 서비스 보장 방법과 실습, 착상 및 응용을 통해 개선시키는 기술을 말한다(이종운 외, 2011). 즉, 장애인들이 필요로 하는 치료와 교육뿐만 아니라 일상생활과 관련된 모든 부분에서 서비스나 장치를 제공하고 적절한 훈련을 통해 최대한의 기능을 발휘할 수 있도록 도와주는 기능이다(권선진, 2008).

보조공학은 보조공학기기와 보조공학서비스로 구분할 수 있다. 보조공학기기(Assistive Technology Device)란 장애인의 기능을 증진 · 유지 · 향상하기 위해 사용하는 기존 또는 개작 제품이나 맞춤 제작한 장비와 제품 시스템으로서 보조기기나 보조기구와 같은 의미를 지닌다. 또한 보조공학기기는 장애인 · 노인 등이 일상생활 및 직업생활 · 교육 활동을 잘 영위할 수 있도록 도움을 주고자 연구 · 개발된 모든 기기를 말하며, 이는 소프트웨어 및 하드웨어를 포함한 전자공학기술이 채용된 기기와 물리적 기능을 향상하는 기구장치 등이 포함된다(한국장애인개발원, 2016).

보조공학서비스(Assistive Technology Service)란 보조공학기기를 선택 · 구입 · 사용하는 데 장애인을 직접적으로 돕는 일이다. 보조공학서비스는 도시와 군소지역의 정보 전달 차이 등 지역별 격차가 발생하고, 정부예산과 기금 및 사회보험의 재원분산으로 재원부족과 보장범위가 협소하다. 또한 보조기기의 전문서비스 부재로 인하여 지원효과가 효율적으로 전달되지 않고 있는 실정이므로 보조공학서비스를 제공함에 있어 고려해야 할 내용은 다음과 같다.

① 장애인의 보조공학 요구 평가, ② 보조공학기기 선택에서 설계 · 맞춤 · 변형 · 적용 · 보존 · 수리 교환 서비스 고려, ③ 기기와 함께 필요한 치료 · 중재, 서비스 조정 또는 활용, ④ 필요한 경우 가족구성원 · 보호자 · 권익옹호자 · 대리인에 대한 훈련 및 기술적 지원, ⑤ 고용주, 고용 · 훈련서비스 제공자, 장애인의 주생활기능에 관계있는 기타 개인들에 대한 훈련 및 기술적 지원, ⑥ 장애인에게 전자정보기술을 포함한 공학에 접근성을 확장하는 서비스 등

보조공학과 보조공학기기는 장애인재활에 관련된 모든 부분에 광범위하게 이용될 수 있으며, 실제로 장애인의 삶에 많은 변화를 주고 있다. 보조공학은 일상생활, 컴퓨터 대체접근(adaptive access), 주택 및 직장환경 개조 · 착석 및 자세 · 이동 · 감각장애인을 위한 보조공학 · 학습증진을 위한 보조공학 · 보안대체의사소통 · 장애인 여가 및 스포츠를 위한 보조공

학 등 다양한 생활영역에서 장애인의 제한된 삶을 보상해 줄 수 있는 수단으로 활용할 수 있다.

이러한 보조공학은 장애인들이 정상적으로 이웃과 교류하고 교육과 직업훈련을 통해 지역사회에서 일할 수 있는 기회를 확대시키고 자립생활을 위한 기본적이고 중요한 수단으로 활용되고 있다. 따라서 보조공학이나 보조공학기기를 제공함에 있어 장애인 개인의 특성을 고려하여 제공되어야 한다. 사용하는 사람의 신체기능 평가가 이루어져야 하고, 활용방법을 잘 훈련하는 것이 원칙이다. 또한 보조공학에 있어서도 의사, 의지·보조기기사, 작업치료사 등 다학문적인 팀 접근을 통해 장애인 개인의 특성에 맞는 서비스를 제공하는 것이 필요하다(권선진, 2008).

2. 보편적 디자인

장애인복지의 기본 이념인 완전한 사회통합을 위해서는 그 전제로 사회·물리적 장벽 제거를 위한 보편적 디자인에 의한 생활환경의 필요성이 요구된다. 장애인이 사회생활에서 불이익을 받는 것은 장애 자체 때문이 아니라 장애인을 둘러싸고 있는 제약적인 환경 때문이므로, 장애인만이 아니라 일반인에게도 편리한 환경을 조성하는 것이 중요하다. 보편적 디자인은 인간 존엄성과 평등을 실현할 수 있는 21세기의 창조적 패러다임이라 할 수 있다. 디자인이란 인간의 삶이 풍요로워지고 편리해지기 위한 작업이라는 점을 고려할 때, 보편적 디자인은 '인간을 위한다'는 의미를 새롭게 부흥시킨 개념이라 할 수 있다(이연숙, 2001; 권선진, 2008 재인용).

1) 보편적 디자인의 원리

다양한 사용자 계층에 대한 사람들의 불평등을 없애고 평등개념에 입각하여 현대의 모든 사람들을 만족시킬 수 있는 디자인으로 해석하는 보편적 디자인은 로널드 메이드(Ronald L. Mace)가 창설한 네 가지 원리 조건을 따른다. 보편적 디자인의 네 가지 원리는 기능 지원성이 높은 디자인, 수용 가능한 디자인, 접근 가능한 디자인, 안전한 디자인으로 나누며, 그 내용은 다음과 같다(임진이, 2005; 유동철, 2009 재인용).

2) 보편적 디자인의 7가지 원리

이 원리는 코넬(B. R. Connell) 외 9인에 의해 환경·제품·커뮤니케이션 디자인을 포함하는 광범위한 디자인 분야에서 보편적 디자인의 발전을 위해 만들어졌다. 보편적 디자인의 7가지 원리는 공평한 사용, 사용상의 융통성, 단순하고 직관적인 사용, 쉽게 인지할 수 있는 정보, 오류에 대한 포용력, 적은 물리적 노력, 접근과 사용을 위한 크기와 공간 등인데, 그 내용을 살펴보면 다음과 같다.

(1) 공평한 이용(equitable use)

- 누가 봐도 차별감이나 불안감, 열등감을 느끼지 않고 공평하게 사용 가능한가?

디자인 결과물이 모든 사용자가 디자인의 유용함을 최대한 경험할 수 있도록 설계해야 한다. 언제나 어떤 사용자라도 차별하거나 모멸감을 느끼는 일이 없이 동등하게 사용할 수 있어야 하며, 사생활·보안성·안전성 측면에서 모든 이용자에게 공평하게 제공되어야 한다.

〈예〉 허리를 숙이지 않아도 되는 세탁기

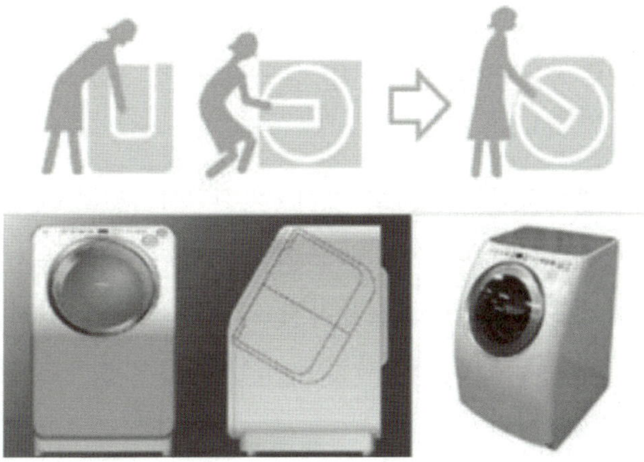

(2) 사용상의 융통성(Flexibility Use)

- 서두르거나, 다양한 생활환경 조건에서도 정확하고 자유롭게 사용 가능한가?

디자인 결과물이 개인의 다양한 기호와 능력을 광범위하게 수용해야 함을 의미한다. 즉, 개인의 다양한 능력이나 기호에 유연하게 적응할 수 있어야 한다. 이를 위해 사용법의 선택권을 제공하고, 오른손잡이나 왼손잡이가 접근하고 이용할 수 있도록 편의를 도모하며, 이용자가 정확히 조장할 수 있도록 도움을 주어야 한다(유동철, 2009).

〈예〉 쉽게 뽑을 수 있는 콘센트

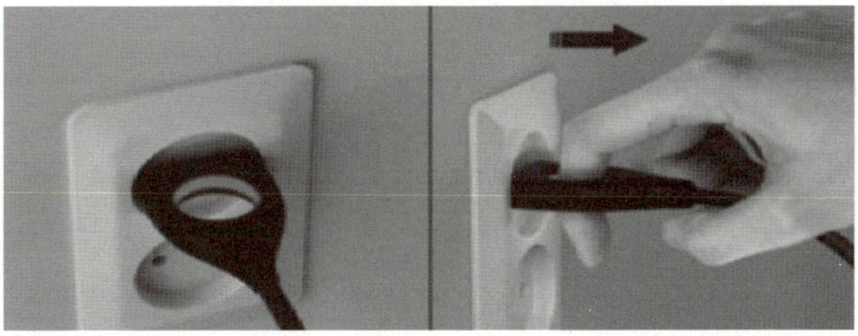

(3) 단순하고 직관적인 사용(Simple and Intuitive Use)

• 직관적으로 사용방법을 간단히 알 수 있도록 간결하고 사용 시 피드백이 있는가?

디자인 결과물이 사용자의 경험 · 지식 · 언어능력, 일반적인 관심이나 노력에 상관없이 이해하기 쉬워야 한다. 이를 위해 불필요하게 복잡한 것은 제거하고, 사용자의 기대와 직관에 일맥상통하고, 다양한 언어능력과 교육이 폭넓게 수용되고, 이용자들에게 적절한 피드백이 제공되어야 한다.

〈예〉 누르기만 하면 다 쪼개지는 사과 커팅기

(4) 쉽게 인지할 수 있는 정보(Perceptible Information)

• 정보구조가 간단하고 정보입수가 가능한가?

디자인 결과물이 이용자의 지각능력에 상관없이 필요한 정보를 전달해야 한다. 이를 위해 중요한 정보를 다양한 방법(그림 · 음성 · 촉감 등)을 사용하여 다양하게 표현하고, 지각이 쉽고 이해할 수 있도록 주변과의 적절한 대비효과를 주어야 한다.

〈예〉 컵 홀더 집게

(5) 오류에 대한 포용력(Tolerance for Error)

- 사고를 방지하고 잘못된 명령어도 원래 상태로 쉽게 복귀가 가능한가?

디자인 결과물이 의도하지 않은 작동으로 인해 발생할 수 있는 결과를 최소화하고, 오류와 장애로 인한 결과의 예방에 초점을 두어야 한다. 이를 위해 가장 많이 사용되는 요소들은 접근성을 가장 높게, 장애를 일으키는 요소들은 분리 · 제거해야 한다. 미리 위험이나 실수에 대한 경고를 주고, 사용자가 무의식적인 행동을 하지 않도록 안정성을 제공해야 한다.

〈예〉 야채를 잘게 썰 때 다치지 않게 보호

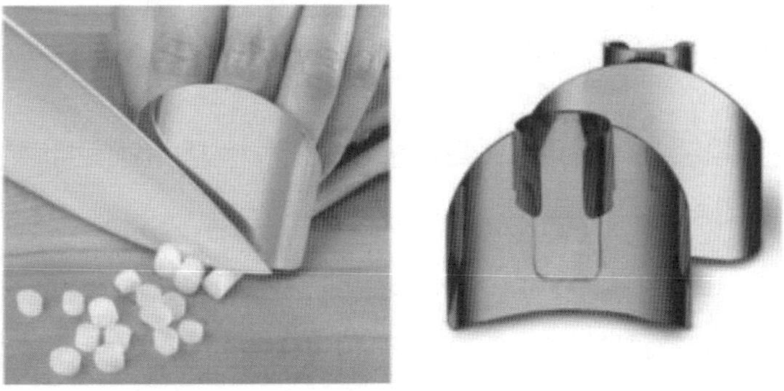

(6) 적은 물리적 노력(Low Physical Effort)

- 무의미한 반복동작이나 무리한 힘을 들이지 않고 자연스러운 자세로 사용이 가능한가?

디자인 결과물이 사용자의 피로를 최소화하기 위해 효율적이고 편안하게 사용할 수 있어야 한다. 이를 위해 사용자가 자연스러운 몸의 자유를 유지하게 하고, 반복적인 동작을 최소화하며, 이치에 맞는 작동법을 사용하고, 반복적인 조절행위는 최소화하도록 해야 한다(손광훈, 2006).

〈예〉 적은 힘과 안전한 장치로 망치 사용

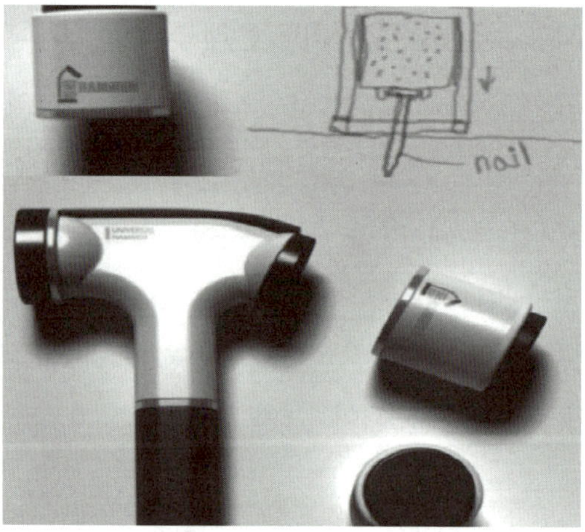

(7) 접근과 사용을 위한 크기와 공간(Size & Space for Approach and Use)

- 이용이나 수납이 용이하고 다양한 신체조건의 사용자와 도우미가 함께 접근이 가능한가?

사용자의 신체 · 크기 · 자세 · 이동과 상관없이 접근하고, 손이 닿고 조작하기 적합한 크기와 공간을 배려해야 한다는 특성을 말한다. 이를 위해 사용자가 앉아 있거나 서 있거나 상관없이 편안하게 접근하도록 배치하고, 손의 크기와 다양한 사실을 수용할 수 있도록 해야 한다는 것이다. 보조장치를 사용하거나 보조인의 도움을 받을 경우를 고려하여 적정한 공간을 제공해야 한다(유동철, 2009).

〈예〉 출입이 쉬운 욕조

이러한 원리들은 모든 디자인 분야를 위하여 보편적 디자인 개념들을 구체화한 점에서 큰 성과를 가져왔다. 기존의 환경이나 제품을 평가하고, 체계적인 디자인 과정을 이끌어 나가고, 보다 유용한 제품이나 환경의 디자인 특성들에 대해 디자이너들과 소비자들을 교육시키는 데 사용할 수 있다. 특히 불편을 느끼는 장애인 이용자들을 위해 계속 검토하고 발전시켜 나가는 것이 장애인복지의 근본이념을 달성하는 계기가 될 것이다.

제4절 장애와 여가

1. 장애인 여가의 의미와 특성

장애인의 여가 활동 참여는 재활에 도움이 되며 삶의 활력, 인격형성에 영향을 미치고 자아실현을 위한 기회를 제공한다(신학승 외, 2014). 특히, 장애인은 여가 활동을 통해 자아존중감 형성 또는 자아개념의 확립과 같은 심리적 효과를 기대할 수 있고, 긍정적인 자아정체성을 형성할 수 있다.

2. 장애인 여가의 필요성과 여가 참여의 의의

지금까지 장애인복지 서비스는 생활안정과 의료서비스 등 일차적 욕구에 정책이 국한되어 사회·문화적 측면은 고려하지 않았다. 국민의 생활수준이 향상되었고, 문화생활도 다양하고 풍부해지고 있으며, 장애인에게도 여가·사회 활동 욕구가 증가하고 있지만 여가를 적절히 이용하지 못해서 무기력·좌절·무력감을 겪으며 혼자 앉아 있거나 TV를 보며 지낸다. 따라서 장애인들이 여가에 적극적으로 참여할 수 있도록 지원해야 한다. 장애인은 여가 활동으로 자아존중감 형성과 자아개념 확립 같은 심리 효과를 기대할 수 있고, 긍정적 자아정체성을 형성할 수 있다. 재가장애인이 여가 활동에 참여하는 경우 가족은 장애인을 보호하는 시간 부담이 줄어들어 시간을 더 가질 수 있고, 장애인보호센터에서도 여가서비스 프로그램을 통해 장애인들이 독립적인 시간을 보내도록 원조함으로써 직원들도 효율적 근무환경이 된다. 그리고 독립적으로 시간을 보낼 수 있는 장애인은 여가 활동을 통해서 가치감을 증진시킬 수 있다(전용호, 2003).

제 5 절 차별금지와 인권옹호

1. 장애인차별금지

1) 장애인 차별의 개념 및 유형

장애인 차별이란 장애인 개인을 불리하게 구분·배제하고 제한하는 것을 말한다. 즉, 장애인 개인에 대하여 편견을 가지고 신체·정신적 특징 등을 부정적 측면으로 바라보므로 다른 사람들과 평등한 입장에서 사회생활에 참여할 기회를 빼앗거나 제한·억압하는 상태를 말한다. 직접 장애인 차별은 합리적인 이유 없이 장애로 인하여 불이익을 주거나 주변화된 처우를 하는 차별이고, 간접 차별은 주류사회의 중립적 기준을 적용하였으나 그것이 장애인집단에게 불리한 결과를 초래하는 차별이다(이채식 외, 2013). 또한 장애인 차별이란 장애인을 구조화시키는 구조적 권력 · 문화적 가치 · 개인적 편견이 결합된 것으로 부정적 측면에서 장애인을 묘사함으로써 억압 · 차별하는 것을 말한다. 이러한 결합은 장애인이 주류사회에 완전히 참여하는 것을 방해하는 결과를 낳는다(권선진, 2008). 이로 인해 장애인은 수치감 · 모욕감 · 혐오감 · 위협감을 느끼거나, 장애인 개인을 신체 · 정신 · 정서적으로 공격하는 모든 종류의 행위, 즉 폭력 등을 야기한다. UN인권위원회의 '장애인 인권보고서'의 차별 유형을 살펴보면 표 13-3과 같다.

• 표 13-3 • 장애인 차별 유형화

대분류	중분류(세부항목)
노동권	• 노동기회 차별(취업기회 제한, 면접 시 탈락, 부당해고 등) • 노동환경 차별(승진 차별, 퇴직강요 등) • 산재보상 차별(보상 시 차별, 산재인정 차별 등)
생존권	• 생계유지권리 차별(생활고, 생계유지수단 제한 등)
건강권	• 진료권 차별(병의원 진료 거부, 건강에 대한 교육받을 권리 침해 등)
교육권	• 교육기회 차별(편의시설 미비, 교육 프로그램 참여 거부, 학급 내 인간관계 차별 등)
문화향유권	• 참여권 차별(문화공간 · 편의시설 미비, 참여 제한 등)
접근권	• 이동권 차별(교통시설 제한, 편의시설 미비, 안내표시판 등 미비) • 대상물 접근권 차별(건축물 편의시설 미비, 주차 제한 등) • 거주이주권 차별(지역주민 거부, 거주이주권 침해 등)
정보접근권	• 정보접근 차별(장애인복지 시책접근 제한 등) • 정보매체접근 차별(수어 및 자막서비스 제한, 컴퓨터 이용권 제한 등)
지원 서비스	• 비용지원 차별(이동비용 지원 필요, 의료비용 지원 필요) • 도우미지원 차별(심리상담 필요, 수어점역 등 필요) • 보장구사용권 차별(보장구 구매 및 수리비용 필요)
참정권	• 선거권 차별(투표권 침해) • 선거접근권 차별(투표소 접근권 침해)
소비자 권리	• 보험금융사용권 차별(보험가입 제한, 보상금 제한 등) • 구매권 차별(음식점 등 서비스 기관출입 제한 등) • 행정접근권 차별(행정접근 제한 등)

대분류	중분류(세부항목)
형사상 권리	• 법절차위반(불법체포, 자백강요 등) • 피해자로서 권리 침해(의사소통 제한으로 수사미진 등)
시설장애인 권리	• 사생활권 차별(자기결정권 침해, 사생활 권리 침해 등) • 폭력(심리 및 언어폭력 · 성폭력 등) • 적절한 서비스상의 차별(적절한 서비스 받을 권리 침해 등) • 거주이주권 차별(거주이주 권리 침해 등)
가족권	• 결혼할 권리 차별(장애 이유로 결혼 반대 등) • 가족생활권 차별(가정폭력 · 가정 내 성폭력 등)
신체자유권리	• 폭력(심리 및 언어폭력, 성폭력 등)
재산권	• 재산상 불이익(사기 · 절취 및 갈취 등)

출처: 이채식 외(2013). p. 335 재구성.

2) 장애인차별금지법

「장애인차별금지법」(장애인차별금지 및 권리구제 등에 관한 법)은 모든 생활 영역에서 장애로 인한 차별을 금지하고, 장애를 사유로 차별받는 사람의 권익을 효과적으로 구제함으로써 장애인의 사회참여와 평등권 실현을 통해 인간존엄과 가치를 구현하기 위해 만들어진 법이다. 2008년 4월 11일부터 시행되었으며, 장애인 당사자는 물론 장애인을 돕는 사람에 대한 차별을 금지하고, 보조견 및 장애인보조기구 등의 정당한 사용을 방해해서는 안 된다는 내용을 담고 있으며(임종호 외, 2016), 차별과 배제로부터 최소한의 권리구제를 받기 위한 장치로서의 법률이라고 할 수 있다. 「장애인차별금지법」의 주요 내용은 표 13-4와 같다.

「장애인차별금지법」은 장애문제와 관련한 장애당사자들의 연대적인 인권운동으로 만들어 낸 결과물이며, 장애인당사자주의에 입각한 입법으로서 우리나라 장애인에 대한 최초의 인권법이라 할 수 있다.

• 표 13-4 • 장애인차별금지법 주요 내용

구분	내용
제1장	목적, 정의, 차별행위, 차별금지, 자기결정권 및 선택권, 국가 및 지방자치단체의 의무, 다른 법률과의 관계 등의 총칙
제2장	고용·교육·재화와 용역, 사법·행정절차 및 서비스와 참정권, 모·부성권, 성, 가족·가정·복지시설·건강권을 규정하는 차별금지의 영역
제3장	장애여성 및 장애아동 영역에서의 차별금지
제4장	진정, 직권조사, 장애인차별시정소위원회, 권고의 통보, 시정명령 등의 장애인차별시정기구 및 권리구제
제5장	손해배상과 입증책임으로 입증책임의 배분, 법원의 구제조치
제6장	벌칙: 차별행위에 대하여 3년 이하의 징역 또는 3천만 원 이하의 벌금, 시정명령 불이행 시 과태료와 부과규정
부칙	시행일, 소위원회 설립준비, 위원임기 개시

법 제정의 의미는 장애인정책의 패러다임을 보편적 인권으로 장애인의 권리를 보장하는 획기적인 일이며, 장애인이 사회에 적응하는 것이 아니라 불편함이 없이 사회생활을 할 수 있도록 사회가 변해야 한다는 점을 시사하고 있다(양점도 외, 2013). 이로 인해 인권침해 상황에 대한 판단기준을 제시함으로써 장애인들의 인권을 보호·유지 및 향상의 기틀을 이루었다.

2. 장애인의 인권옹호

1) 인권의 개념

인권이란 '인간의 존엄성을 보장받을 권리'라고 정의되며, 인간으로서의 당연한 권리로서, 성별·연령·능력·문화·배경·장애를 막론하고 모든 인간에게 적용되고 누려야 할 보편타당한 천부적 권리이다(최윤영 외, 2013). 그러므로 모든 사람은 성별·인종·장애 유무·계급을 이유로 차별하지도, 차별받지도 말아야 한다. 또한 '헌법상 보장된 국민의 기본권', 즉 국가가 보장해야 할 국가의 의무인 동시에 인간 자신이 인권의 중심 주체로서 인간존엄성을 가지며 변화·발전 가능한 권리로 정의할 수 있다.

장애인 인권헌장(2008)은 장애인은 인간존엄과 가치를 가지며 행복을 추구할 권리를 가진다고 명시하고 있고 이의 실현을 위한 차별금지·사회복지 서비스를 보장받을 권리·평등권·교육 및 편의시설·여가 활동 참여·정당한 보수·참정권·법률상 도움받을 권리를 제시하고 있다(권선진, 2006).

2) 장애인의 인권옹호

인권옹호란 자신에게 부여된 인권에 대해 인식, 이를 존중하여 불합리한 차별이나 배제를 당했을 때 자신의 권리를 적극적으로 주장·수호하며 실천하려는 태도이다. 인권옹호의 사전적 의미는 '사회정의를 확보·유지하기 위한 목적으로 하나 이상의 개인·집단·지역사회를 대신해서 일련의 조치를 직접 주장·방어·개입·지지·추천하는 행위인데, 인권옹호는 네 가지 형태로 이루어진다(유화영, 2015).

시민인권옹호는 개인의 인권 관련 문제해결을 지원하는 것으로 장애인의 요구를 근거로 원조를 실시하고 지도와 조언자 활동, 행정 외의 서비스에 관해 적절한 것을 얻을 수 있도록 그들을 대신하여 요구충족을 지원하는 활동이다. 이는 일반시민·자원봉사자·친구·부모회 등 민간의 인권옹호자에 의해 이루어진다.

법적 인권옹호는 법률적 측면에서 장애를 가진 사람들의 요구 실현이나 인권옹호를 도모하는 활동이다. 예를 들어, 변호사에게 상담한다든가 재판소에 회부하는 형태로 법률 측면에서 장애를 가진 사람들의 요구나 인권이 옹호될 수 있도록 노력하는 활동이다.

제도적 인권옹호는 장애를 가진 사람들이 원하는 원조와 요구하는 행정서비스를 파악해 이들이 원하는 서비스를 받을 수 있도록 제도적인 측면에서 개선을 도모해 가는 활동이다.

자기인권옹호는 인간존엄성을 지키고 보통시민의 생활을 실현해 나가는 정상화원리를 기본으로 자신의 마음·요구·사상을 집단 또는 개인이 주장함으로써 인권을 지키고 생활을 바꾸는 활동이다(성명옥, 2004).

제6절 공공성년후견제도

1. 공공성년후견제도의 배경 및 개념

1) 배경

성년후견제도는 성년후견·한정후견·특정후견제도를 도입(2011년)하였다. 성년자가 정신장애로 법률행위를 할 만한 판단능력이 없거나 부족한 경우 금치산·한정치산제도를 두었다. 특히, 장애인들은 다양한 도움이 필요하지만 개정 이전 금치산·한정치산제도는 보호 대상을 재산적 법률행위에 국한하는 문제점이 있었다. 금치산·한정치산제도로는 당사자의 구체적 사안에 탄력적 조치가 어렵고, 사회복지가 지향하는 당사자의 자기결정권과 정상적·보편적인 사회생활 참여를 촉진하는 데 문제가 있으므로 이를 개선하려고 금치산·한정치산제도보다 능동적·적극적 사회복지시스템인 성년후견·한정후견·특정후견제도를 2013년 7월부터 시행하고 있다.

2) 성년후견제도의 개념

성년후견제도란 질병·장애·치매 등으로 판단능력이 다소 불충분한 사람들이 계약 등 일상생활에서 법률 행위를 함에 지속적으로 의사결정이 곤란한 자에 대하여 불이익을 받지 않도록 권리를 보호하기 위한 제도이다. 따라서 장애인·노인 등 판단능력이 다소 부족한 사람의 재산관리 및 신상보호에 관한 제도로 학대·착취로부터 보호하고 복지증진 및 독립성을 극대화하는 자기결정권을 존중하는 제도이다(임종호 외, 2016).

2. 성년후견제도의 주요 내용

1) 성년후견인의 선임

성년후견인은 성년후견 개시 심판이 있는 경우 개정 「민법」 제936조 제1항은 가정법원이 직권으로 선임하며, 제2항은 성년후견인이 사망·결격, 그 밖의 사유로 없게 된 경우에는 가정법원이 직권으로 또는 피성년후견인·친족·이해관계인·검사·지방자치단체장의 청구로 성년후견인을 선임한다고 명시하고 있다. 또한 제3항은 가정법원은 성년후견인이 선임된 경우에도 필요하다고 인정하면 직권으로 또는 개정 「민법」 제936조 제2항의 청구권자나 성년후견인의 청구에 의해 추가로 성년후견인을 선임할 수 있다고 규정하고 있다. 「민법」 제936조 제4항에서 성년후견인을 선임하는 경우 가정법원은 피성년후견인의 의사를 존중해야 한다. 또한 피성년후견인의 건강·생활관계·재산상황, 성년후견인이 될 사람의 직업과 경험, 피성년후견인과의 이해관계의 유무 등의 사정도 고려한다고 규정한다.

2) 성년후견인의 유형

성년후견인의 유형에는 피후견인의 잔존능력에 따라 성년후견인·한정후견인·특정후견인 순으로 구분하는 다원론을 채택하고 있다. 성년후견제도는 질병이나 장애·노령 등 정신적 제약으로 후견인이 필요한 경우에 두며 개정 「민법」 제938조는 성년후견인은 피성년후견인의 재산을 관리하고, 피성년후견인을 대리하는 법정대리인이지만, 가정법원은 성년후견인의 대리권의 범위를 정할 수 있고 일정한 자의 청구에 의하여 대리권의 범위를 변경할 수 있다고 규정하고 있다.

한정후견제도는 원칙적으로 온전한 행위능력을 인정하되, 거액의 금전 차용·보증 등 중요 법률행위만 예외적으로 후견인 동의를 받도록 하는 경우에 필요한 제도이다. 특정후견제도는 한정후견제도, 일정기간 또는 특정 사무에 관해서만 후견인의 조력을 받을 수 있을 때로 구분하며, 특정후견인이 피특정후견인의 행위를 목적으로 하는 채무를 부담하는 법률행위를 대리하는 때는 피특정후견인의 동의를 얻어야 한다.

3) 성년후견인의 임무

성년후견은 피후견인의 법정대리인이 되며, 예금계좌 개설 및 이체·해지 등 통장관리에 관한 사항, 주민등록 등초본 발급 등 공법상 신청행위 후원, 피후견인의 생활상 필요품 구매, 의료서비스 이용계약 체결, 사회복지급여 및 사회복지 서비스 신청 및 이용의 대리권이 있다. 피성년후견인이 치료 등의 직무(정신병원, 다른 장소로의 격리)에 대해서는 성년후견인이 결정할 수 없고, 가정법원의 허가를 받게 하고 있다. 성년후견인이 피성년후견인을 대리하여 피성년후견인이 거주하는 건물 또는 대지에 대하여 매도·임대·전세권 설정·저당권 설정·임대차의 해지·전세권 소멸, 그 밖에 이에 준하는 행위를 하는 경우, 가정법원 허가를 받게 하고 있다.

4) 성년후견감독인

후견감독인은 개정 「민법」 제953조에서 후견사무의 감독을 위해 선임되며, 언제든지 후견인에게 그의 임무 수행에 관한 보고와 재산목록의 제출을 요구할 수 있고, 피후견인의 재산상황을 조사할 수 있다고 규정하고 있다. 따라서 후견감독인은 후견인의 사무를 감독하며, 후견인이 없는 경우 성년후견인의 선임을 청구하는 역할을 하는 후견감독인을 두도록 하고 있다. 후견감독인은 피후견인의 신상이나 재산에 대하여 급박한 사항이 있는 경우 그의 보호를 위하여 필요한 행위 또는 처분을 할 수 있고, 성년후견인과 피후견인 사이에 이해가 상반되는 행위에 관하여는 후견감독인이 피후견인을 대리할 수 있게 하고 있다. 후견감독인은 개정「민법」 제950조 제1항에서 후견인이 피후견인을 대리하여 영업에 관한 행위, 금전을 빌리는 행위, 의무만을 부담하는 행위, 부동산 또는 중요한 재산에 관한 권리의 득실변경을 목적으로 하는 행위, 소송행위, 상속의 승인 · 한정승인 또는 포기 및 상속재산의 분할에 관한 협의를 하는 경우 이에 대한 동의권을 가진다고 명시하고 있다.

CHAPTER 14

장애인운동

인류 역사를 살펴볼 때, 장애인들의 삶은 사회의 무관심과 학대·멸시 속에서 자신들의 인권을 찾기 위해 투쟁해 온 것을 알 수 있다. 장애인은 고대부터 현대사회에 이르기까지 사회 안에서 소수자로서 소외되고 차별의 대상이 되어 왔다. 이 장에서는 국제 장애인운동과 우리나라 장애인운동의 동향을 살펴보고 장애인운동의 현실과 과제를 제시하고자 한다.

제 1 절 장애인운동의 개념 및 국제 장애인운동의 동향

1. 장애인운동의 개념

장애인운동이란 '장애인의 열악한 삶을 개선하려는 모든 활동'을 말하며, 장애해방을 목적으로 한다(김상호, 1994). 장애해방운동이란 '장애인이 장애를 지니고 있다는 이유로 사회로부터 받는 온갖 차별과 소외에서 해방되어 인간답게 사는 사회를 건설하기 위한 일련의 노력, 즉 장애인의 인권 회복을 위한 모든 사회적인 활동'을 말한다. 또한 장애운동이란 '장애모순을 극복하려는 장애인들의 주체적인 노력'(장애우권익문제연구소, 2001)이라 정의되며, 장애모순이란 정책이나 제도의 잘못으로 인해 장애인이 받게 되는 차별과 고통을 말한다. 그리고 장애인복지운동이란 '오랜 역사적 소산으로 존재하는 장애인에 대한 편견과 차별을 불식시키고, 인간으로서의 존엄과 권리의 회복을 통해 인간다운 삶을 보장받기 위한 것'이다(서경석, 1993).

2. 국제 장애인운동의 동향5)

1) 미국의 장애인운동

미국에서 초기의 장애인들은 가족에 의존하여 살아가며, 장애인들 간의 교류가 불가능한 상황에서 사회에서 어떤 일이 일어나는지를 알 수 없었다. 따라서 권익옹호활동이나 모임, 지역사회참여가 어려웠으며, 시민권을 주장하지 못했다. 1840년 사무엘 그리들리 호에(Samuel Gridley Howe)에 의해서 시각장애인을 위한 최초의 보호작업장이 조직되어 50만 이상의 사람들이 작업장에 고용되어 있었지만, 1900년대 초기까지 시각장애인들이 보호작업장에서 일할 기회를 갖기 어려웠고 인권보장이 없었으며, 저임금과 열악한 근로환경에서 일했다. 이러한 상황개선을 위해서 1937년 피츠버그에서 보호작업장의 파업을 일례로 몇 차례 파업을 감행했지만 실패했다. 공공교육 프로그램은 장애인들의 특별한 욕구에 초점을 맞추고 있지 않고, 고등교육으로 접근하는 것은 거의 불가능했다.

---

5) 국제 장애인운동의 동향은 Rothman이 제시한 내용을 정리하였다(Rothman, 2008: 87-104).

2) 장애인 옹호조직의 발전

1935년 뉴욕에서 지체장애인연맹이 결성되었다. 목적은 응급구호국(Emergency Relief Bureau)이 장애인들의 공공사업 촉진국(Works Progress Administration, WPA) 지원을 거부한 것에 항의하기 위해서였다. 이 조직의 항의 시위는 사회적 관심을 얻었고 계속해서 장애인에게 불공정한 고용 현실에 대하여 시위를 하였으며, 다른 노조와 조직들에게 장애인 근로자와 함께 일하는 기술과 방법들을 교육시키기도 하였다.

1950년대 초 장애인들의 동료들과 부모들은 세계의 많은 장애인들의 집중적인 서비스를 위해 조직화하기 시작하였다. 학교에서 행동센터들이 설립되었고, 궁극적으로 장애예방을 위한 조직을 포함하여 국제연합들이 조직되었다. 1930년대에 워싱턴주의 지능장애인 부모들의 옹호조직이 만들어졌으나, 광범위한 조직화는 1950년대에 이루어졌다. 1950년대에 부모들의 지역조직이 연합하여 정신지체아동을 위한 전국연합회(National Association for Retarded Children)를 형성하였다.

3) 탈시설화와 권리운동

(1) 탈시설화 운동

탈시설화 운동은 발달장애인을 일차 대상으로 하여 사회통합과 개인적인 성장기회가 박탈된 거대 생활시설로부터 지역사회로 복귀시키자는 것이다. 이 운동의 지도자들은 발달장애인들에게 도움을 제공하는 관련자들뿐만 아니라 부모와 가족들이 주도적으로 이끌었다. 운동의 이론적 틀은 '정상화'로, 사람들이 정상적인 대우를 받으면 정상적인 행동을 할 것이라고 주장한 울펜스버거(Wolfensberger)에 의해 형성되었다. 울펜스버거의 '사회적 역할의 가치화' 이론은 장애인들에게 개인적 차원에서 긍정적인 사회적 역할을 발달시키도록 지원하는 것을 통하여 사람과 장애에 대한 긍정적 이미지가 대중적 이미지 속으로 통합될 것이며, 장애인들의 긍정적 자기정체성과 자아존중감을 발달시키는 효과가 있다고 제안했다.

(2) 시민권운동

시민권운동은 모든 계층의 사람들을 위한 권리를 주장하는 것으로 장애인들은 전 계층의 이익을 대변하는 시민권운동의 결과로 입법화 등이 추진되었으나, 세부적 장애인 계층의 발달에 대한 내용은 누락되어 있음을 발견하였다. 장애인권운동 지도자들은 시민권운동의 효과적이고 성공적인 권익옹호기술인 항의 시위, 공공장소 점거 시위, 법안 통과를 위한 로비, 여론 집결 등을 배워 장애인권운동에 활용하였다. 이에 대하여 스카치(Scotch, 2001)는 "시민의 권리를 성취한다는 것은 접근성을 높이기 위해 건물을 고치고, 대중교통체계를 합리적인 비용 선에서 재설계하는 등 평등한 기회를 제공하는 것으로 여겨지는 것을 의미한다."고 하였다.

(3) 자조집단운동과 동료 간 지원

단주를 위한 알코올중독 방지회(Alcoholics Anonymous)로 시작한 자조집단운동은 장애인 권리에 유용한 모델을 제공하였다. 장애를 지닌 사람을 가장 잘 이해하고 도와줄 수 있는 사람은 비슷한 장애를 지닌 개인이라는 개념을 통해 자조운동이 성장하였다. 한 사람의 역량이 강화되면 독립하게 되며, 의미 있는 일을 찾게 되고, 타인에게 모델이 되거나 동기부여를 시킬 수 있게 되어, 매우 큰 영향을 줄 수 있기 때문이다(McDonald & Oxford, 1999).

(4) 탈의료화

의료모델이 장애 개념을 정의하는 데 여전히 강한 영향력을 행사하고 있지만, 인간에 대한 전인적 이해를 추구하는 일반적 사회화운동은 대중의 수용을 얻어야 한다는 아시아적 전통에 영향을 받았다. 각 사람의 욕구를 정의하고 충족시키기 위해 책임감과 역량을 강조하는 이 운동은 그들의 필요가 타인에 의해서 충족되던 삶을 살았던 장애인들에게 큰 영향을 미쳤다. 자조집단과 동료 간 지원은 생활조건, 보호제공자, 의료적 조치에 대해 직접적 선택권을 주장하는 개념적 체계를 제공하고 자기 스스로를 존경하고 존중하는 것을 가능하도록 하였다(McDonald & Oxford, 1999).

(5) 소비자 보호운동

소비자운동은 소비자가 상품과 서비스·프로그램을 선택할 권리를 주장하며 소비자에게 직접 전달되는 재화나 서비스를 제공하는 사람들의 책임감을 강조한다. 초기에 소비자 보호운동은 상품들에 초점을 맞추어 진행되었지만, 운동의 취지가 점차 확대되면서 소비자가 선택하거나 규제할 수 없었던 상품과 서비스까지 포함하게 되었다. 이러한 성격의 서비스로는 의료서비스·재활·교육과 같은 것을 들 수 있다. 용어들도 새로운 패러다임을 반영하는 것으로 변화되어, 환자는 클라이언트나 고객으로 바뀌었다. 소비자운동은 수동적·소극적인 환자나 클라이언트보다는 역량이 강화된 소비자이길 원하는 장애인들에게 강력한 영향을 미쳤다.

(6) 자립생활운동

1960년대 후반, 미국에서 시작된 자립생활운동은 장애인들에게 직·간접으로 영향을 미치는 모든 의사결정 과정에 참여욕구를 불러일으켰다. 장애인들은 상대적 의존상태에 빠뜨리게 하는 문화적 기대의 타당성에 의문을 표시하였고, 그러한 기대들로부터 기인된 전통적인 사회정책과 실체의 적절성에 의문을 표시하기 시작하였다. 1962년 가을, 전신마비 장애 에드 로버츠(Ed Roberts)가 60년대 미국 사회운동의 진원지였던 버클리

대학에 입학했다. 호흡보조장치에 의지해서 살아야 하는 그의 입학은 미국 장애인 인권운동의 출발이 되었다. 1969년 가을, 로버츠와 장애학생들은 '자립생활을 위한 전략' 모임을 조직하고, 중증장애학생들이 자립하여 살 수 있도록 지원서비스를 개발하였다. 1970년에는 독립 · 자조 · 통합 그리고 사회적 문제로서의 장애라는 이념과 원칙을 바탕으로 '신체장애학생 프로그램(The Physically Disabled Student Program, PDSP)'을 구성하였고, 1972년에 장애인 활동가들은 미국 최초로 장애인자립생활센터를 설립하였다. PDSP는 휠체어를 사용하는 학생들이 주거와 학교생활에 용이하도록 '활동보조인(Personal Assistance Service, PAS)'을 확보하고, 지원하는 내용으로 구성되었으며, 시각장애학생들의 요구를 수용하여 대독(代讀)서비스를 제공하였다. 학교에서 PDSP로 서비스를 제공받던 학생들이 졸업 후 서비스가 중단되는 상황이 벌어지자 로버츠와 동료들은 지역사회를 포괄하여 일반 장애인들과 병행할 수 있는 새로운 형태의 서비스가 필요하다는 생각을 하게 되었다. 이로써 미국장애인 권익실현의 중추적인 역할을 하게 된 자립생활센터(Center for Independent Living, CIL)가 탄생하게 되었다.

(7) 투쟁 시위의 조직화와 재활법(1973)

1972년 미국 의회는 재활법(National Rehabilitation Act)을 통과시켰지만, 닉슨 대통령이 거부권을 행사하였다. 이를 계기로 뉴욕에서 장애인 인권운동가인 쥬디 휴먼(Judy Heumann)을 중심으로 80명의 장애인 인권운동가들이 시위를 하였고, 결국 1973년에 법안이 통과되었다. 그러나 1977년 법안 시행에 필요한 조례의 공포가 미루어지자 시민권운동가들이 시위를 통해 조례들을 공포하게 하였다.

(8) '여백을 향한 행군'과 대중교통 접근권을 위한 미국장애인 연대

1974년 콜로라도 덴버의 '여백을 향한 행군(Wade Blank)'이라는 시민운동단체는 스스로의 힘으로 살아보기 원하는 이들을 돕고자 했다. 그 단체는 집에서 거주하면서, 지역사회에서 욕구를 충족시켜 줄 수 없다는 이유로 요양원에서 지낼 것을 강요당한 9명의 장애인을 돕기 시작한 것이 아틀란트 공동체(Atlantic Community)가 되었는데, 지역사회를 기반으로 한 소비자 중심조직으로 지역사회 내 자립생활을 원하는 사람들을 개인적으로 돕는 도우미를 제공하였다. 웨이드(Wade)의 고객들은 새로운 독립을 누렸지만, 덴버시의 교통환경과 접근환경들이 독립생활을 불가능하게 하였다. 웨이드는 대중교통에 접근하는 것이 자립생활을 원하는 이들에게 필수적 요소인 동시에 권리임을 깨닫고 '대중교통 접근권을 위한 미국장애인협회(American Disabled for Accessible Public Transit, ADAPT)'를 설립하여 장애인 권리를 알리고, 1970년대 도시대중교통법(Urban Mass Transit Act)의 시행을 촉구했고 1990년 미국장애인법(Americans with Disabilities Act)의 통과로 ADAPT의 본질적인 목표가 달성되었다.

(9) 장애인 인권운동을 위한 다른 조직들

1970년대와 1980년대를 지나면서 많은 장애인 인권단체들이 형성되었고, 장애인들이 직면한 중요한 쟁점들이 세상에 알려지게 되었다. '행동하는 장애인들(Disabled in Action)'은 1970년 5월에 뉴욕시 장애인들에 의해 형성되었으며, 이는 최초의 장애인 권리를 위한 정치 활동 기구였다. 그리고 1974년에는 미국장애시민연합(American Coalition of Citizens with Disabilities)이 워싱턴에서 조직되었다. 1980년에는 맥스 스타크로프(Max Starkloff)를 중심으로 자립생활전국협의회가 결성되었다. 장애인의 권리를 주장하기 위한 각 단체들은 강력한 정치세력을 형성하게 되었다.

(10) 보편적 디자인 운동(Universal Design Movement)

보편적 디자인 운동은 건축이나 디자인 계통의 학생들과 전문가들에게 창의적인 이미지와 감동을 불러일으켰다. 신소재나 간단한 기계, 다양한 양식들이 모든 사람이 이용할 수 있는 환경을 지향하면서, 제약들을 없애는 것에 주력하였는데, 이는 장애인뿐만 아니라 어린이·노약자 등 다른 사람들을 위한 일이기도 했다. 이러한 접근들은 세부적인 측면에서 장애인들의 자립생활만을 위한 무장애 건축환경 조성이 아닌 사회구성원 모두를 위한 보편적 디자인 운동이 뿌리를 내리는 계기가 되었다. 결국, 장애인 권리확보운동과 장애운동은 장애인이 지역사회에서 자립적으로 살아갈 수 있도록 주거환경, 접근이 가능한 건물, 활용할 수 있는 이동 또는 교통수단, 교육, 고용 등에 대한 권익옹호활동 또는 운동이다. 이러한 운동은 현재 교육·취업·교통시설이나 아동시설 접근에 있어서 장애인차별금지, 이동권 확보, 무기여 연금운동 등으로 전환 또는 발전되고 있다.

3. 국제적 장애인권리 시작

1990년 미국의 ADA(American with Disablites Act)는 장애인들의 권리를 위해 국제적으로 중요한 사건이었다. 이 법률은 장애라는 이유로 차별을 받을 수 없다는 차별에 대한 보호조치로 만들어졌다. 미국장애인법에 의하면 장애인이 사업장·도로·전화·통신서비스의 이용을 자유롭게 할 수 있도록 조건이 마련되어야 하고, 고용근로자 15인 이상의 기업에서는 장애인을 고용하도록 하고 있으며, 장애인의 근무여건에 적합한 환경, 물리적 접근권의 보장, 특별 장비의 마련과 청각장애인을 위한 통역사 배치를 명시하고 있다. 또한 건축물에 장애인 출입을 자유화하고 이용을 손쉽게 한다고 되어 있다. 교통시설이나 수단에 있어서도 모든 장애인이 이용이 가능하도록 하는 것을 원칙으로 규정하고 있다. 장애인고용 시 차별금지 규정, 교통 등 공공서비스와 관련된 규정, 공공시설에 관한 규정, 통신관련 규정 등 사회·물리적 환경에 대한 내용들을 포괄적으로 다루고 있다. ADA는 정신·신체·감각장애인 권익집단들의 공동노력으로 이루어졌다.

UN은 1994년에 장애인의 기회균등을 위한 '표준규칙(1994)'을 채택하였다. 표준규칙은 법적인 강제성은 없지만 장애인에 대한 프로그램과 법, 정책에 많은 영향을 미쳤다. 이러한 규칙에 영향을 미친 것은 1971년 UN의 정신지체인의 권리선언과 1975년 장애인의 권리선언, 1982년 세계행동계획이다.

제 2 절 우리나라 장애인운동의 동향

장애인운동을 차별에 대한 저항의 표출형태라고 본다면 광의의 장애인운동은 해방 이전 시기까지도 거슬러 올라갈 수 있다. 그러나 장애인운동을 조직적이고 지속적인 저항운동으로 정의할 경우, 이와 같은 장애인운동은 해방 이후의 시기에서 관찰할 수 있다. 따라서 해방 이후에 발생한 장애인운동을 주로 살펴볼 것이다(유동철, 2005).

1. 장애인운동 태동기(1960~70년대)

1970년까지는 장애인운동의 태동기라고 할 수 있다. 장애인 차별에 대한 저항이 시작되기는 하였지만, 조직적이고 지속적인 저항운동은 존재하지 않았다. 장애 차별에 대한 저항은 주로 입학과 공공직 임용에서 낙마한 장애인들을 구제해 달라는 식의 대응뿐 사회 여론화된 장애인 문제나 대응에 있어 장애인들의 주체적인 움직임은 거의 찾아볼 수 없다.

1) 입학거부에 대한 운동

장애인의 집단적 움직임을 촉발한 사건은 1960년대 말부터 지속되었던 장애인 입학거부 사건이었다. 1967년 부산중학교에 지원한 소아마비장애를 지니 윤철 군이 학과 시험에서는 만점을 받고도 장애라는 이유로 입학을 거절당해 1968년 한국특수보육협회(현재 한국소아마비협회)에서 서명운동을 벌인 일이 있다. 항의의 결과로 문교부는 소아마비아동에게 체능특전을 주는 안을 마련하였으나, 문교부장관의 교체로 백지화되었다가 여론에 밀려 1972년부터 중·고등학교 입학시험에서 장애학생의 체능검사를 면제하기로 결정하였다. 1976년 30여 명의 장애인이 서울대에 불합격하는 사건이 발생하자 부모와 장애인계에서 거센 항의를 했으며, 이는 비교육적 입학제에 대한 궐기대회로 이어졌다. 당시 장애인단체는 조직적으로 대응하기보다는 단발적이고 개별적으로 대응하였으며, 목표도 개인 구제차원에 머물렀다.

2. 장애인 인권의 초보적인 대응(1980~1986년)

장애인 차별은 공공영역에서도 되풀이되었다. 1981년에 경주에서 5급 행정직에 합격한 장애인을 불합격시켰으며, 1982년에는 사법연수원을 수료한 4명의 장애인이 법관 임용에서 탈락하였다. 이 사건을 계기로 처음으로 '공동대책위원회'를 결성하고, 100만인 서명운동·집단탄원서 제출을 통해 대법원으로부터 구제조치를 획득하였다. 장애인법인단체 20여 개가 중심이 되었으며, 그동안 결속된 힘을 보여주지 못했던 장애인들이 하나로 결집할 수 있음을 보여준 최초의 사건이라는 점에서 의의가 크다. 이 시기의 특징은 장애영역별 자생조직이 활발하게 생겨났다는 점이다. 기존의 한국소아마비협회(1975)의 출현이나 한국뇌성마비복지회 설립(1977), 한국장애인재활협회(1981), 한국장애인부모회(1985), 한국장애인연맹(Disabled Peoples International, D.P.I, 1986) 등이 새롭게 조직을 정비하거나 결성되었다.

3. 장애인운동 성숙기(1988~1990년대 중반)

1987년 민주항쟁 이후 시민사회의 성숙은 장애계에도 큰 영향을 미쳐 본격적인 목소리를 내기 시작하였다. 주 이슈는 장애인의 생존권·노동권 · 교육권 등 핵심적인 영역에 관한 것들이었다.

1) 장애인복지법 개정과 장애인고용촉진법 제정 운동

장애인운동의 주요 이슈는 장애인의 생존권 · 노동권 · 교육권 확보 운동이었다. 촉매제가 되었던 것은 1988년 제8회 서울장애인올림픽이었다. 3월 28일 '보람의 집' 장애인들이 장애인의 생존권 보장을 요구하며 단식투쟁을 시작하고, 4월 16일 명동에서 장애인들의 최초 대중집회인 '기만적인 장애인복지정책 규탄대회'를 개최하였다. 집회에서 장애인들은 '한국의 장애인복지정책이 전무한 상태에서 장애인올림픽 개최는 장애인을 우롱하는 처사'라고 주장하며, 전시적 장애인올림픽 전면 거부 · 장애인고용촉진법 제정 · 장애인 실태파악 실시를 요구하였다(김윤정, 1997).

1989년 1월 27일 '장애인고용촉진법 제정을 위한 공청회'를 개최하여 장애인단체에서 받는 법안을 관철시켜 줄 것을 요구하였다. 10월 30일 장애인들의 주체적인 움직임만이 올바른 법안 통과의 관건이라는 의견이 일치해 법안 쟁취를 위한 '전 장애인공동대책위원회'를 구성하여 전국의 200여 장애인단체가 하나가 되었다. 또한 '전국지체부자유대학생연합회'는 각 정당을 차례로 점거하여 총재 배석하에 보사위대표 국회위원과 노동부대표 국회위원 간의 면담이 이루어졌다. 야3당에서는 여당이 반대하더라도 야3당 단일 안으로 관철시켜 줄 것을 약속했다. 11월 11일 '전 장애인공동대책위원회' 주최로 국회의사당 앞에서 2,000여 명의 전국 장애인들이 참석하여, 양 법안이 국회에서 꼭 통과되어야 함을 한 목소리로 외쳤다. 공동대책위원회는 법안 심사소심위원회에 참여하는 등 장애인들이 직접 입법 활동에 참여하였으며, 이러한 노력의 결과로 12월 국회 본회의에서 「심신장애자복지법」이 「장애인복지법」으로 개정되었고, 「장애인고용촉진법」(현 장애인고용촉진 및 직업재활법)이 제정되었다.

2) 님비현상에 대한 운동

그동안 장애인시설을 건립할 때, 지역주민들의 반대로 건립을 중단한 채 물러서곤 하였다. 1991년 10월 천안에 장애아동 공립특수학교를 설립하려 했으나, 주민들의 반대로 공사를 중단하고 있었다. 이 사건을 계기로 장애인단체에서는 '천안 인애학교 해결을 위한 공동대책위원회'를 구성하여 국회 로비와 대중집회 등 강력 대응한 결과, 1992년 초 문제가 해결되었다. 이 사건은 장애인시설 반대에 대한 장애인운동의 첫 성과라는 점에서 중요한 사건으로 인식되었다. 그러나 1992년 마장동에 성동장애인복지관을 건립하는데 주민들의 반대로 공사가 중단되자 '장애인복지를 위한 공동대책위원회'를 결성하여 사안에 따른 대책위원회에서 상시적인 조직으로 자리매김하게 되었다.

1993년에는 '장애인교육에 관한 기본법'을 전체 장애인의 안으로 국회에 입법 청원하면서 공동대책위원회는 시민사회단체들이 공동대응해 줄 것을 제의하고 27개의 시민사회단체가 함께 장애인의 교육받을 권리를 위해 '장애인교육권 확보를 위한 범국민대책위원회' 조직을 결성하였다. 대책위원회는 서명작업 · 법안 토론회 · 공청회 · 세미나 과정을 거쳐 '장애인교육에 관한 기본법'을 만들어 제출하였다. 한편, 전국특수교육연합회 등 장애인교육과 관련된 학생들도 단식농성 · 수업거부 · 대중집회를 통해 힘을 실어 주었으며 1993년 12월 「특수교육진흥법」 개정안이 국회를 통과하였다.

이 시기의 장애인운동을 평가하면 다음과 같다(유동철, 2005).

먼저, 장애인운동의 가치나 목표 면에서 기존의 장애인운동과는 커다란 차이를 보인다. 기존의 장애인운동이 개인적 구제라는 목표에 치중했다면, 이 시기에는 장애문제를 국가의 책임이라는 사회구조적 문제로 인식하고, 장애인의 권리를 주장하기 시작한 것이다. 따라서 운동은 대정부 투쟁으로 나타나며, 구체적 목표는 주로 법과 제도를 만드는 것에 집중되었다.

이 시기의 장애인운동의 핵심 주체는 경증지체장애인과 전문가 집단이었으며, 생존권·교육권·노동권 이슈가 중요한 쟁점이었다. 장애인운동을 이끈 조직은 한국장애인총연맹, 장애우권익문제연구소, 전국지체부자유대학생연합회이다. 한국장애인총연맹은 장애인단체의 대표성을 띠고 적극적으로 결합하였으며, 장애우권익문제연구소는 전문가 집단으로서 정책과 법률 입안에 큰 역할을 하였다. 운동전략은 전술 면에서는 입법청원·서명·점거농성·혈서·공청회·대규모 거리집회 등의 다양한 전술을 보여 주었으며, 운동 조직 면에서는 개별 단체의 개별적 운동을 인정하면서도 공동대책위원회를 구성하는 연합전술 및 시민사회단체와도 결합하는 개방성을 보이면서 적극적인 모습을 보였다. 특히, 이 시기에 결성되었던 공동대책위원회는 장애문제에 대해 보다 적극적이고 공격적이어서 진보적인 노동단체 및 시민사회단체와의 연대의 틀을 구성할 수 있었다. 특히, 장애인계의 숙원이었던 단일한 공동창구 마련을 위한 계기가 되었다는 점에서 장애인운동을 진일보시킨 것으로 평가되고 있다.

4. 장애인운동의 다원화기(1990년대 후반~현재)

1990년대 후반 장애인운동은 큰 변화를 겪는다. 장애조직은 거대조직 이외에 풀뿌리조직들이 장애인운동 전면에 나서기 시작했으며, 운동방식도 소송·입법청원·단식·점거·서명운동·국토순례·공청회·국제세미나·철로점검·쇠사슬 시위 등 다양한 방식들이 나타났다. 운동 주체들도 경증장애인에서 중증장애인 중심으로 이동하는 경향이 짙고, 운동의 가치도 차별과 당사자주의를 중심으로 형성되고 있으며, 운동 이슈도 생활 전반에 관련된 포괄적인 이슈로 확대되었다.

1) 장애인차별금지법 제정 운동

김대중 정부가 들어서면서 장애문제를 인권차원에서 이해하기 시작했으며, 장애인 인권헌장을 제정·선포했다. 이에 영향을 받아 제1차 장애인복지발전 5개년 계획(1998~2002)의 기본방향에 장애문제를 인권차원에서 다뤄야 함을 분명하게 하였다. 장애인 인권헌장 제정은 형식적이기는 하지만, 최소한 장애문제를 인권의 문제로 국가차원에서 인식하게 되었다는 점은 강조할 만하다. 1990년 「장애인복지법」이 전면 개정되면서 동법 제3조 제2항에 장애인 차별을 명시적으로 금지하는 조항을 신설했다. 그러나 이 조항을 어겼을 경우에 구제절차에 대한 구체적인 실행조치나 벌칙조항이 없어 실효성을 가질 수 없었다. 국민의 정부가 들어서면서 인권에 대한 논의가 활발하게 진행되었고, 인권단체와 시민사회단체 중심으로 인권법 제정 공대위를 구성하여 여러 장애인단체들이 참여했다. 그러나 법 명칭이 인권위원회법으로 축소·수정되었고, 내용에서도 인권법 공대위 안보다 축소된 수준으로 제정되면서 장애인 차별을 다룰 독자적인 입법 필요성이 대두되었다. 이러한 요구는 열린넷을 비롯한 장애계의 공통관심사가 되었다. 2002년 4월 19일 장애우권익문제연구소는 「장애인차별금지법」 입법 청원 진정을 16대 국회에 제출하였고, 2003년에 50여 장애 관련 단체가 모여 「장애인차별금지법」 제정을 위한 추진연대(이하 장추련)가 발족되면서 전체 장애계의 주요 이슈가 되었다. 결국 2007년 4월 10일 법이 제정되었고, 2017년 9월 일부 개정되었지만 「장애인차별금지법」의 실효성을 높이려면 장애 인식개선과 법 적용의 강제성이 확보되어야 한다.

2) 이동보장법률 제정운동(이동권 운동)

이동보장법률 공동대책위원회가 마련하고 민주노동당 현애자 의원이 대표 발의한 「교통약자의 이동편의 증진법」이 2004년에 국회를 통과했다. 이 법의 핵심은 저상버스 도입을 의무화하는 등 기존의 편의 증진법상의 교통수단 관련조항을 별도의 특별법으로 제정하는 것이다. 이에 대해 한편에서는 「장애인·노인·임산부 등의 편의증진 보장에 관한 법」(이하 장애인등편의법)과 이동보장법률 통합에 대한 논의가 되고 있다. 편의 증진법 입법 당시 '이동 · 접근 · 편의' 이 세 가지는 분리하여 규정하거나 확보할 경우 효용성이 떨어지므로 항상 연계하여 동시에 검토, 해결되어야 할 문제라고 지적된 바 있다. 그러나 「장애인등편의법」은 단순히 장애인편의시설의 설치 및 이용에 관한 것으로 국한되어 있다고 지적을 받아왔다. 따라서 건축물접근, 교통수단은 하나의 체계에서 다뤄져야 한다.

부처가 달라 법체계와 행정체계 간의 상호 갈등관계에 놓일 수 있다. 따라서 현재 「장애인등편의법」상의 시청각장애를 가진 사람에 대한 정보방송접근권의 문제, 수어통역서비스 확대문제, 도로상의 편의문제, 주택서비스 문제 등 새로운 통합법에서 다루지 못하는 분야에 대해서는 따로 법제도 개선이 뒤따라야 한다. 이를 위해 「정보격차해소법」(현 지능정보화기본법) 개정, 「방송법」 개정 등을 통해 시 · 청각장애를 가진 사람에 대한 정보방송접근성을 높일 방안이 선행되어야 하고, 기타 여러 형태의 차별부분은 「장애인차별금지법」 재개정을 통해 해결해야 한다.

3) 자립생활운동

1990년대 말에 한국에 소개되기 시작하면서 본격화된 자립생활운동은 장애인 당사자가 스스로 삶의 방식을 결정하고, 생활 전반에 걸쳐 스스로의 삶을 주체적으로 이끌 뿐만 아니라 사회 활동에 적극적으로 참여하는 것을 지향한다. 장애인에게 있어 자신의 삶의 방식을 결정하고 주체적으로 의사결정이나 일상생활 중의 활동에 참여하기 위해서는 의사결정에 있어서 타인에 대한 의존도를 최소화하는 것이 필요하다. 의사결정상의 타인에 대한 의존도를 최소화하는 방법으로 자신이 속해 있는 장애인 집단의 정체감을 형성하고, 자신의 생활양식에 대한 선택을 주장하며, 이와 관련된 장애인 당사자에 의한 역량강화 서비스를 제시하고 있다. 이러한 서비스의 대표적인 것이 활동보조인 서비스 · 동료상담 · 이동지원 등이다. 장애인들은 중증장애인의 자기결정권과 당사자주의를 주장하며 장애인운동계에 커다란 반향을 일으키고 있다.

4) 참정권 확보 및 공익소송운동

2000년대 들어 장애인운동은 다양한 이슈별로 지속적으로 제기되고 있는데, 사회 전반에서 벌어지는 장애인 차별에 대해 소송방식으로 문제를 해결하려는 공익소송운동이 시작되었다. 참정권 확보, 보험차별 대응, 의무고용제 관련 노동권, 교육권, 장애인 운전권·이동권, 대학 내 학습권·접근권 등 다양한 분야에서 벌어지는 차별에 대해 공익적 차원에서 소송을 제기하고 있다. 소송과정에서 일부는 제도가 개선되었고, 법에 보장된 권리를 알릴 수 있는 좋은 기회가 되고 있다.

5) 형사절차상 인권대응운동

수사상 재판과정에서 장애인이 겪는 어려움은 장애유형별로 다양한데, 특히 수사나 재판이 형사법과 관련될 경우 단지 수사나 재판과정에서 그치는 것이 아니라 부당한 인신구속이나 처벌로 이어지기에 더욱 차별적인 행위가 된다. 수사나 재판과정에서 일어나는 차별행위의 예로는, 2002년 11월에 평소 학교 근처나 교회를 배회하는 습관을 지닌 18세의 홍군(지적장애인)이 경찰에 연행되고 강압에 의해 허위자백을 해 검찰로부터 기소유예처분을 받은 일이 있었다. 이런 사례에 대한 대응은 장애인운동 진영이 인권센터 등에 접수해 공익변호사들에 의해 사례별로 구제되어 왔다. 하지만 이러한 구제과정 속에서 침해당한 인권회복을 위한 변호사 비용 등의 물질 및 정신적 피해가 반복되고 있는 실정이다.

이러한 문제들이 연이어 발생하자 수사나 재판과정에서 불리한 입장에 처하지 않도록 하기 위하여 2004년 3월 '형사소송법 개정을 통한 장애인 인권 확보 공동행동'을 결성하고, 보조기기 구비 등 장애인 피해자 및 피해자가 필요한 서비스 등에 관한 간담회, 공청회 등을 개최하여 공통적인 내용을 담은 요구안을 법무부에 전달해 「형사소송법」 개정에 담아줄 것을 강력하게 요구하는 운동을 전개하였다.

제3절 장애인운동의 현실과 과제

1. 장애인운동의 현실

한국사회의 민주화와 세계적인 인권운동의 흐름이 이어지면서 1990년대 후반부터 거세게 일어났던 광범위한 장애인운동의 결실은 2000년대를 지나서 구체적인 주제와 정책으로 발전하고 있다. 1997년 제정된 「장애인·노인·임산부 등의 편의증진 보장에 관한 법률」의 영향이 점차 확산되기 시작했고, 2004년 「교통약자의 이동편의 증진법」 제정으로 이동수단의 편의시설이 점차 확대되고 있다. 2006년에는 세계장애인권리협약에 가입하였으며, 2007년에 「장애인차별금지 및 권리구제 등에 관한 법률」이 제정되었다. 이 기간 동안 활동보조인제도가 자리 잡았고 자립생활운동이 급속히 확산되었다. 2000년대에는 복지를 넘어 권리 중심의 장애인운동이 전개되면서 관련 법률과 제도 역시 교육·문화·정치에 대한 참여권과 반차별을 보장하는 내용들로 구축되어 가고 있다(Ablenews, 2015.8.7). 그러나 장애인의 생존권운동·노동권운동·교육권운동·접근권운동·참정권운동 등 전통적인 장애운동영역은 아직도 진행형이다. 다만, 현재 사회통합이 가능한 경증장애인들의 생존권·노동권·교육권·접근권·참정권은 상당히 해소되었다. 이들 각 분야별 운동의 이슈는 대상이 점점 중증장애인으로 이동하고 있다. 2000년 이전의 장애인운동의 주도 세력은 사회 활동이 가능한 경증장애인들이었지만 2000년대에 들어서면서 장애인운동 현장에 상당수의 중증장애인들의 모습이 보이기 시작했다. 이동권운동·독립생활운동·장애인연금운동 등은 이미 중증장애인들이 주도적으로 이끌어 나가고 있다.

또 다른 변화는 전통적인 장애인운동의 주제가 복지차원을 넘어 경제·사회·문화영역에 걸쳐 확대되는 경향성을 보이고 있는 점이다. 「형사소송법」 개정운동(보조인제도 확대), 「민법」 개정운동(성년후견인제도 도입), 「상법」 제732조 개정운동(보험차별 문제), 장애인운전권확보운동(중증신체장애인의 운동능력측정검사와 청각장애인의 운전면허종별 제한 문제), 사회보호법폐지운동(치료감호제도 개선), 공익소송운동 등이 대표적인 사례이다.

이제 장애인 인권 및 장애인운동의 패러다임 이동의 결과는 장애문제를 더 이상 복지대상으로 머무르게 내버려 두지 않을 것이다. 새로운 장애인운동은 인권에 중심을 두어야 한다. 그래야 장애인이 사회에 완전 참여가 가능하고 사회통합이 가능하기 때문이다.

2. 장애인운동의 과제

앞으로 장애인운동은 배려나 온정주의에 기초한 장애인정책이 아니라 더 많은 평등과 복지, 권리를 쟁취하는 방향으로 나아가야 한다. 즉, 장애인의 교육기회 확대, 고용 활성화를 위한 적극적인 평등실현 조치, 각종 소득보전정책 등의 실현을 위한 운동을 지속적으로 추구해야 한다. 이를 위해서 장애차별을 철폐하고, 장애인들의 기본적인 삶의 조건을 보장하기 위한 정책과 이념들을 학습하며, 장애인의 3대 권리인 이동권·교육권·노동권 확보 운동을 지속적으로 강화해 나가야 한다. 앞으로 이루어져야 할 장애인운동의 과제를 살펴보면 다음과 같다.

첫째, 장애인운동 주체의 대중화가 이루어져야 한다. 장애인운동의 가장 큰 문제점은 소수의 명망가나 내부권력가 중심으로 진행되고 있다는 점이다. 이와 같은 현상의 발생은 사람과 조직 중심이기보다는 이슈 중심으로 운동을 이끌어 가고 있기 때문이다. 이를 극복하기 위해서는 운동주체를 대중화해야 하며, 장애인운동단체가 장애인 회원 중심으로 운영되어야 한다. 회원들 간의 소모임 활성화, 회원들의 직선으로 대표자 선출, 운영위원회에 의한 단체운영, 회원들에 의한 평가 통로 활성화 등 일반 회원들이 참여할 수 있는 공간을 만들어야 한다.

둘째, 장애인운동이 단순히 소수자로서 겪는 차별과 배제를 말하는 것만으로는 장애인의 실질적인 인권과 삶의 질을 확보하는 데 한계를 지닐 수밖에 없다. 따라서 장애인운동은 진보적이며 보편적인 이념 및 가치를 지향하고 이를 정립해 나가야 한다.

셋째, 운동방식의 총체성을 지향해 나가야 한다. 지금까지 장애인운동은 사회구조 개혁이라는 명분 아래 제도적인 변화에만 치중함으로써 공청회·서명운동·입법 청원 등 제도개선의 틀을 벗어나지 못하고 있다. 장애인운동이란 단순히 제도를 바꾸는 것이 아니라 일상생활을 둘러싸고 있는 환경의 총체적인 전환을 위한 것이 되어야 한다. 이를 위해서는 일반 장애대중 또는 시민사회와 함께 할 수 있는 운동방식을 보다 적극적으로 찾아야 한다. 또한 장애문제만이 아니라 전반적인 사회문제의 해결에 적극적으로 동참해 나가야 한다. 예로, 반전평화운동이나 환경운동·반핵운동·소수자 인권운동과 연대하는 활동들을 들 수 있다.

넷째, 운동조직 간 네트워크 강화가 이루어져야 한다. 그동안의 장애인운동은 운동조직 연대의 틀을 다양화, 광범위화했다는 점에서 큰 성과를 남겼다. 그러나 장애인단체나 운동조직 간의 네트워크가 잘 이루어지지 못하고 있다. 이를 극복하기 위해서는 군소 장애유형별 단체 및 운동조직의 체제 개선과 조직 및 단체 간 연대체제 구축이 이루어져야 한다.

다섯째, 장애계의 협력과 지지를 받는 선도적 리더십 형성이 필요하다. 바람직한 예로, '전국장애인차별철폐연대'의 박경석 상임공동대표의 활동을 들 수 있다. 박 대표는 광화문에서 노숙 농성을 통하여 장애인과 빈곤계층의 3대 요구인 부양의무제·장애등급제·장애인 수용시설 폐지를 내걸고 5년 동안 끊임없이 대 정부 투쟁을 지속하여 문제해결을 위해서 보건복지부와 함께 부양의무제와 장애등급제 폐지위원회, 장애인 수용시설 관련 탈시설위원회 등 3대 요구 관련 위원회를 구성하기로 합의하기에 이르렀다. 무엇보다 중요한 성과는 농성 과정에서 3대 문제를 바라보는 대중의 의식을 바꾸는 데 기여했으며, 장애계의 단결과 참여를 이끌어 냈다는 점이다. 앞으로 장애인운동을 장애인계의 화합과 통합을 통해 적극적으로 이끌어 나갈 수 있는 두터운 리더십 형성이 이루어져야 할 것이다.

여섯째, 장애인운동이 중앙 중심에서 벗어나 지역을 기반으로 발전해 나가야 한다. 각 지역마다 다양한 장애인운동단체가 활동하고 있지만, 장애인 문제의 중요한 현안을 풀어 나가기 위한 운동은 중앙에서 주로 이루어지고 있으며, 한국사회 전체의 관심도 중앙에서 벌어지는 일에 관심이 집중되고 있는 실정이다. 그러나 지방자치제도 정착으로 지역이 안고 있는 장애인 문제를 발굴해 내고 적극 대처하기 위해서는 지역에 뿌리를 두고 조직적으로 활동하는 지도력을 개발하고, 지역 장애인들의 역량강화와 지역주민의 인식개선을 위한 활동들이 강화되어야 한다. 특히, 지역 장애인의 생존권 및 기타의 요구와 적극 결합해 들어가고 그들의 요구들을 조직화함으로써 장애인운동의 발전에 디딤돌 역할을 해 나가야 할 것이다(장애우권익문제연구소, 2002).

CHAPTER 15 장애인복지의 실천적 과제

장애인복지의 새로운 패러다임의 변화는 장애인에 대한 인식변화, 장애인 자조운동, 사회변화 등의 흐름을 반영하며, 개인과 환경의 균형, 장애인의 자기결정권 존중, 장애 당사자의 역량강화에 대한 강조와 밀접한 관련을 가지고 있다. 이 장에서는 장애인복지실천현장의 패러다임의 변화 형태를 시대적, 실천적 측면에서 살펴보고 장애인복지의 최근 동향인 정책의 장애인지적 관점을 소개하고 장애 관점의 변화에 따른 장애인복지시설의 대응전략을 살펴보고자 한다.

제 1 절 실천현장의 패러다임의 변화

1. 패러다임의 개념

패러다임(paradigm)은 과학이론 · 법칙 · 지식 · 가치 및 믿음이나 습관 같은 것을 통틀어 일컫는 개념으로 사람들의 세계관과 현실에 대한 인식의 방향을 결정하는 데 커다란 영향을 미친다. 토머스 쿤(Thomas Kuhn)이 제시한 이러한 패러다임의 개념은 누적되는 지식의 점진적 발전이 과학이라는 생각을 담고 있다. 기존해 있던 세계관의 커다란 변화를 나타내는 패러다임은 학문의 인식론적 변화나 사회의 분위기, 사상적 조류, 정치적 사건 등의 영향을 받는다.

사회복지실천 패러다임도 세계관의 변화에 영향을 받아 의료적 개념으로부터 생태학적 개념까지 다양한 흐름을 반영하고 있다. 초기 사회복지실천 패러다임은 진단과 치료개념을 중심으로 실천과정을 인식하였으나, 1960년대 이후부터 개인 내적인 심리치료 접근에 대한 한계로 인해서 인간과 환경 사이의 적응적 관계를 중심으로 한 생태적 개념의 패러다임이 구성되었다. 이는 아동·노인·장애인이 지닌 복합적인 문제에 대한 인식의 틀을 넓혀주었으나, 갈등적인 사회관계를 간과하는 한계를 극복하지 못하였다. 1980년대 이후에는 인간의 정치·사회적 권리를 강조하는 소비자 중심 패러다임이 등장해 사회복지실천 분야에서 영향력을 높이고 있다.

2. 장애인복지 패러다임의 변화

1) 실천적 구분

실천적인 측면을 중심으로 장애인복지 패러다임을 구분하면 다음과 같다.

첫째, 장애인에 대한 단편적·시설 중심적 치료 중심 서비스에서 가정·학교·직장 현장 등 지역사회 중심의 통합적 서비스로의 전환이 이루어지고 있는 추세로, 분리된 치료실 상황의 강조에서 생활현장 중심 상황으로의 이전을 요구하고 있다. 또한 세부 영역 전문가들의 분리된 역할 중심에서 전문가들 간 협력을 통한 서로 조정된 통합적 서비스로 변화해

가고 있다.

둘째, 재활계획 수립과 결정에 있어서 전문가 주도에서 장애인 당사자와 가족 주도 서비스로 전환하고 있는 추세이다. 즉, 전문가 주도의 까다로운 절차를 거치는 재활계획 과정을 개선하여 단순한 절차를 통해서 장애 당사자와 부모 역할을 중시하는 재활서비스체계로 바뀌어 가고 있다.

셋째, 장애를 지닌 사람이 사회적으로 가치를 인정받을 수 있도록 하는 프로그램의 구조·집단화·기관의 이미지·기관의 위치를 우선적으로 강조하는 추세로서 규모가 큰 서비스기관에서 작은 서비스기관으로 변화해 가고 있다. 이러한 경향은 장애인복지 이념과 실천의 경향이 재활 패러다임에서 자립생활 패러다임으로 그리고 임파워먼트 패러다임 순서로 이동하고 있다(표 15-1 참조).

• 표 15-1 • 재활·자립생활·임파워먼트 패러다임의 비교

초점	재활 패러다임	자립생활 패러다임	임파워먼트 패러다임
문제의 정의	• 신체손상, 직업기술의 결여, 심리적 부적응, 동기와 협동의 결여	• 전문가, 친척 등에 의존 • 부적절한 지원 서비스 • 건축상의 장벽 • 경제적 장벽	• 사회에 참여하는 태도적·정치적·경제적·행정적 장벽 • 사회구조 안에서 부적절한 지원
문제의 중심	개인	환경, 재활과정	사회·환경, 재활과정
사회의 역할	환자 또는 장애인	소비자	함께 일하는 사람, 지역사회구성원, 학생·이웃 등
문제의 해결	• 의사·물리치료사·사회복지사 등에 의한 전문적 접근	• 동료상담·옹호·자조·소비자 통제, 불이익과 장벽 제거	• 학교·가정·작업장, 건강보호체계, 이동, 모든 사람을 포함하는 사회환경의 재설계
통제자(조정자)	전문가	소비자	다른 사람과 협력하는 사람
기대된 성과	• 일상생활의 극대화, 수입이 있는 고용, 심리적 적응, 개선된 동기, 완전한 치료	• 자기 지향성, 최소한의 구속환경, 사회경제적 생산성	• 모든 사람을 포함하는 다원론적 사회 • 자기 자신에 의해 정의된 것으로 질적인 생활 • 협력적 의사결정과 문제해결 속에 포함된 자기지향성

출처: 손광훈(2013).

2) 변화의 형태

(1) 시설 중심 패러다임에서 지역사회 중심 패러다임으로

사회복지실천현장에서 장애패러다임이 계속 변화하고 있다. 장애를 의료모델(medical model)로 바라보았을 때는 재활전문가의 역할과 권한이 매우 컸지만, 1970년대 이후 의료모델에 대한 반론과 함께 장애의 탈의료화(demedicalization) 주장이 제기되면서 사회적 모델(social model)이 등장하게 되었다. 이로 인해서 재활전문가의 역할과 권한이 축소되고 있다. 사회복지실천에서도 강점개념모델(strengths conceptual model)의 등장으로 이러한 경향은 더욱 두드러지고 있다. 샐리비(Saleebey, 2002)가 제시한 클라이언트를 원조할 때 전통적인 의료재활모델과 강점개념모델의 차이를 비교한 표 15-2는 변화의 추이를 보여준다.

• 표 15-2 • 전통적인 의료재활 관점과 강점 관점의 비교

요인	의료재활 관점	강점 관점
가치기반	• 전문적인 기술에 의존하는 문제해결 • 처방된 취급에 순응 • 통찰력이 부족한 환자와 건강에 관한 지식	• 성장 · 치유 · 학습에 대한 인간의 잠재력 • 필요물을 인지할 수 있는 인간의 능력 • 자기결정 • 개인과 환경의 강점들 • 개성과 독특성
초점	• 개인 문제의 독특한 본질을 정하기 위한 그리고 치료를 처방하기 위한 전문가적 분석	• 개인적 목표 성취를 목적으로 상황을 만들기 위해서 개인적, 환경적 자원들을 결합하는 것
문제해결	• 전문가 지향의 사정과 서비스 전달	• 소비자 · 환경에 의한 결정 • 자연적인 지역사회자원들의 우선 사용 • 소비자 권위와 지위 부여
사회적 환경	• 환자 · 사회적 환경은 지원체계에 의해 장애인에 대한 보호를 촉진한다.	• 소비자 · 사회적 환경은 자신을 스스로 돌보는 장애인을 육성한다.
사례관리 관계	• 수동적인 수혜자로서의 클라이언트 • 사정 · 기획 · 기능 평가를 위해서만 한정된 전문적인 접촉 • 공급자 중심의 의사결정과 개입	• 선택과 결정을 하는 소비자인 클라이언트 • 클라이언트는 친화관계와 신뢰감을 발전시킨다. • 사례관리자는 지도 · 지원 · 격려를 한다. • 사례관리자는 자신의 역할이 자연적인 원조자에 의해 가능해질 때, 자신의 역할을 그들이 대신하게 한다.

요인	의료재활 관점	강점 관점
사례관리의 과업	• 결손을 극복하는 기술을 가르치는 것 • 순응을 감시하는 것 • 확인된 문제들에 대한 의학적 관리	• 강점과 자원을 명확히 하는 것 • 자연적인 원조 연결망을 회복시키고 창조하는 것 • 인간관계를 발전시키는 것 • 매일의 일상생활 안에서 서비스를 제공하는 것

출처: Saleebey(2002).

병리적 관점이나 의료재활모델로 장애인 문제를 접근하려 했던 것에서 벗어나 강점개념모델로 접근하려 하는 사회복지실천에서의 경향은 장애인 문제의 소재를 장애인 개인 내부가 아니라, 사회에서 찾으려는 지역사회 중심 자립생활운동의 관점이나 사회적 모델의 관점과도 맥을 같이 한다고 볼 수 있다. 이렇듯 시설에서 지역사회로의 변화는 전통적인 보호·수용의 수동적 복지에서 장애인의 인간적 존재 가치와 인권존중에 근거한 사회통합적인 복지로의 환경 변화를 의미한다.

(2) 시혜적 복지 패러다임에서 권리적 복지 패러다임으로

지금까지 장애인복지정책은 시혜적 복지 패러다임 입장에서 추진되어 왔으며, 장애인을 자선적·사회방어적 입장에서 바라보며 장애인복지정책이 입안·의결·집행되어 왔다. 다시 말해서 그동안 정책을 입안할 때 장애인들의 요구가 제대로 반영되지 않았을 뿐 아니라 전문가의 견해 또한 개진되지 못하는 국가 주도의 복지 패러다임으로 일관해 왔다. 그러나 최근 일방적인 국가 주도의 시혜적 복지 패러다임에 대한 개혁의 목소리가 높아지면서 권리적 복지 패러다임으로 바뀌어 가고 있다. 이는 장애인이 자신의 재활 및 사회통합에 필요한 모든 복지 프로그램을 요구하고 선택할 수 있도록 권리를 인정해야 한다는 것이다. 이러한 변화의 추세는 장애인 개인에게도 사회보장 차원에서 일방적으로 받아왔던 공공부조에 의존하여 생존하는 것이 아니라, 부족한 노동력만큼 국가가 지원해 주고 세금을 내는 국민, 즉 납세 의무자로서의 신분 전환의 계기가 될 것이다.

(3) 재활 패러다임과 자립생활 패러다임

2000년대 이후 장애인복지에 상존하고 있는 두 가지 패러다임은 재활 패러다임과 자립생활 패러다임이다. 데종(Dejong, 1979)은 재활 패러다임과 자립생활 패러다임을 비교, 설명하면서 자립생활 패러다임에서 가장 중요한 초점은 장애인에 대한 문제의 소재가 장애인 개인에게 내재되어 있\는 것이 아니라 사회환경에 있다고 보고 있다. 여기서 의미하는 환경은 '재활과정을 비롯하여 물리적인 환경 그리고 사회전반에 산재되어 있는 사회통제의 메커니즘 등을 포함한 환경'을 말한다(표 15-3 참조).

자립생활 패러다임에서 장애인은 재활이나 복지를 선택할 수 있는 권리자로 보고, 해결해야 할 문제로는 전문가·가족·친척 등에 대한 의존 등으로 개인이 처한 환경이나 여건 또는 재활과정의 구조 개선이 장애인의 자립생활을 가능하게 한다는 환경 책임성을 강조하고 있다.

재활 패러다임에서 원하는 결과는 궁극적으로 직업재활을 통한 고용에 있지만 자립생활 패러다임에서 원하는 결과는 모든 개인이 인간존재의 가치를 지니고 독특한 자기만의 생활양식을 추구하며 살아갈 수 있는 천부적 권리를 기반으로 한 지역사회 내에서 자율적 자립생활이다. 이러한 자립생활 영위는 장애인복지의 궁극적 목표라고 할 수 있다.

• 표 15-3 • 재활과 자립생활 패러다임 비교

구분	재활 패러다임 (Rehabilitation Paradigm)	자립생활 패러다임 (Independent Living Paradigm)
문제의 정의	신체손상·직업기술 결여· 심리적 부적응·동기와 협력의 부족	전문가, 친척에 의존, 부적절한 지원 서비스, 건축물의 장벽, 경제적 장애
문제의 위치	개인	환경, 재활과정
문제의 해결	의사·물리치료사·작업치료사·직업재활상 담사 등에 의한 전문적 개입	동료상담·옹호·자조·소비자주권, 사회적 장애의 제거
사회적 역할	환자·클라이언트	소비자
누가 통제하는가	전문가	소비자
요구되는 결과들	최대한 일상생활 활동·유급취업·심리적 적응·증대된 동기화·완벽한 신변처리	자기관리·최소한의 제한된 환경·생산성(사회적·경제적)

출처: Dejong(1981).

3) 복지모델에서 시민권 모델로

장애인복지의 기본 이념은 장애인들이 완전하게 사회참여를 하고 평등한 인간으로 사회통합이 되는 것이다. 이는 장애인에게 교육·노동·참정·청구·환경·건강 등 사회구성원으로 당연하게 누려야 할 모든 것이 주어졌을 때, 장애인이 사회의 한 구성원으로서 의미 있는 참여를 할 수 있을 것이다. 그러나 현재 장애인들에게 이러한 것들이 제대로 보장되지 못하고 있는 실정이다. 「장애인복지법」은 장애인을 보호의 대상으로 가정하고 있으며, 장애인을 위해서 국가 또는 사회가 무엇을 해 줄 것인가를 논의하고 있다. 그러기에 장애인 스스로가 장애인복지의 주체가 되어 권리를 행사하고 사회참여를 할 때, 실현되는 장애인복지의 기본 이념과는 맞지 않는 모습을 보여준다.

유동철(2002)은 이러한 현상을 복지조치를 통한 복지모델(welfare model)과 권리의 주체로서의 시민권 모델(civil rights model)로 나누어 비교·설명하면서 장애인에게 시민권이 보장되지 못하는 것은 기존의 복지모델 관점에서 장애인복지를 시행하고 있기 때문이라고 보았다. 즉, 장애인을 '비장애인들이 충분히 행하는 일상생활을 수행할 수 없게 만드는 신체적·정신적 손상을 지닌 사람'으로 정의하여 장애인은 '보호'받아야 할 대상으로 여기므로 권리의 주체임을 망각하고 있다는 것이다. 이에 반하여 시민권 모델은 장애인을 '장애로 인해 사회적 배제기제에 의해 불이익을 당하는 사람'이라고 바라본다. 그러기에 문제는 의식적이든 무의식적이든 장애인을 기피하려는 차별적 사회기제에 있다. 따라서 차별적 사회기제를 없애는 것이 중요한 이슈가 된다. 장애인에 대한 차별 여부는 해당 시책이나 시설이 '시민권'을 보장해 주고 있거나 보장해 줄 수 있느냐로 판가름된다. 즉, 적절한 배려를 통해 출발선의 평등을 보장하고 있느냐는 것이다. 복지모델과 시민권 모델의 특징을 비교하면 표 15-4와 같다.

• 표 15-4 • 복지모델과 시민권 모델 비교

구분	복지모델	시민권 모델
문제의 소재	개인적 문제(손상)	사회적 문제(차별)
해결책	개별적 치료	사회적 행동
기본 시각	분리 · 보호	통합 · 권리
해결방안	개별적인 적용	사회변화
서비스 주체	전문적 권위자	집합적 사회
장애인의 역할	통제 대상	선택주체
권리구제 방법	행정규제	개별소송

출처: Oliver(1996). 유동철(2002) 재인용.

기존의 「장애인복지법」과 복지모델 접근으로는 장애인들의 기본권 보장이 어려우므로 장애인복지 및 사회복지의 세계적인 흐름인 소비자 중심(consumer centered), 자기결정권과 선택권의 강조 등을 내포하고 있는 「장애인차별금지법」과 시민권 모델 접근으로 이행되어야 한다. 결국 장애인복지에 있어서 기본적으로 수행해야 하는 것은 피동적이고 수동적인 측면이 아닌 권리의 주체로서 인권을 보장하는 것이 무엇보다 중요하다.

결론적으로, 장애인복지 서비스 모델에 관한 이슈와 동향은 장애인복지 서비스가 대상자(소비자) 중심으로, 자기결정권 극대화, 장애인 당사자의 서비스에 대한 선택권 중시, 자립생활 패러다임으로 바뀌고 있음을 볼 수 있다. 즉, 서비스 제공자 중심의 복지모델에서 서비스를 제공받는(소비하는) 장애인 당사자 중심의 시민권 모델 또는 인권모델로 바뀌어 가고 있다. 이는 사회복지의 전체적인 흐름과 동일한 궤적을 보여주고 있다고 할 수 있다(양희택, 2011).

3. 장애인복지 최근 동향

우리나라 장애인복지 패러다임의 형태를 살펴본 결과 앞으로 장애인복지 패러다임은 장애인복지 주체의 명확화, 장애인복지기관 및 시설영역의 세부화 및 전문화, 장애인복지정책의 다변화에 근거하여 변화하게 될 것으로 예측된다. 그 내용을 살펴보면 다음과 같다.

첫째, 장애인복지 주체가 명확해지고 강조될 것이다. 장애인복지 주체가 종교단체 또는 독지가에서 현재 국가 및 행정전문가 주도로 이전되어 왔으며, 향후 추세는 장애인에게로 주체전환이 이루어질 것이다. 최근에 적극적인 장애인운동을 통하여 장애인 문제해결은 장애인이 중심이 되어야 한다는 당사자주의의 대두, 장애인지 예산제도에 대한 논의 등은 장애인이 정책의 대상이 아닌 주체로서 국가의 전문화된 장애인복지정책 실현을 한층 더 요구하는 방향으로 나아가고 있다.

둘째, 장애인복지기관의 전문화와 거주시설의 소형화를 지향하게 될 것이며, 장애인의 지역사회 중심 자립생활이 강조되고 있다. 따라서 앞으로 장애인복지기관 및 시설들도 조직체계 강화 및 전문성 강화가 이루어져야 한다. 즉, 장애인이 비장애인, 특히 정책수립 기관이나 집행기관에 순응하는 것이 아니라 장애인 당사자가 장애를 정확히 인지하고 있는 전문가로서 복지욕구와 문제해결에 주체적으로 참여할 수 있어야 한다.

셋째, 장애인복지정책의 다변화가 추진될 것이다. 이러한 조짐은 1991년 지방의회 구성으로 지방자치제도가 도입되면서 조금씩 기미를 보이기 시작하다가 최근 가속화 현상을 보이고 있다. 지방자치제도 도입은 사회방어기제 수단으로서의 장애인 분리정책을 인권보장이라는 장애인 사회통합정책으로 전환시키는 동기부여가 되었고, 2005년 참여정부의 사회복지 지방이양사업 실시로 각 지방정부는 특성화와 다양화를 요구하는 각기 다른 장애인의 욕구에 발맞춰 다변화 정책수립을 하게 되었다.

넷째, 「사회보장기본법」 개정(2012)으로 정부는 종래의 사회복지 서비스를 사회서비스로 대체하여 각 개인이 필요로 하는 다양한 사회적 욕구를 충족시키기 위해서 기존의 사회복지 서비스 이외에 바우처를 활용한 일련의 돌봄서비스를 지원하는 사회서비스정책을 실시하고 있다. 사회서비스 바우처제도의 특징은 수요자 스스로 주도하는 사회서비스 공급방식으로 수요자가 본인부담금을 지불하므로 자율권과 권리성 및 자기결정권을 지닌다는 점이다. 특별히 사회서비스제도 중에 지역사회투자사업은 지역의 사회복지 서비스 욕구를 지닌 사람들에게 신속하게 대응할 수 있으므로 앞으로도 다양한 욕구를 지닌 장애인들에게 필요한 서비스를 제때 제공할 수 있다는 장점이 있으므로 지속적으로 예산이 증대된다면 다양한 종류의 서비스가 개발, 제공되어 장애인들의 특별하고 개별적인 욕구 충족에 도움이 될 것으로 기대된다.

제2절 정책의 장애인지적 관점 도입

장애인들이 지역사회에 완전히 통합되어 살아가기 위해서는 일정수준 이상의 제도적·정책적 지원이 요구된다. 따라서 열악한 교육 및 소득수준, 사회적 인식의 차별과 무관심으로 인해 비장애인과 비교했을 때 그 출발선상이 다르므로 출발선상에 있어서 장애인이 뒤처지지 않도록 하기 위해서는 사회의 제도적 및 정책적 지원이 필요한데, 그 핵심이 국가의 예산지원에 있다. 장애인의 고용·소득·의료 및 일상생활에 대한 국가의 예산지원을 통해 장애인이 자신이 속한 지역사회에 통합되어 살아갈 수 있게 된다. 장애인의 사회통합 달성여부와 직결되어 있는 기존의 국가예산제도만으로는 장애인의 완전한 사회통합의 실현이 쉽지 않으므로 실효성 있는 또 다른 수단이 필요한데, 그것이 바로 장애인지 예산제도이다.

1. 장애인지적 관점

1) 장애인지 예산의 개념

장애인지 예산제도는 기존의 국가 예산 방식과는 전혀 다른 접근법으로 부문 인지적 예산의 한 유형이다. 즉, 국가 예산이 다양한 사업별로 배분되는 원칙에 대해 접근하는 기존의 방식은 크게 미시적·상향적 접근과 거시적·하향적 접근으로 구분된다. 전자는 사업별로 재원이 배분되는 방식과 규범을 이해하는 데 도움이 되지만, 전체적으로 예산 혹은 재정이 운영되는 기본방향을 제시하지는 못한다. 이를 위해서는 후자의 접근이 필요하다. 즉, 정책부문별로 잠정적인 한도액을 설정하고 주어진 재원을 사업별로 배분한다는 관점이며, 미시적 접근 방법의 한계를 보완한다. 그런데 최근 미시와 거시적 접근의 중간범위에서 특정한 정책부문에 한정적이며 독특한 가치지향적인 특성을 갖는 '부문 인지적 예산'이라는 새로운 접근이 등장하고 있으며(윤영진 외, 2007), 장애인지 예산제도도 그 한 유형에 속한다. 대표적인 부문인지 예산제도의 유형에는 여성정책(성인지), 환경정책(환경친화적), 고령사회정책(고령사회 인지) 등이 있다.

장애인지 예산제도는 중앙정부나 지방자치단체에서 1년 예산을 세울 때, 정책들이 장애인과 비장애인의 사회·경제적 차이, 정치·문화적 차이를 반영하게 유도하고, 정책 수혜가 장애인과 비장애인에게 형평성을 갖도록 평가하는 것을 말한다. 장애영향평가는 보편적 정책에서 장애 이슈를 포괄적으로 적용해 실시·시행·평가·수혜·분배에 이르는 전 과정에서 장애인의 관점을 주류화시켜 장애인의 참여를 보장하는 정책으로 행정, 의회, 장애 당사자들의 적극적 참여를 통해 장애인지 예산제도가 우리 모두에게 평등과 사회통합에 긍정적 효과를 낼 수 있다고 전제한다. 즉, 장애인지 예산은 장애영역에서 기존의 시혜차원의 접근이 아닌 인권에 바탕을 둔 관점에서 장애인의 시설과 자원에 대한 접근이 가능하도록 만들기 위한 것이다. 이는 적절한 예산분배 없이는 인권적 차원에서의 장애인 권리나 복지를 현실화하기 어렵기 때문이다. 장애인의 사회통합을 위한 가장 중요한 수단이 국가 예산인데, 기존의 국가 예산제도를 통해서는 적절한 예산 분배를 이끌어 낼 수 없기에 장애인지 예산제도를 도입해야 한다.

2) 장애인지 예산의 효과

장애인지 예산에 대한 논의를 확대할 경우 장애인지 예산을 통한 장애인의 역량강화에 큰 영향을 끼칠 수 있을 것이다. 장애인지 예산제도의 효과를 살펴보면 다음과 같다.

첫째, 장애인지 예산제도는 장애인과 비장애인의 다름을 인정하고 이에 기반하여 양자 간의 역할과 책임에 따른 정책의 상이한 효과를 고려하여 예산을 분배함으로써, 예산 분배에 있어서의 불평등을 감소시켜 궁극적으로는 예산 분배의 형평성을 향상시킬 수 있다. 둘째, 장애인지 예산제도는 예산 집행에 있어서 효율성을 높일 수 있다. 즉, 장애인과 비장애인의 다름으로 인해 발생할 수 있는 서로 다른 욕구를 고려하여 예산을 분배 및 집행함으로써 장애인의 욕구에 알맞은 효율적인 서비스 제공을 가능하게 할 수 있다. 셋째, 장애인지 예산제도는 장애인과 비장애인 간의 평등에 대한 정부의 책임성을 강화할 수 있다. 즉, 장애인지 예산제도는 정부의 일반예산에 대해 장애분리 통계를 구축하여 일반예산 안에서의 장애인에 대한 차별적 요소가 있는지를 확인함으로써 장애인의 진정한 사회통합과 장애인에 대한 사회의 차별적 요소의 제거에 대한 정부의 정책적·실천적 의지를 실현할 수 있다.

따라서 향후 장애인지 예산의 중요성에 대한 공감대를 구축하고 이에 대한 심도 있는 논의와 더불어 실제 성인지적 예산 기준 등을 사례로 하여 현재의 예산을 장애인지적 차원에서 분석하는 등의 실질적인 노력을 기울일 필요가 있다.

제3절 장애 관점의 변화와 대응

1. 장애 관점의 변화

앞으로 장애인복지는 정상화 이념과 탈시설화 운동으로 인해서 장애인의 시설보호 축소와 지역사회 중심재활, 소비자 중심, 자기결정권과 선택권의 강조, 시민권 모델(civil rights model) 접근으로 이행되어 나갈 것이다. 변화하고 있는 장애를 바라보는 관점의 특징은 살펴보면, 첫째, 시혜적인 지원에서 권리 차원으로 국가가 장애인의 삶을 보장하는 보편적 복지로 바뀌고 있다. 둘째, 재활서비스 수준에서 자립생활로 바뀌면서 장애문제의 정의 · 사회적 역할 · 해결방식 등의 변화가 이루어지고 있다. 셋째, 공공부조에서 사회서비스로 바뀌면서 사회투자 관점에서의 복지 서비스가 확충되어 가고 있다. 넷째, 장애인복지 서비스가 공급자 중심에서 서비스 이용자 중심으로 자기결정권의 극대화, 장애인 당사자의 서비스 선택권 중시로 바뀌면서 장애인의 개별적인 욕구에 적합한 서비스 선택이 중요시되고 있다. 즉, 서비스제공자 중심의 복지모델에서 서비스를 이용하는 장애인 당사자 중심의 시민권 모델 또는 인권모델로 바뀌어 가고 있다. 다섯째, 장애인복지가 시설 중심에서 가족과 지역사회 중심으로, 제공자 중심에서 당사자와 가족 중심으로, 개인의 노력과 치료 · 교육 중심에서 사회환경의 개선과 제도개선으로 전환되어 가고 있다.

2. 장애 관점의 변화에 대한 대응전략

장애 관점의 변화에 따른 대응전략을 서비스 공급 주체별로 살펴보면 다음과 같다.

1) 장애인 거주시설

장애인 거주시설의 운영에 대한 사회적 요구의 구체적인 내용을 살펴보면, 사회복지법인 이사회의 시설 운영에 있어서 투명성과 책임성의 확보, 사회복지시설 평가를 통한 효과적인 서비스 제공, 인권보장, 이용자의 선택권 존중과 시설 운영 참여, 지역사회 중심의 자립 촉진, 미신고 시설의 양성화, 기존 시설의 소규모화와 대규모 시설의 신규 진입 제한 등이 이루어져야 할 것이다. 이를 위해서는 시설의 소규모화와 분산, 최저 서비스 기준의 검토, 입소 계약제도의 구체화, 거주서비스 기능의 다양화와 재택지원 서비스 제공 등이 이루어져야 할 것이다.

2) 장애인종합복지관

2003년에 입법된 사회복지 서비스 신청제도와 바우처(Voucher)제도, 주민생활지원서비스 체제, 활동보조서비스의 실시 등으로 장애인복지관의 재가복지센터의 역할이 중요시되며, 가사·간병 등의 영역에 대한 '사회적 일자리 창출' 논의, One Stop 조직의 설립을 통한 지역사회 내 장애인복지 서비스 인프라를 든든하게 구축하는 등 장애인복지관의 역할이 더욱 중요시될 것이다. 이에 대한 대응전략으로는 개인별서비스 계약제도 또는 프로그램별 서비스 위탁제도 실시에 대비한 준비, 공식적 수발자의 양성과 관리체계 구축, 서비스이용자로부터 선택 받을 수 있는 매력요소의 극대화와 이용자와 평등하게 소통하고 권력을 나눌 수 있는 준비가 이루어져야 한다.

3) 민간 영리기관의 전문성 확보

민간 영리기관의 경우에는 경쟁력을 갖추기 위한 탄력적이고 유연한 조직운영 방식으로의 전환, 이용자의 서비스 과정에 대한 참여를 지원하는 개방적인 제도 도입, 서비스의 책임성 · 효율성 · 합리성에 대한 지속적인 관리와 돌봄기능과 권익옹호 기능의 조화, 영리기관의 사회서비스 시장 진입에 따라 유능한 전문인력을 계속 확보할 수 있고 전문성을 지속적으로 신장할 수 있도록 하는 합리적 또는 전략적 인사관리 방식을 개발하는 방향으로 조직운영 구조를 변화시켜 나가야 한다.

결론적으로 장애 관점의 변화와 발맞춰 장애인복지의 대응 과제를 살펴보면 다음과 같다(권진선, 2004: 35-37).

첫째, 생애주기에 입각한 수요자 중심의 복지를 실현해야 한다. 생애주기와 장애유형, 장애정도에 따라 장애인들의 실질적인 욕구와 필요에 적합한 소득 · 고용 · 교육 · 주거 · 보건 · 의료 · 문화 등 다각적인 영역들에서 장애인 중심의 복지가 이루어져야 한다. 장애인을 위한 구체적인 프로그램도 장애인 개인에게 초점을 맞추기보다 지역사회 중심으로 전환되는 추세가 늘어나고 있다. 1990년대 이후부터 장애인의 지역사회통합, 독립, 삶의 질, 개별화, 인권 등을 증진하기 위한 노력들이 늘어나고 있다.

둘째, 장애인의 자립생활과 역량강화를 위한 지원을 한다. 자립생활은 장애인 당사자가 선택한 미래계획에 따른 당사자 스스로의 선택과 결정을 중시한다. 이는 장애인들의 일상적인 삶의 향유에 필요한 것들에 초점을 맞추며, 장애인 권리에 근거한 소비자 중심의 자립생활 패러다임으로 변화되어 가고 있음을 의미한다. 이때 중요한 것은 장애인 당사자의 역량강화가 전제되어야 하며, 직업을 통한 생계보장, 활동보조 등의 인력, 교통수단 등이 지원되어야 한다.

셋째, 장애인의 권리증진을 통한 참여를 확대한다. 장애인의 교육권 · 정보접근권 · 선거권 등의 기본적 권리를 제한하는 제도적 · 물리적 장벽을 제거해 나가야 한다. 「장애인차별금지와 권리구제 등에 관한 법률」이 제정 · 시행되고 있지만, 우리 사회에 만연되어 있는 사회적 차별과 편견은 쉽게 사라지지 않고 있다. 특히 여성장애인들의 삶의 질 향상을 위해 임신 · 출산 · 육아지원책이 마련되어야 하고, 성폭력을 방지하기 위한 방안을 강구하여 장애인의 인권과 관련된 서비스가 확충될 필요가 있다.

넷째, 재가복지와 시설서비스를 개선한다. 재가복지 측면에서는 장애인 복지관과 같은 지역사회이용시설의 서비스가 활성화될 필요가 있다. 지역 내에서 장애인의 자발적 또는 비공식적인 원조망에 대한 접근이 강화되도록 하며, 지역사회에 있는 보건·복지 차원을 활용한 복지 서비스 제공체계가 구축될 필요가 있다. 또한 접근성이 낮은 장애인을 위한 아웃리치 프로그램이 확대되고 장애 관련 정보망이 구축될 필요가 있다. 생활시설의 경우 소규모화가 진행되어 가고 있지만, 가능한 한 가정적인 분위기 조성을 위해서 일부 중증장애인을 위한 요양시설을 제외하고는 지역사회 재활을 위한 그룹홈의 활성화가 요구된다. 이때 그룹홈을 운영하는 전문 인력에 대한 교육과 지원이 동반되지 않으면 대규모 시설보다도 더 큰 어려움이 발생할 수 있음을 알아야 한다.

다섯째, 장애인 편의시설을 마련하기 위한 여건을 증진한다. 차별 없이 누구나 필요할 때 이용할 수 있는 설비와 시설은 이동상의 장애인뿐 아니라 정보접근에 어려움을 겪는 장애인들에게도 동일하게 적용된다. 이를 위해서는 누구나 불편함 없이 편리하게 이용할 수 있는 보편적인 환경조성이 중요하다. 특히 장애인에게 있어 시설이나 정보접근권은 기회의 균등처럼 인권차원에서 그 중요성이 점점 더 강조되고 있다.

참고문헌

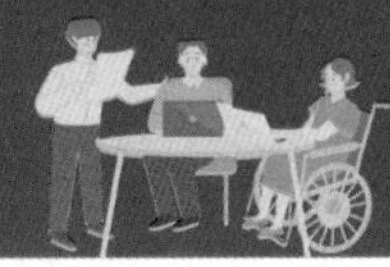

가톨릭대학교 산학협력단(2015). 뇌병변장애인 지원 서비스 현황 분석 및 지원 정책 방향 연구. 가톨릭대학교. 189-190.

강세윤(1989). 보장구 개발과 보급방안. 장애자복지대책안자료.

강영실(2004). **장애인복지의 이해**. 서울: 도서출판 신정.

강영실 · 김만호(2014). **장애인복지론**. 경기: 양서원.

고명석 · 박준범 · 김선이 · 박경미(2016). **장애인복지론**. 서울: 동문사.

고용노동부 · 한국장애인고용공단 고용개발부원(2016). 2016 장애인 통계.

공미혜(2005). 장애여성의 데이트 인식과 행동. **가족과 문화**, 17(3), 85-122.

과학기술정보통신부 · 한국지능정보사회진흥원(2022). 2022 디지털정보격차 실태조사.

교육부(2016). 2016년 특수교육연차보고서.

교육부(2016). 교육통계연보.

교육부(2017). 특수교육연차보고서. 2017년 정기국회 보고자료.

국민연금공단(2016). 장애인등급별 장애인복지혜택.

국민연금공단(2017). 2017년 국민연금 공표통계.

국토교통부(2023). 2023년 주거급여 사업안내.

국토교통부(2017). 2017년 주거급여 사업안내.

권도용(1995). **장애인재활복지**. 서울: 홍익재.

권도용 · 오길승 · 박희찬(1998). **현대장애인복지개론**. 서울: 홍익재.

권선진(2002). 장애인복지 과제와 대책: 장애인의 편의는 모든 이의 편의. **복지동향**, 46호.

권선진(2008). **장애인복지론**. 서울: 청목출판사.

권오균(2008). 장애노인의 삶의 질 결정요인에 관한 연구. **노인복지연구**, 39, 7-31.

권진숙(2009). **사례관리의 이론과 실제**. 서울: 학지사.

권진숙 · 김상곤 · 김상경(2012). **사례관리론**. 서울: 학지사.

권도용(1995). **장애인재활복지**. 서울: 홍익재.

권도용 · 오길승 · 박희찬(1998). **현대장애인복지개론**. 서울: 홍익재.

권선진(2001). 여성장애인 교육권. 제1기 여성장애인복지 아카데미교육 자료집. 한국여성장애인연합.

권선진(2008). **장애인복지론**. 서울: 청목출판사.

관계부처합동(2015). 제4차 편의 증진 국가종합 5개년 계획(15~19년).
관계부처합동(2018). 제5차 장애인정책종합계획(2018~2022).
관계부처합동(2023). 제6차 장애인정책종합계획(2023~2027).
김경화(2003). 장애여성과 모성경험의 이중적 의미. 가족과 문화, 15(3), 3-35.
김대성(2005). 한국의 장애인차별금지법 제정을 위한 연구. 서울시립대학교 대학원 석사학위논문.
김동기(2008). 사회통합 관점에서 바라본 장애인지예산제도 필요성에 관한 연구. 사단법인 한국장애인인권포럼.
김동배 · 채수진 · 박은영(2009). 장애노인의 장애특성이 차별인식에 미치는 영향: 여가 활동의 매개효과를 중심으로. 사회복지연구, 40(1), 63-86.
김동호(2000). 자립생활센터 운영기준에 관한 연구. 서울: 정립회관.
김문동 · 이희선(2008). 장애인복지시설 서비스 질의 결정요인: 시설사회화 요인을 중심으로. 한국정책과학학회보, 12(2), 1-28.
김미옥(2002). 여성장애인의 삶에 대한 현상학적 연구 – 청소년기와 장년기의 체험을 중심으로. 한국가족복지학, 10, 9-36.
김미옥(2003). 장애인복지실천론. 서울: 나남출판.
김성희 · 권선진 · 강동욱 · 노승현 · 이민경 · 이송희(2012). 수요자중심 장애인 복지정책 개발을 위한 연구 – 2011년 장애인 실태조사 심층분석. 한국보건사회연구원.
김성희 · 이연희 · 황주희 · 오미애 · 이민경 · 이난희 · 강동욱 · 권선진 · 오혜경 · 윤상용 · 이선우(2014). 2014년 장애인 실태조사. 보건복지부 · 보건사회연구원.
김성희 · 이연희 · 오욱찬 · 황주희 · 오미애 · 이민경 · 이난희 · 오다은 · 강동욱 · 권선진 · 오혜경 · 윤상용 · 이선우(2017). 2017 장애인 실태조사. 보건복지부 · 한국보건사회연구원.
김성희 · 이민경 · 오욱찬 · 오다은 · 황주희 · 오미애 · 김지민 · 이연희 · 강동욱 · 권선진 · 백은령 · 윤상용 · 이선우(2020). 2020 장애인 실태조사. 보건복지부 · 한국보건사회연구원.
김신실(1996). 장애인종합복지관의 사례관리 적용에 관한 연구. 서울여자대학교 대학원 석사학위논문.
김영옥 · 조선주 · 마경희 · 윤용중 · 이선행 · 송치선 · 윤영진 · 박정수(2007). 성인지예산 분석 기법 개발 및 제도적 인프라 구축방안 연구. 한국여성정책연구원.
김용득 · 김진우 · 유동철(2001). 한국장애인복지의 이해. 서울: 인간과 복지.
김용득 · 유동철(2002). 한국장애인복지의 이해. 서울: 인간과 복지.
김용득 · 유동철 편저(2005). 한국 장애인복지의 이해. 서울: 인간과 복지.
김용탁(2010). 성인지 예산제도와 장애인지 예산제도. 한국장애인고용공단 고용개발원.
김용환 · 유태완 · 김성철 · 최금주(2010). 장애인복지론. 서울: 창지사.
김윤정(1997). 우리나라 장애인운동의 역사적 전개에 관한 고찰. 가톨릭대학교 대학원 석사학위논문.
김윤주 · 황혜숙(2006). 강점 관점 해결중심 사례관리론. 솔루션센터.
김은경(2022), 장애인 문화예술 지원예산, 제대로 쓰이는가? 미디어생활(2022.7.22 기사), https://www.imedialife.co.kr/news/articleView.html?idxno=40447
김은정(1999). 정상성에 도전하는 여성들: 한국여성인권운동사. 한국여성의전화연합.
김종인(2001). 선진국의 자립생활 실제. 중증장애인 자립생활 현황 및 향후 방향. 장애인의 날 기념세미나. 국립재활원.
김종인 · 우주형 · 이준우(2004). 재활복지개론. 서울: 인간과 복지.
김종인 · 우주형 · 이준우(2007). 장애인복지론. 서울: 서현사.
김현지 · 김용진 · 오윤지 · 김태용 · 이혜수(2021). 2021 장애통계연보. 한국장애인개발원.
김혜승 · 김근용 · 이형찬 · 송하승 · 이윤상 · 오민준 · 유미경 · 조윤지(2015). 2015년도 장애인 주거실태조사. 국토교통부.
김효진(2004). 장애여성운동의 흐름. 진보평론, 21호.
나카조노 야스오, 성명옥 역(2004). 정상화원리의 연구: 서구의 이론과 실천. 서울: 창지사.
나까니시 쇼우지(1997). 자립생활운동의 역사적 변천과정 및 현황. 제1회 한일장애인 자립생활세미나 자료집. 정립회관.
나운환(2014). 한국장애인복지 60주년과 미래조명. 제43회 RI KOREA 재활대회자료집.
남기민(2006). 고령화사회와 노인복지. 경기: 양서원.
남상만 · 나운환 · 유명화(2002). 장애인복지개론. 서울: 홍익사.
남상만 · 나운환 · 유명화 · 이준상(2003). 21세기 장애인복지론. 서울: 홍익재.

노승현(2014). 고령 및 준고령 발달장애인 그룹홈 지원방안 연구. 서울시스 그룹홈지원센터.

목슬레이 · 김만두 역(1993). **효과적인 복지 서비스를 위한 케어 메니지먼트 실천론**. 서울: 홍익재.

문동팔(1999). 초등학생의 동화책 독후감에 나타난 장애인에 대한 인식과 행동연구. **재활재단논문집**, 제8호. 한국재활재단.

문선화 · 이상호 · 김종윤 · 장수한 · 배의식 · 김현주(2013). **장애인복지 이론과 실천**. 경기: 양서원.

문정희(1995). 지체장애아 어머니가 받은 사회적 지지와 스트레스에 관한 연구. 이화여자대학교 대학원 석사학위논문.

미래창조과학부 · 한국정보화진흥원(2016). 2016 디지털정보격차 실태조사.

박경수(2006). 장애인복지 소비자주의에 대한 사회복지전문직의 주관적 개념화 분석. **한국사회복지학**, 58(4), 169-196.

박경수 · 조석영 · 이은기 · 서혜미 · 강지현 · 김재훈(2013). 장애인복지관 사례관리 매뉴얼 개발 연구. (사)한국장애인복지관협회.

박승희(1996). 한국가톨릭교회의 장애인 주일 취지와 제고. 제2회 한국가톨릭장애인복지협의회 세미나 자료.

박시내 · 박준오 · 류광현(2013). 인구센서스 생애주기 분석(Ⅰ)－가족 및 개인의 생애주기 특성 분석. 통계청.

박창진 · 정지용(2015). **장애인복지의 이해**. 경기: 양서원.

박혜정(2006). 노령장애인의 재취업 욕구와 전이욕구에 관한 조사연구. 한국노년학회. 2006년도 춘계학술대회. 193-224.

박홍구 · 서기현(2008). 장애인자립생활운동과 센터의 역할. 도봉푸른장애인독립생활센터.

변경회 · 이용표(2008). 지적장애인 사례관리 조사연구보고서. 사)한국지적장애인복지협회.

보건복지부(2015). 2015년도 등록장애인 현황.

보건복지부(2017). 2016년 장애인복지시설 일람표.

보건복지부(2017). 2017 장애등급판정기준.

보건복지부(2017). 2017 장애인 연금사업 안내.

보건복지부(2017). 2017 장애인복지 사업안내(장애인 등록, 생활안정 등).

보건복지부(2017). 2017 장애인복지 사업안내(지역사회복지, 기타 복지사업 등).

보건복지부(2017). 2017년 장애아동가족지원 사업안내.
보건복지부(2017). 2017년 장애인 활동지원 사업안내.
보건복지부(2017). 2017년 장애인일자리 사업안내.
보건복지부(2017). 여성장애인 지원 사업안내.
보건복지부(2017). 장애인복지시설 사업안내.
보건복지부(2017). 정신건강 사업안내.
보건복지부(2018). 제5차 장애인정책종합계획(2018~2022).
보건복지부(2023). 2023년 발달장애인 활동서비스 사업안내.
보건복지부(2023). 2023년 발달장애인지원 사업안내.
보건복지부(2023). 2023년 발달장애인지원센터 사업안내.
보건복지부(2023). 2023년 여성장애인지원 사업안내.
보건복지부(2023). 2023년 장애아동가족지원 사업안내.
보건복지부(2023). 2023년 장애인복지 사업안내 1(장애인등록 등).
보건복지부(2023). 2023년 장애인복지 사업안내 2(지역사회복지, 기타 복지사업 등).
보건복지부(2023). 2023년 장애인복지시설 사업안내.
보건복지부(2023). 2023년 장애인연금 사업안내(장애수당 및 장애아동수당 포함).
보건복지부(2023). 2023년 장애인일자리 사업안내.
보건복지부(2023). 2023년 장애인활동지원 사업안내.
보건복지부(2023). 제6차 장애인정책종합계획(2023~2027).
보건복지부 · 한국보건사회연구원(2020). 2020년 장애인 실태조사.
박시내 · 박준오 · 류광현(2013). 인구센서스 생애주기 분석 1. 통계개발원 연구보고서.
서경석(1993). 시민운동과 장애인운동. **함께걸음**, 1993, 1월호.
설진화(2009). **사례관리론**. 경기: 양서원.
손광훈(2006). **장애인복지론**. 경기: 학현사.
손광훈(2013). **장애인복지론**. 경기: 정민사.
손복심(2005). 재가 뇌졸중 노인의 재활동기에 영향을 미치는 요인에 관한 연구. 한림대학교 사회복지대학원 석사학위논문.
송미영(2011). 남녀 장애노인의 일상생활만족도 비교분석. **한국노년학**, 31(1), 143-155.

신애영(2007). 사회복지 전달체계 개선에 관한 연구. 서울시립대학교 대학원 석사학위논문.

신종호 · 김동일 · 신현기 · 이대식(2009). 정신지체. 서울: 시그마프레스.

신학승 · 이승훈(2014). 장애인의 여가 활동과 자아정체성 형성의 관계분석. 관광연구논총, 26(3), 97-119.

안태윤(1969). 한국인의 심신장애자에 대한 전통적 견해에 관한 일 연구. 한국사회사업대학 논문집, 제2집.

안태윤 · 서석달 · 김병하(1972). 한국특수아동의 직업교육에 관한 일 연구. 특수교육연구, 3, 39-64.

양승구(2004). 장애학생에 대한 일반 중학생의 태도 조사연구. 조선대학교 교육대학원 석사학위논문.

양점도 · 김녹현 · 박선하 · 박영국 · 송혜자(2015). 장애인복지론. 경기: 양서원.

양점도 · 김녹현 · 박선하 · 박영국 · 송혜자 · 신민정 · 종하선 · 황성하(2013). 장애인복지론. 경기: 양서원.

양희택(2013). 장애노인에 대한 사회적 대책이 필요하다. 한국장총 장애인정책리포트, 301, 3-19.

양희택 · 신원우(2011). 장애를 가진 노인의 특성에 관한 연구: 고령화된 장애와 노화에 대한 장애의 비교를 중심으로. 노인복지연구, 52, 1598-1649.

양희택 · 최영 · 이승민(2011). 장애인복지 이해와 실천. 경기: 정민사.

엄명용 · 김용석 · 노충래(2014). 사회복지실천의 이해. 서울: 학지사.

에이블뉴스(2015). 새로운 장애인 세대의 과제는 무엇인가(2015.8.7).

에이블뉴스(2016). 3년간 장애인문화예술향수지원 사업 분석(2016.10.31).

오마이뉴스(2013). ‘중기청 자금융자 사업이 성인지예산에…’(2013.12.4)

오혜경(1998). 장애인복지학 입문. 아시아미디어리서치.

오혜경(1999). 장애인자립생활실천에 관한 연구. 사회복지리뷰, 3. 가톨릭대학교사회복지연구소.

오혜경(1999). 장애인과 사회복지실천. 아시아미디어리서치.

오혜경(2002). 기혼여성장애인의 일반적 특성 및 생활실태. 재활복지, 6(2), 55-31.

오혜경(2002). 한국 여성장애인의 경제 활동 실태와 대책. 사회과학연구, 18, 31-49.

오혜경(2005). **장애인복지론**. 서울: 창지사.

오혜경(2009). 장애인의 결혼생활과 정책과제. **보건복지포럼**, 153, 37-45.

오혜경 · 백은령(2003). 재가여성장애인의 모성관련 실태 및 출산력에 영향을 미치는 요인. **상황과복지**, 16, 247-284.

오혜경 · 백은령(2007). 지적장애인가족지원방안에 관한 연구보고서. 한국지적장애인복지협회.

오혜경 · 정소영(2003). **영유아기 장애아동의 양육부담과 가족지원**. 서울: 도서출판 신정.

우주형(2016). 한국장애인개발원. KODDI요약집.

유동철(2002). 장애인 시민권 모델 구축을 위한 시론: 장애차별금지법. **사회복지연구**, 19, 183-202.

유동철(2002). 장애인 실업의 원인: 생산성 또는 차별. **한국사회복지학**, 48, 333-358.

유동철(2005). 한국장애인운동의 성과와 과제. **사회복지정책**, 21, 5-33.

유동철(2009). **인권관점에서 보는 장애인복지**. 서울: 집문당.

유동철(2014). **인권관점에서 보는 장애인복지**. 서울: 학지사.

유동철(2017). **인권관점에서 보는 장애인복지**. 서울: 학지사.

유동철 · 김경미 · 김동기 · 신유리(2013). 복지권 관점에서 본 한국장애인 거주시설의 개선 방안 - 자립과 돌봄 사이. **사회복지연구**, 44(2), 405-431.

유화영(2015). 지체장애인의 인권옹호의 영향요인 연구. 원광대학교 대학원 박사학위논문.

윤선오 · 김우호(2015). **장애인복지론**. 경기: 양서원.

윤선오 · 김우호 · 윤병천(2013). **장애인복지론**. 경기: 양서원.

윤영진 · 이인재 · 곽채기 · 김은정 · 김태일 · 박정수 · 이재원(2007). **복지재정과 시민참여**. 서울: 나남출판.

이규태(1981). 장애인복지의 비교고찰. 현대사회와 장애인복지. 아산사회복지재단.

이근홍(2001). **케이스 매니지먼트**. 서울: 대학출판사.

이달엽(2000). **직업상담의 이론과 실제**. 서울: 형설출판사.

이달엽(2003). **재활과학론**. 서울: 형설출판사.

이달엽(2003). **장애와 상담**. 서울: 교육과학사.

이동귀(2002). **부모 사후를 대비한 장애자녀의 평생계획**. 서울: 도서출판 특수교육.

이명희 · 김안나(2012). 중증중복뇌병변장애자녀를 둔 어머니의 양육 어려움과 요구. 특수교육, 11(2).
이부영(2001). 정신장애 환자에 대한 편견의 역사와 문제점. 한국정신사회재활협회 춘계학술대회 발표 논문집.
이석구 · 전소연(2006). 지역사회 노인들의 신체적 기능상태와 관련요인. 한국노년학, 26(4).
이선우(2009). 장애인복지의 이론과 실제. 서울: 집문당.
이성규(2000). 사회통합과 장애인복지정치. 서울: 나남출판사.
이소라(2010). 유니버설디자인개념을 도입한 도심형 복합노인주거시설에 관한 연구. 한양대학교 대학원 석사학위논문.
이예자(2002). 한국의 여성장애인운동과 발전방향. 아태장애인 10년(1993-2002) 평가 논문집. 한국장애인재활협회.
이익섭(1993). 한국장애인복지정책의 이념정립을 위한 고찰. 한국사회복지학회. 추계학술대회 자료집. 247-257.
이익섭(1999). 장애인 사회통합의 지수개발과 측정에 관한 연구. 한국사회복지학, 제38호. 206-233.
이익섭(2005). 장애인복지 이념과 파라다임. 서울장애인복지관 직원교육자료.
이인정(2010). 노년기 장애에 영향을 미치는 요인들에 관한 연구. 보건사회연구, 30(2), 55-84.
이종운 · 박정희 · 김민주 · 조성욱 · 김유진(2011). 장애인복지론. 경기: 공동체.
이종한(2001). 정신장애인에 대한 편견과 대처방안. 한국정신사회재활협회 춘계학술대회 발표 논문집.
이준상(1999). 재가지체장애인의 사례관리 실천모형개발에 관한 연구. 대구대학교 대학원 박사학위논문.
이준우(2001). 장애인과 지역사회. 서울: 한국밀알선교단출판부.
이중섭(2010). 장애노인의 생활만족에 영향을 미치는 요인에 관한 연구. 노인복지연구, 47, 187-211.
이채식 · 이은영 · 이형렬 · 김재일 · 전영록(2008). 장애인복지론. 서울: 창지사.
이채식 · 이순영 · 이형렬 · 김재일 · 전영록(2013). 장애인복지론. 서울: 창지사.
임성만(2009). 인권을 기반으로 하는 장애인복지시설의 운영. 한국장애인복지시설협회. 장애인 개인운영시설의 변화와 발전을 위한 워크숍자료집.
임종호 · 이영미 · 이은미(2016). 장애인복지론. 서울: 학지사.

장석인 · 신종호 · 성연옥 · 최호규(2015). 장애인복지시설의 패러다임의 변화와 선진 외국(미국과 독일) 사례연구. 경영컨설팅리뷰, 6(2), 210-227.

장애우권익문제연구소(2002). 장애우복지개론. 서울: 나눔의집.

전보영 · 권순만 · 이혜재 · 김홍수(2011). 장애노인의 의료이용에 영향을 미치는 요인. 한국노년학, 31(1), 171-188.

전용호(2000). 좋은사회를 위한 장애인복지론. 서울: 학문사.

전용호(2003). 장애인복지. 서울: 학문사.

정무성 · 양희택 · 노승현(2007). 장애인복지개론. 경기: 학현사.

정무성 · 양희택 · 노승현(2009). 장애인복지론. 경기: 학현사.

정무성 · 양희택 · 노승현 · 정진옥(2015). 장애인복지론. 경기: 정민사.

정무성 · 양희택 · 노승현 · 정진옥(2017). 장애인복지론. 경기: 정민사.

정순둘(2008). 사회복지관 이용노인을 위한 팀 접근 사례관리실천의 과정평가. 노인복지연구.

정영숙 · 이현지(2003). 장애인복지론. 경기. 학현사.

정용충(2015). 장애인복지기관의 인권책임과 역할. 한국임상사회사업학회, 12(4), 25-44.

정일교 · 김만호(2014). 장애인복지론. 경기: 학현사.

정일교 · 김만호(2015). 장애인복지론. 경기: 양서원.

정종화(2001). 자립생활 지원을 위한 한국의 장애인복지 전망과 전략 - 자립생활모델의 한국적 도입을 위하여 -. 2001국제 장애인복지실천세미나 장애인자립생활실천을 위한 과제와 전망세미나 발표 자료집.

정종화 · 김병학 · 박종운 · 이경아 · 정현경 · 조한진(2014). 장애인복지와 개발. 경기: 공동체.

정진모(2002). 장애인복지 이론과 실제. 서울장애인종합복지관(미간행자료).

정진모 · 이종길(2001). 장애인복지 이론과 실제. 서울장애인종합복지관.

정진옥(2008). 지적장애 성인이 이성교제에서 경험하는 성과 사랑에 관한 현상학적 연구. 단국대학교 대학원 박사학위논문.

정진옥 · 신현기(2007). 정신지체인의 결혼관에 대한 사례분석: 재가 미혼 성인 장애인을 중심으로. 특수교육학연구, 42(1), 187-206.

정용충(2015). 장애인복지관의 인권책임과 역할. 임상사회사업연구, 12(2), 25-44.

조성훈(2002). 한국 장애인복지 패러다임의 변화. 서원대학교 미래창조연구원

학술대회지, 1-8.
조혁진 · 명숙 · 고태은(2021). 장애인의 지속가능한 노동을 위한 정책과제(1). 한국노동연구원.
중앙치매센터(2017). 대한민국 치매현황.
최성재 · 장인협(2005). **노인복지학**. 서울: 서울대학교출판부.
최성재 · 장인협(2006). **노인복지학**. 제2개정판. 서울: 서울대학교출판부.
최윤영 · 이경준(2013). **장애인복지론**. 서울: 학지사.
최윤영 · 이경준(2016). **장애인복지론**. 서울: 학지사.
표갑수(2010). **자원봉사론**. 서울: 나남.
한국장애인고용공단 고용개발원(2017). 장애인 통계.
한국보건사회연구원(2006). 2005년 장애인 실태조사.
한국사례관리학회(2011). **사례관리론**. 서울: 학지사.
한국장애인단체총연맹(2000). 장애인 인권지침서.
한국장애인IL단체협의회(2004). 장애인 자립생활의 실천전략과 연구방법. 한 · 미 장애인자립생활워크샵 자료집.
한국장애인개발원(2012). 장애인 서비스지원체계 구축 및 제도개선방안연구.
한국장애인개발원(2016). 장애인보조기기 지원 및 활성화 방안연구.
한국장애인개발원(2017). 장애인 주거권 보장을 위한 주거권 지표개발 및 정책방안 연구.
한국장애인고용공단 고용개발원(2017). 한눈에 보는 2017 장애인 통계.
한국장애인인권포럼(2016). 진정한 사회통합을 위한 장애인지예산제도 도입 방안 토론회 자료집.
한국장애인단체총연합(2022). 장애인단체실무자매뉴얼.
홍미령 외(2004). 지역유형별 장기요양보호 대상노인의 욕구 실태조사. 한국보건사회연구원.

Adams, R. G., & Blieszner, R.(1995). Aging well with friends and family. *American Behavioral Scientist, 39*(2), 209-224.
Anderson, E. M., Clarke, L., & Spain, B.(1982). *Disability in adolescence.* London: Methuen.
Anderson, H., & Goolishian, H.(1988). Human Systems as Linguistic Systems: Preliminary and Evolving Ideas about the Implications for Clinical

Theory. *Family Process, 27*, 371-393.

Andrews, A. B., & Veronen, L. J.(1993). Sexual assault and people with disabilities. special issue: Sexuality and disabilities: A guide for human service Practitioners. *Journal of Social Work and Human Sexuality, 8*, 137-159.

Allport, G. W.(1954). *The Nature of Prejudice*. Cambridge, MA: Addison Welsey.

Baldwin, M. L., & Johnson, W. G.(1995). Labor market discrimination against women with disabilities. Industrial relations. *A Journal of Economy and Society*, *34*(4), 555-577.

Baltes, P. B., & Smith, J.(2003). New frontiers in the future of aging: From successful aging of the younger old to the dilemmas of the fourth age. *Gerontology*, *49*, 123-135.

Boult, C., Kane, R, L., Louis, T. A., Cohen, R. D., & McCaffrey, D.(1994). Chronic conditions that lead to functional limitation in the elderly. *Journal of Gerontology*: *Medical Science*, *49*, 28-36.

Braddock, D., & Parish, S.(2001). An institutional history of disability. In G. Albrecht, K. Seelman, & M. Bury (Eds.), *Handbook of disability studies*, 11-68. Thousand Oaks, CA: Sage.

Budde, J. F., Lachat, M., A., Lattimore, J., Jones, M. L., & Stolzman, L.(1987). *Standards for Independent Living Centers, The Research & Training Center on Independent Living*. University of Kansas.

Camacho, T. C., Strawbridge, W. J., Cohen, R. D., & Kaplan, G. A.(1993). Functional ability in the oldest old: Cumulative impact of risk factors from the preceding two decades. *Journal of Aging and Health*, *5*, 439-454.

Campbell, M., & B. Kemp.(1997). Variations in secondary conditions, risk factors, and health care needs for four groups of persons aging with physical disability. *Journal of Rehabilitation Research and Development, 34*, 119-120.

Campbell, M. L.(1997). Two Worlds of disability: Bridging the gaps between the aging network and the disability community. *The Southwest Journal on Aging, 3*(4), 3-11.

Cavanaugh, J. C., & Blanchard-Fields, F.(2006). *Adult Development and Aging* (5th ed.). CA: Wadsworth.

Claus(1985). *Changing Boundaries of the Political*(W Social Movement), 817-868.

Dejong, G.(1981). *Environmental Accessibility and Independent Living - Directions for Disability Policy and Research.* University Center for International Rehabilitation, Michigan State University.

Dunkle, R. E., Roberts, B. L., & Haug, M. R.(2001). *The oldest old in everyday life: self perception, coping with change abd stress*. NY: Springer Publishing Co.

Ehrlich, H. J.(1973). *The Social Psychology of Prejudice*. New York: Wiley.

Fawcett, B.(2000). *Feminist perspectives on disability*. London: Prentice Hall.

Femia, E. E., Zarit, S. H., & Johansson, B.(2001). The disablement process in very late life: A study of the oldest old in Sweden. *Journal of Gerontology*, *56B*(1), 12-33.

Femia, E. E., Zarit, S. H., & Johansson, B.(1997). Predicting change in activities of daily living: A longitudinal study of the oldest old in Sweden. The Journals of Gerontology: Series B: *Psychological Sciences and Social Sciences*, *52*(6), 294-302.

Fine & Asch.(1988). Disability Beyond Stigma: Social Interaction, Discrimination, and Activism. *Journal of Social Issues, 44*(1). 3-21.

Fine, M., & Asch.(1988). Women with disabilities: Essays in psychology, culture and politics. *Journal of Disability Policy Studies*, *5*(2), 111-114.

Foreman, P.(1998). Aging and disability: Double jeopardy?. *Journal of Intellectual and Developmental Disability*, *23*(1), 1-2.

Priestley, M.(2003). "Concepts" (pp. 11-34). In *Disability: A life course approach,* edited by M. Priestley. Cambridge: polity press.

Gergen, K.(1989). Understanding, narration, and the cultural construction of the self. In J. Stigler, R. Shweder, & G. Herdt (Eds.), *Cultural psychology*. Cambridge, England: Cambridge University Press.

Glen, T. F.(2001). Emerging Trends on Disability. *Population Today*, *29*, 9-10.

Grue, L., & Tafjord Laerum, K.(2002). Doing Motherhood: some experiences of mothers with physical disabilities. *Disability & Society*, *17*(6), 671-683.

Gutman, C.(2005). The parenting experience of people with vision impairment. Doctoral dissertation, Yeshiva University.

Hanna, W. J., & Rogovsky, E.(1991). Women with Disabilities: Two Handicaps Plus. *Disability, Handicap & Society*, *6*(1), 49-63.

Hepworth, D. H., Rooney, R. H., & Larsen, J. A.(2004). *Direct social work practice: Theory and skills*. Belmont, CA: Wadsworth.

Hoffmaster, D. K.(1982). Predator avoidance behaviors of five species of Panamanian orb-weaving spiders (Araneae; Araneidae, Uloboridae). *Journal of Arachnol*, *10*, 69-73.

Hooyman, N. R., & Kiyak, H. A.(2008). *Social Gerontology: A multidisciplinary perspective*(8th ed). NY: Allyn and Bacon.

ICF(2001). International Classification of Functioning, Disability and health. WHO.

ICIDH-1(1981). International Classification of Impairments, Disabilities and Handicaps. WHO.

ICIDH-2(1987). International Classification of Impairments, Activities and participation. WHO.

International Labour Organization(ILO)(1995). World employment.

Kemp, S. P.(1995). Practice with Communities. In C. H. Meywe, & M. A. Mattaini (eds.), *The Foundations of Social Work Practice*. Washington, DC: NASW press.

Kemp, B. J., Adams, B. M., & Campbell, M. L.(1997). Depression and life satisfaction in aging: Polio survivors versus age-matched controls: Relations to post-polio syndrome, family functioning and attitude toward disability. *Archives of Physical Medicine and Rehabilitation*, *78*, 187-192.

Kempen, G. I. J. M., Van Heuvelen, M. J. G., Van Sonderen, E., Van den Brink, R. H. S., Kooijman, A. C., & Ormel, J.(1999b). The relationship of functional limitations to disability and the moderating effects of psychological attributes in community-dwelling older persons. *Social Science and Medicine*, *48*, 1161-1172.

Kerr, S. von Glinow, M. A., Schriescheim, J.(1977). Issues in the study of "professionals" in organization: The case of scientists and engineers. *Organizational Behavior and Human performance*, *18*, 329-345.

Lachat, M. A.(1988). *The Independent Living Service Model*. Center for Resource Management.

Lantz, P. M., House, J. S., Mero, R. P., & Williams, D. R.(2005). Stress, life events and socioeconomic disparities in health: Results from the Americans' changing lives study. *Journal of Health and Social Behavior*, *46*(September), 274-288.

Lawrence, R. H., & Jette, A. M.(1996). Disentangling the disablement process, *Journal of Gerontology: Social Science*, *51B*, 173-182. & Jette, 1996.

Lee, J. B.(1996). The Empowerment Approach to Social Work Practice. In F. Turner, ed., *Social Work Treatment: Interlocking Theoretical Approaches*.

Lee, I.(2009). The role of social support in the relationship between stressful life events and quality of life among the oldest. 한국사회복지연구, 40(4), 405-430.

Lloyd, M.(1992). Dose she boil eggs? Toward a feminist model of disability. Disability. *Handicap and Society*, *17*(6), 207-221.

Lonsdale, S.(1990). *Women and Disability: The Experience of Physical Disability Among Women*. London: Macmillan.

Mank, D. M., & Buckley, J.(1989). Strategies for integrated employment. In Kiernan, W. E. and Schlock, R. L.(eds.). *Economics, industry, and disability: A Lock Ahead.* Baltomere: Poul H. Brooks Publishing Co.

Mauss, A. L.(1975). *Social Problems as Social Movements*. Lippincott Company.

Mass, H. S.(1984). *People and Contexts: Social Development from Birth to Old Age.* Englandwood Cliff: Prentice-Hall.

McDonald, G., & Oxford, M.(2004). History of Independent Living. http://www.acils.com.

Mendes, de Leon, C. F. M., Glass, T. A., Beckett, L. A., Seeman, T. E., Evans, D. A., & Berkman, L. F.(1999). Social networks and disability transitions across eight intervals of yearly data. In the New Haven EPESE. *Journal of Gerontology: Social Sciences*, *12*(4), 229-235.

Morris, J.(1991). *Pride Against Prejudice*. London: The Women's Press.

Moxley, D. P.(1989). T*he Practice of Case Management*. New York: Sage Pub. Inc.

Newman. T., & M. Wates.(2005). Disabled Parents and their Children: Building a better future. Barnardo's Policy and Research Unit.

Nirje, B.(1980). The normalisation principal, in R. Flynn and K. Nitsch(eds.), Normzlisation, Social Integration and Community Services.

Penninx, B. W., Leveille, J. H., Ferrucci, L., van Fijk, J. Th. M., & Gurilmik, J. M.(1999). Exploring the effects of depression on physical disability: Longitudinal evidence from the established populations for epidemiologic studies of the elderly. *American Journal of Public Health*, *89*(9), 1346-1352.

Priestley, M.(2003). Concepts(pp. 11-34). In *Disability: A life course approach,* edited by M. Priestley. Cambridge: polity press.

Rokeach, M.(1960). *The Open and Close Mind*. New York: Basic Books.

Rothman, J. C.(1974). Three Models of Community Organization Practice Strategies of Community organization A Book of Reading, Reacock Publisher, 22-39.

Rothman, J., & Sager, J. S.(1998). *Case Management: Integrating Individual and Community Practice*. Boston: Allyn & Bacon. Chpt. 1: The severely vulnerable: An emergent clientele and practice model.

Rothman, Juliet C. 이준우 역(2008). 장애인과 함께하는 사회복지실천(*Social work practice across disability)*. 서울: 도서출판 파란마음.

Rubin, S. E., & Roessler, R. T.(1995). *Foundations of the vocational rehabilitation Process*(4th ed). Austin Texas Peo Ed.

Saleebey, D.(2008). *The strengths Perspective in Social Work Practice*(5rd ed.). Boston: Allyn & Bacon.

Scotch, Richard K.(2001). *From Good Will to Civil Rights: Transforming*

Federal Disability Policy, 2nd ed. Philadelphia: Temple University Press.

SeoYeon Hwang, Jin Young Nam, Jeong Hyun Ahn, Soojin Park.(2022). Gender differences in the association between multimorbidity and depression in older Korean adults: an analysis of data from the National Survey of Older Koreans(2011-2017), Epidemiol Health. Published online May 24, 2022.

Sharp, Rhonda, & Ray Broomhill.(2002). Budgeting for Equality: The Australian Experience. *Feminist Economics*, *8*(1), 25-7.

Siller, J.(1976). Psychosocial Aspects of Physical Disability. In J. Meishn (ED.), *Rehabilitation Medicine and Psychiatry*. Springfield, IL: Charles C. Thomas.

Stuart, P. H.(2000). Applying Independent Living Principles to Start Health care Programs for People with Disabilities. *Journal of Disabilities Policy studies*.

The American Heritage Dictionary(1982). Boston: Houghton Mifflin Company.

Thomas. C.(1997). The baby and the bath water: disabled women and motherhood in social context. *Sociology of Health & Illness*, *19*(5), 622-643.

Timberlake, E.M., Zajicek-Farber, M. L., & Sabatino, C.A.(2008). *Generalist social work practice. A strengths-based problem-solving approach*(5th ed.). Boston: Pearson Education, Inc.

Trieschman, R. B.(1987). *Aging with a disability*. NY: Demos.

Turnbull, A. P., & Turnbull, H. R.(1999). Comprehensive lifestyle support for adults with challenging behavior: From rhetoric to reality. *Education and Training in Mental Retardation and Developmental Disabilities*, *34*, 373-394.

Verbrugge, L. M., & Jette, A. M.(1994). The disablement process. *Social Science Medicine*, *38*(1), 1-14.

WHO(1981). International Classification of Impairment, Disability and Handicap.

WHO(1987). International Classification of Impairment, Disabilities, and Handicaps; ICIDH-2. Geneva.

WHO(2001). International Classification of Functioning, Disability and Health; ICF. Geneva. dicaps; ICIDH. Geneva.

Wolfensberger, W.(1972). The principle of normalization in human services. Toronto: National Institute on Mental Retardation.

Wolfensberger, W.(1980a). The definition of normalization: Update, problems, disagreements, and misunderstandings. In Flynn, R.J., & Nitsch, K.E. (Eds.), *Normalization, social integration. and community services*(pp. 71-115). Baltimore, MD: University Park Press.

Wolfensberger, W.(1983). Social role valorization: A proposed new term for the principle of normalization. *Mental Retardation*, *21*, 234-239.

Wolfensberger, W., & Thomas, S.(1983). Passing Program Analysis of Service Systerms' Implementation of Normalization Goals. Toronto: Canadian National Institute of Mental Retardation.

Wright, B. A.(1960). *Physical Disability: A Psychological Approach.* New York, NY: Harper.

Wyatt, G. E., & Newcomb, M.(1990). Internal and external mediators of women's sexual abuse in childhood. *Journal of Counseling & Clinical Psychology*, *58*(6), 758-767.

Yuker, H. E.(1965). *Attitudes as Determinants of Behavior.* Journal of Rehabilitation.

Zarb, G., & Oliver, M.(1993). Ageing with disability. What do they expect after all these years?. London: University of Greenwich.

Zastrow, C.(2000). *Introduction to Social Work and Social Welfare*(7th ed.). CA: Wadsworth.

저자소개

김용환

대구가톨릭대학교 대학원 사회복지학과(박사수료)
경남복지정책연구원 원장
현) 대구가톨릭대학교 사회복지대학원 교수

공영미

계명대학교 유아교육학 박사수료
현) 경북과학대 보육복지계열 전임교수

박선태

대구가톨릭대학교 사회복지학과 사회복지학(박사)
현) 수성대학교 보건복지경영과 학과장

양정안

대구가톨릭대학교 대학원 사회복지학과 박사과정 수료
현) 호산대학교 휴먼복지학부 교수

오승환

동국대학교 석사
동국대학교 박사
현) 성운대학교 디지털평생융합학부 학부장

이보선

현) 경북과학대학교 보육복지계열 교수
현) 피노키오 어린이집 대표

한현지

대구가톨릭대학교 대학원 심리학 박사
현) 성운대학교 미래휴먼사회복지학부 학부장

장애인복지론 개정판

초 판 1쇄 발행 / 2020년 2월 25일
개정판 1쇄 발행 / 2024년 1월 30일
개정판 2쇄 발행 / 2025년 8월 25일

•

공저자 / 김용환 · 공영미 · 박선태 · 양정안 · 오승환 · 이보선 · 한현지
발행인 / 이 중 수
발행처 / **동 문 사**

•

서울특별시 서대문구 홍제원 1길 12
(홍제동 137-8)
Tel: 02)736-3718(대), 736-3710, 3720
Fax: 02)736-3719
등록번호: 1974.04.27. 제9-17호
가격: 24,000원

•

ISBN: 979-11-6328-553-3 (93330)
E-mail: dong736@naver.com
www.dongmunsa.com